湖北大学研究生教材建设项目资助

实证会计理论与方法

SHIZHENG KUAIJI LILUN YU FANGFA

黄晓波 著

图书在版编目(CIP)数据

实证会计理论与方法 /黄晓波著. --上海:立信会计出版社,2016.11
ISBN 978-7-5429-5231-8

Ⅰ.①实… Ⅱ.①黄… Ⅲ.①实证会计 Ⅳ.①F234

中国版本图书馆 CIP 数据核字(2016)第 260012 号

策划编辑　黄成艮
责任编辑　黄成艮

实证会计理论与方法
Shizheng Kuaiji Lilun yu Fangfa

出版发行	立信会计出版社				
地　　址	上海市中山西路 2230 号		邮政编码	200235	
电　　话	(021)64411389		传　　真	(021)64411325	
网　　址	www.lixinaph.com		电子邮箱	lxaph@sh163.net	
网上书店	www.shlx.net		电　　话	(021)64411071	
经　　销	各地新华书店				
印　　刷	上海肖华印务有限公司				
开　　本	787 毫米×1 092 毫米		1/16		
印　　张	19		插　　页	1	
字　　数	306 千字				
版　　次	2016 年 11 月第 1 版				
印　　次	2016 年 11 月第 1 次				
印　　数	1—2 100				
书　　号	ISBN 978-7-5429-5231-8/F				
定　　价	39.00 元				

如有印订差错,请与本社联系调换

前　言

实证会计是鲍尔和布朗、比弗等在 20 世纪 60 年代开创的一个会计理论研究流派。20 世纪 70 年代以后，实证研究方法逐步在西方会计学术界获得了主流地位。20 世纪 80 年代，在改革开放的推动下，中国会计界开始介绍和引进实证会计研究方法。20 世纪 90 年代末和 21 世纪初，实证会计研究方法在中国应用得越来越广泛，并很快成为中国会计学术研究的主流。会计学术期刊的版面越来越多地被实证研究论文占据，会计学专业研究生的学位论文越来越多地采用实证研究方法。

为了培养学生的科研能力，湖北大学商学院为会计学专业研究生开设了选修课"实证会计理论与方法"。本书就是这门课程的讲稿，主要为实证会计的初学者提供一个入门向导，并为会计学专业硕士研究生学位论文的写作提供一些方法上的指导。

本书共 3 篇，由 16 章构成。第 1 篇是理论篇，共 6 章；第 2 篇是方法篇，共 3 章；第 3 篇是专题篇，共 7 章。

第 1 章对实证会计产生和发展的过程进行简要介绍，并对实证研究方法的特点进行简要评价。实证研究的结论是以特定时期或时点的样本数据为基础得到的，因而总是或然性的，而不具有必然性。

第 2 章介绍了两个主要哲学流派的科学观和方法论。什么是科学知识？如何发现真理？这是每一个科研人员都需要思考的问题。实际上是一个哲学问题，不同的哲学流派对此作出了不同的回答。逻辑实证主义主张可证实原则，认为科学知识的基础是可由公认的实验证实的经验感觉，反对形而上学；认为科学知识来源于对现象的观察，观察现象是获取知识的重要途径，主张采用归纳法。批判理性主义反对逻辑实证主义把归纳法当作科学发现的工具，认为普遍有效的科学理论并不来自经验归纳；主张采用演绎法,认为科学发现的模式是"猜想与反驳"。

第3章介绍实证会计的经济学基础,包括现代契约理论和委托代理理论。现代契约理论和委托代理理论的思想和框架在财务会计研究中得到了广泛的应用,对很多财务会计现象具有很强的解释能力。很多财务会计问题根源于契约不完备和信息不对称。

第4章介绍实证会计的管理学基础,主要讲公司治理问题。股份公司是现代企业的典型形式,公司治理结构是企业管理的核心问题。财务会计是企业管理活动的一个方面,是公司治理结构的一个环节,对财务会计现象的解释离不开公司治理。公司治理机制分为内部治理机制和外部治理机制。内部治理机制包括所有权安排、激励制度、业绩评价、雇佣制度、薪酬制度、晋升制度等;外部治理机制包括产品市场竞争、资本市场竞争、经理人市场竞争、信誉机制等。

第5章介绍实证会计的财务学基础。20世纪五六十年代,财务理论研究空前繁荣,群星璀璨,取得了一批具有重大学术价值的财务学成果,比如有效市场理论、证券组合投资理论、资本资产定价模型、MM理论等。正是这些财务学成果,为实证会计的产生奠定了基础,并推动着实证会计研究向前发展。事实上,实证会计已经与财务理论研究融为一体。

第6章介绍实证会计研究理论框架,包括基于市场效率理论(股东)和契约理论(经理人员)的实证研究框架、基于信息提供者和使用者的实证会计研究框架和基于制度分析的实证会计研究框架,为实证会计研究课题的选择提供了一种方向性的指引。

第7章介绍实证会计中常用的统计学方法,包括描述性统计指标、大数定律和中心极限定理、相关分析和回归分析。

第8章介绍实证会计研究中常用的计量经济学方法,包括理论或假说陈述、理论的数学模型设定、计量经济学模型设定、数据的获取与数据处理、计量经济模型的参数估计、假设检验(包括经济含义检验、统计检验和计量经济学检验)、预报或预测等。

第9章为实证会计的初学者提供入门向导。以"会计信息的价值相关性实证研究"为例,对实证会计研究的基本程序、基本方法以及注意事项进行说明。

第 10 章第 2 至第 6 节介绍国内外早期有关资本市场效率的实证研究成果。其中,鲍尔和布朗开创的异常收益分析法成为实证会计研究中经常采用的经典方法。

第 10 章第 7 节、第 11 至第 16 章都是由我指导的会计学硕士研究生尝试性地运用实证研究方法取得的成果,涉及资本市场效率、公司现金持有现象、公司信用行为、客户集中度的财务效应、债务融资的资产替代效应、会计信息质量、会计信息利用等。本部分中的论文独立成篇,自成一体,甚至写作的体例也不完全一致。尽管其中的大部分内容都已经在学术期刊上公开发表,但作为初学者的习作,肯定是不够完美的,仅供同样是初学者的读者在批评中学习,在质疑中提高。

学习实证会计的秘诀是"干中学",边学边干,边干边学。先入门,后提高,逐步地精通。对待实证研究方法的正确态度是既不排斥,又不迷信;先了解,后批判。没有放之四海而皆准的真理,没有完美无缺的研究方法。就像归纳与演绎相互依赖、相互渗透、相互转化一样,实证研究方法与规范研究方法也是相互依存和内在统一的。只要运用得当,不管是采用实证研究法还是规范研究法,都可以发现财务会计现象的本质和规律。

黄晓波

2016 年 9 月

目 录

第1篇 理 论 篇

第1章 实证会计概述 ………………………………………… 3
 1.1 实证会计的产生 …………………………………………… 3
 1.2 实证研究法的特点 ………………………………………… 5
 1.3 对实证会计的评价 ………………………………………… 11

第2章 实证会计的哲学基础 ………………………………… 12
 2.1 实证主义 …………………………………………………… 12
 2.2 逻辑实证主义 ……………………………………………… 13
 2.3 批判理性主义(证伪主义) ………………………………… 14

第3章 实证会计的经济学基础 ……………………………… 16
 3.1 现代契约理论 ……………………………………………… 16
 3.2 委托代理理论 ……………………………………………… 21

第4章 实证会计的管理学基础 ……………………………… 23
 4.1 公司制企业及其治理问题 ………………………………… 23
 4.2 公司治理模式 ……………………………………………… 27
 4.3 公司内部治理机制 ………………………………………… 34
 4.4 公司外部治理机制 ………………………………………… 46

第5章 实证会计的财务学基础 ……………………………… 48
 5.1 有效市场假说 ……………………………………………… 48
 5.2 证券组合投资理论 ………………………………………… 50
 5.3 资本资产定价模型 ………………………………………… 51
 5.4 资本结构理论 ……………………………………………… 53

5.5 期权定价理论 ………………………………………………… 61
5.6 行为财务理论 ………………………………………………… 64

第 6 章 实证会计理论研究框架 …………………………………… 71
6.1 基于市场效率理论(股东)和契约理论(经理人员)
　　的实证研究框架 …………………………………………… 71
6.2 基于信息提供者和使用者的实证会计研究框架 ………… 73
6.3 实证会计研究领域的拓展 ………………………………… 74

第 2 篇　方 法 篇

第 7 章 实证会计中常用的统计学方法 …………………………… 81
7.1 描述性统计指标 …………………………………………… 81
7.2 大数定律和中心极限定理 ………………………………… 85
7.3 相关分析 …………………………………………………… 86
7.4 回归分析 …………………………………………………… 89

第 8 章 实证会计中常用的计量经济学方法 ……………………… 93
8.1 理论或假说陈述 …………………………………………… 93
8.2 理论的数学模型设定 ……………………………………… 93
8.3 计量经济学模型设定 ……………………………………… 94
8.4 数据的获取与数据处理 …………………………………… 95
8.5 计量经济学模型的参数估计 ……………………………… 96
8.6 假设检验 …………………………………………………… 101
8.7 预报或预测 ………………………………………………… 118

第 9 章 实证会计研究入门向导 …………………………………… 119
9.1 现象与问题 ………………………………………………… 119
9.2 理论假说 …………………………………………………… 120
9.3 计量经济学模型 …………………………………………… 121
9.4 样本数据 …………………………………………………… 123

9.5 参数估计和假设检验 ……………………………………………… 131
9.6 研究结论 …………………………………………………………… 138
9.7 实证会计论文写作有关注意事项 ………………………………… 138

第3篇 专 题 篇

第10章 资本市场效率理论专题研究 …………………………………… 145
10.1 实证会计研究的信息观与计价观 ………………………………… 145
10.2 上市公司盈利信息报告与股价变动关系研究 …………………… 147
10.3 收益报告的信息含量研究 ………………………………………… 154
10.4 证券市场过度反应实证研究 ……………………………………… 158
10.5 股票投资的"惯性策略"和"反转策略"实证研究 ……………… 161
10.6 股票市场的规模效应和时间效应实证研究 ……………………… 164
10.7 基于股票内在价值的证券市场效率指数研究 …………………… 167

第11章 现金持有现象专题研究 …………………………………………… 178
11.1 引言 ………………………………………………………………… 178
11.2 中国上市公司现金持有量及其变化趋势 ………………………… 179
11.3 上市公司现金持有行为的理论解释 ……………………………… 181
11.4 国内外有关公司现金持有行为的实证研究发现 ………………… 183
11.5 中国上市公司现金持有行为的实证检验 ………………………… 186
11.6 现金持有异象及其解读 …………………………………………… 195
11.7 研究结论 …………………………………………………………… 198

第12章 公司信用行为专题研究 …………………………………………… 200
12.1 引言 ………………………………………………………………… 200
12.2 文献述评 …………………………………………………………… 201
12.3 中国上市公司信用行为的基本特征 ……………………………… 208
12.4 信用供求的相互关系及其市场反应 ……………………………… 212
12.5 研究结论及其局限性 ……………………………………………… 222

第 13 章　客户集中度的财务效应专题研究 ·············· 224
　　13.1　引言 ·············· 224
　　13.2　文献述评 ·············· 225
　　13.3　理论假说 ·············· 227
　　13.4　实证研究设计 ·············· 229
　　13.5　实证研究结果 ·············· 232
　　13.6　进一步的讨论 ·············· 241
　　13.7　研究结论及其应用价值 ·············· 245

第 14 章　债务融资的资产替代效应专题研究 ·············· 246
　　14.1　引言 ·············· 246
　　14.2　文献述评 ·············· 246
　　14.3　资产替代效应的统计分析 ·············· 248
　　14.4　资产替代效应影响因素的实证检验 ·············· 253

第 15 章　会计信息质量专题研究 ·············· 263
　　15.1　引言 ·············· 263
　　15.2　理论分析与研究假说 ·············· 263
　　15.3　模型设定、变量计量与数据来源 ·············· 265
　　15.4　统计分析 ·············· 267
　　15.5　研究结论与进一步的讨论 ·············· 269

第 16 章　会计信息利用专题研究 ·············· 271
　　16.1　引言 ·············· 271
　　16.2　中国经济（企业）景气指数研究与应用述评 ·············· 272
　　16.3　基于会计信息的企业景气指数及其编制方法 ·············· 274
　　16.4　基于会计信息企业景气指数编制方法的应用 ·············· 276
　　16.5　基于会计信息的企业景气指数的相关性 ·············· 278
　　16.6　结论及进一步的讨论 ·············· 279

参考文献 ·············· 281
后记 ·············· 292

第 1 篇 理论篇

实证会计主要是对理论假说进行检验。在实证会计研究中采用的统计方法、计量经济学方法都是"死"的技术,实证会计的"源头活水"是发展理论假说。"问渠哪得清如许?为有源头活水来。"发展理论假说是实证研究的生命,是区分实证研究好坏的重要标准。发展理论假说需要扎实的哲学、经济学、管理学、财务学等的理论功底,以及对社会经济现象的敏锐观察和深入洞察。

本篇由 6 章构成,对实证会计的产生和发展、实证会计的理论基础、实证会计的研究框架进行简要介绍。

20 世纪 70 年代以后,实证研究方法逐步在西方会计学术界占据了主流地位。20 世纪 80 年代,在改革开放的推动下,中国会计界开始介绍和引进实证会计研究方法。20 世纪 90 年代末和 21 世纪初,实证会计研究方法在中国应用得越来越广泛,并很快成为中国会计学术研究的主流。第 1 章对实证会计产生和发展的过程进行简要介绍,并对实证研究方法的特点进行简要评价。

什么是科学知识?如何发现真理?这是每一个科研人员都需要思考的问题。它实际上是一个哲学问题,不同的哲学流派对此作出了不同的回答。第 2 章介绍了两个主要哲学流派的科学观和方法论。逻辑实证主义主张可证实原则,认为科学知识的基础是可由公认的实验证实的经验感觉,反对形而上学,认为科学知识来源于对现象的观察,观察现象是获取知识的重要途径,主张采用归纳法。批判理性主义反对逻辑实证主义把归纳法当作科学发现的工具，认为普遍有效的科学理论并不来自经验归纳，主张采用演绎法，认为科学发现的模式是"猜想与反驳"。

第3章介绍实证会计的经济学基础，包括现代契约理论和委托代理理论。现代契约理论和委托代理理论的思想和框架在财务会计研究中得到了广泛的应用，对很多财务会计现象具有很强的解释能力。

第4章介绍实证会计的管理学基础，主要讲公司治理问题。股份公司是现代企业的典型形式，公司治理结构是企业管理的核心问题。财务会计是企业管理活动的一个方面，是公司治理结构的一个环节，对财务会计现象的解释离不开公司治理。公司治理机制分为内部治理机制和外部治理机制。内部治理机制包括所有权安排、激励制度、业绩评价、雇佣制度、薪酬制度、晋升制度等；外部治理机制包括产品市场竞争、资本市场竞争、经理人市场竞争、信誉机制等。

第5章介绍实证会计的财务学基础。20世纪五六十年代，财务理论研究空前繁荣，群星璀璨，硕果累累。取得了一批具有重大学术价值的财务学成果，比如有效市场理论、证券组合投资理论、资本资产定价模型、MM理论等。正是这些财务学成果，为实证会计的产生奠定了基础，并推动着实证会计研究向前发展。事实上，实证会计已经与财务研究融为一体。

第6章介绍实证会计理论研究框架，包括基于市场效率理论（股东）和契约理论（经理人员）的实证研究框架、基于信息提供者和使用者的实证会计研究框架与基于制度分析的实证会计研究框架，为实证会计研究课题的选择提供一种方向性的指引。

第 1 章

实证会计概述

1.1 实证会计的产生

实证会计是美国芝加哥大学的鲍尔和布朗(Ray Ball and Philip Brown)、比弗(William H. Beaver)等开创的一个会计理论研究流派。1968年,《会计研究杂志》(Journal of Accounting Research)第 6 卷第 2 期发表了鲍尔和布朗的论文《会计收益数据的经验评价》(An Empirical Evaluation of Accounting Income Numbers);同年,比弗的论文《年度收益报告的信息含量》(The Information Content of Annual Earnings Announcements)刊发在《会计中的经验研究:论文选》(Empirical Research in Accounting:Selected Studies)中。这两篇论文的发表,标志着一个新的会计理论研究流派——实证会计的诞生。20 世纪 70 年代以后,实证研究方法逐步在西方会计学术界占据了主流地位。

20 世纪 80 年代,改革开放推动了中国大陆会计界对会计研究方法的探讨,以及对实证会计研究方法的介绍和引进。早期对会计研究方法进行探讨的论文有:肖源在《会计研究》1983 年第 5 期上发表的《关于研究会计性质的方法问题——和余光耀同志商榷》、唐东海在《会计研究》1984 年第 2 期上发表的《建立我国会计理论方法体系的几点看法》、阎达五在《会计研究》1984 年第 3 期上发表的《建立中国式会计理论方法体系之我见》、周忠惠在《会计研究》1984 年第 6 期上发表的《论会计研究的方法论》等。随着对会计研究方法探讨的深入,已经流行于西方会计界的实证会计开始受到中国大陆会计学者的关注。20 世纪 80 年代末和 90 年代初,陆续发表了一些介绍实证会计研究方法的论文,主要有:张为国在《会计学丛》1988 年第 2 辑上发表的《当代西方会计研究中的主要流派》、方之龙在《会计学丛》1988 年第 3 辑上发表的《西方会计研究中的经验学派》、吴艳鹏在《会计学丛》1988 年第 4 辑上发表的《西方会计研究的证券市场学派》、葛家澍和陈少华发表在《财会通讯》1988年第10期上的《西方国家的实证会计理论》和发表在《厦门大学学报》1989年第1期上的《西方国家的实证理论及其在会计上的应用》，以及由徐国君编译、发表在1991年第6期《会计研究》上的《实证会计研究的特征分析》等。1990年6月，美国罗切斯特大学的瓦茨和齐默尔曼(Ross L. Watts and Jerold L. Zimmerman)于1986年合著的《实证会计理论》(Positive Accounting Theory)，由黄世忠、陈少华、刘海彬、曹军、陈光和陈箭深合译，在中国商业出版社出版。这部著作系统地介绍了实证会计理论和相关研究成果，为实证会计在中国大陆的发展发挥了巨大的推动作用。

股份公司的出现，以及证券营业部的设立和证券交易所的建立，为实证会计研究方法的应用创造了条件。1983年7月，中国宝安集团股份有限公司(组建时名为"深圳市保安县联合投资有限公司")成立，这是改革开放之后出现的第一家股份公司。随后，1984年9月成立了北京天桥百货股份有限公司，1984年11月成立了上海飞乐音响股份有限公司。随着股份公司的出现，股票交易市场应运而生。1986年，中国工商银行上海分行成立了证券营业部，公开挂牌代理买卖股票。1990年11月26日，上海证券交易所成立，并于12月19日开业；1990年12月1日，深圳证券交易所成立。股份公司公开披露的信息，以及证券交易所公布的交易量、交易价格等各种数据，使鲍尔和布朗、比弗等开创的实证研究方法的应用成为可能。于是，俞乔、陈小悦和李晨、沈艺峰、施东晖等成为了中国大陆应用实证会计研究方法的先行者，他们不失时机地率先推出了一批实证会计研究成果，包括俞乔在《经济研究》1994年第9期上发表的《市场有效、周期异常与股价波动——对上海、深圳股票市场的实证分析》、陈小悦和李晨在《北京大学学报》(哲学社会科学版)1995年第1期上发表的《上海股市的收益与资本结构关系实证研究》、沈艺峰在《会计研究》1996年第1期上发表的《会计信息披露和我国股票市场半强式有效性的实证分析》、施东晖在《经济研究》1996年第10期上发表的《上海股票市场风险性实证研究》等。

中国会计学会十分注重会计研究方法的探讨和创新，并积极倡导应用实证研究方法。在《会计研究》1997年第7期上，发表了6篇讨论实证研究方法的论文，即刘峰的《实证研究的方法论基础与批判》、陈小悦的《对会计实证研究方法的认识》、陈汉文和林志毅的《规范会计理论与实证会计理论评析及启示》、秦荣生的《谈我国会计实证研究方法的应用》、刘汝军的《实证会计研究评述及其在我国的应用》和郝振平的《会计研究中案例研究法的应用》。这种不同寻常的发稿方式，反映出《会计研究》对实证会计研究方法及其应用的高度重视和殷切期待。

20世纪90年代末和21世纪初,实证会计研究方法应用得越来越广泛,并很快成为会计学术界的主流。2002年12月,在吉林大学商学院举办了第一届实证会计国际研讨会。之后,每年举办一次实证会计国际研讨会,一直延续至今,已经成功举办了14届。2003年12月13～14日,在重庆大学经济与工商管理学院举办的第二届实证会计国际研讨会上,由北京大学、清华大学和北京国家会计学院联合创办的、主要刊载实证会计论文的学术期刊《中国会计评论》(China Accounting Review)正式面世,并于2006年改为季刊。专门的学术会议和学术期刊,凸显出实证会计的特殊地位。

1.2 实证研究法的特点

实证研究(Positive Study)是与规范研究(Normative Study)相对的,它是指鲍尔和布朗、比弗等1968年开创的研究方法。把鲍尔和布朗、比弗等1968年采用的新的研究方法称为实证研究(Positive Study)之后,以前应用的研究方法就称为规范研究(Normative Study)。从广义上讲,案例研究、问卷调查、实验研究、实地研究、档案研究(Archival Research)等,都属于实证研究。

实证研究法与规范研究法的区别,见表1-1。

表1-1　　　　　　　　实证研究法和规范研究法比较

项目	规范研究法	实证研究法
命题形式	应该是什么	是什么
价值判断	包含价值判断	不包含价值判断,即价值中立
逻辑方法	演绎法	归纳法
研究程序	会计目标假设—会计核算假设—会计原则—会计程序和方法	观察现象、发现问题—提出理论假说—设定数学模型和计量经济学模型—确定研究对象和样本、收集和处理数据—模型的参数估计—假设检验(经济含义检验、统计检验和计量经济学检验)—研究结论和政策建议
理论目的	为会计政策提供理论指导,完善和优化会计程序和方法	解释所观察到的会计现象,丰富和发展会计理论,为会计政策的制定和会计工作的改进提供经验证据

1.2.1 关于命题形式

规范研究以"应该是什么"命题。比如,"资产应该以历史成本计价"

"应收账款应该计提坏账准备""考试应该有老师监考"等命题,都是规范性的。

实证研究以"是什么"命题。比如,"收益是影响股票价格的主要因素""财务风险的增加会引起公司价值下降""武汉的夏天很热"等命题,都是实证性的。

不管是规范性命题,还是实证性命题,都不一定完全正确,都是真实性与虚假性的统一。两者的主要区别是,规范性命题不能进行检验,而实证性命题都是可以检验的。

1.2.2 关于价值判断

规范性命题都包含了价值判断。比如,"资产应该以历史成本计价""应收账款应该计提坏账准备"等命题,实际上是认为历史成本比其他计量属性好,计提坏账准备比不计提坏账准备好,这样做更有利于实现会计目标,能够提供更可靠、更相关的信息。"考试应该有老师监考"实际上是认为,有老师监考比没有老师监考好,老师监考可以防止学生舞弊。

实证性命题不包含价值判断,是一种对现象的陈述或理论假说。在"收益是影响股票价格的主要因素""财务风险的增加会引起公司价值下降""武汉的夏天很热"等命题里面,都没有体现"好"或"不好"的价值倾向。

1.2.3 关于逻辑方法

从逻辑方法来看,规范研究一般采用演绎法,而实证研究方法实际上是一种归纳法。因为实证研究都要选择研究对象,确定研究样本,通过对样本的统计分析得出一般性的结论,体现了归纳法"从特殊到一般""从具体到抽象"的特点。了解这一点,对于全面理解和正确运用实证会计理论与方法,非常重要。

1.2.3.1 归纳法

归纳法是一种从大量具体会计实务中概括出具有一般性结论的思维形式和研究方法,即从感性到理性,从个性到共性,从特殊到一般,从具体到抽象。

归纳会计理论研究的基本步骤是:①观察与记录。对具体会计现象进行观察,并记录全部观察结果。比如,企业应收账款的发生与收回情况。②分析与分类。对全部观察结果进行分析和分类。比如,对收不回来的款项按账龄进行分类。③概括与推导。通过对观察结果的分类和分析，概括总结出一般的会计概念，并推导出基本的会计原则。比如，按账龄的长短分类计算坏账损失，按权责发生制原则、配比原则、谨慎性原则等处理坏账损失。④检验与证实。将概括总结出的会计概念和推导出的会计原则应用于会计实务，看是否能够改进会计实务，使会计工作做得更好。比如，计提坏账准备的备抵法是否比将坏账直接计入当期损益的直接转销法更好？如果备抵法好于直接转销法，就应推广应用备抵法，用备抵法取代直接转销法。

归纳法体现了"物竞天择，适者生存"的进化论思想，认为会计实务中采用的具体做法，必然有其合理性。因此，试图从具体会计实务中发现好的做法，然后进行总结和提炼，形成经验，并推广应用。

归纳法的突出优点是理论来源于实际，科学始于观察，结论建立在对大量现象观察的基础之上，不受预定模式的约束或先入为主的影响。

但归纳法也有很大的局限性，通过有限的归纳，不能得到具有普遍性和必然性的科学定律。著名哲学家休谟率先对归纳法的合理性提出了怀疑，即所谓"归纳问题"：①把有限事例推广到无穷对象，依据过去或现在的经验对未来进行预测，都没有演绎逻辑的保证。②归纳推理的有效性不能归纳地证明，用归纳法证明归纳法会导致循环论证。③结论的或然性，即通过归纳推理得出的结论可能并不具有普遍意义。例如，罗素火鸡问题。有一只聪明的火鸡会使用归纳法。因为每天早晨主人都要给它喂食，所以，它归纳出了"每天早晨主人都会来喂食"的结论。但感恩节那天早晨，主人却把它杀了，送上了餐桌。

1.2.3.2 演绎法

演绎法是一种从一般性前提推导出具体结论的思维形式和研究方法，即从一般到特殊，从抽象到具体。共性存在于个性之中，个性包含共性。演绎推理是由大前提、小前提和结论组成的三段论。比如，大前提"自然界的一切物质都是可分的"，小前提"基本粒子是自然界的一种物质"，结论"基本粒子是可分的"。

演绎会计理论以会计假设和会计目标为前提条件，推导出会计原则，再依据会计原则，制定或选择会计程序和账务处理方法。比如，货币计量和币值稳定假设→历史成本原则→固定资产按购进或取得时的实际成本核算；持续经营和会计分期假设→划分收益性支出与资本性支出原则→计提固定资产折旧。

演绎法试图首先确立"公认会计原则",然后以"公认会计原则"规范、指导或改进会计实务,使现行会计实务朝着更好的方向发展。美国财务会计准则委员会(FASB)制定的《财务会计概念公告》(Statements of Financial Accounting Concepts, SFAC)、英国会计准则委员会(ASB)制定的《财务报告原则公告》、中国财政部制定的《企业会计准则——基本准则》,以及国际会计准则理事会(IASB)制定的《编报财务报表的框架》等"公认会计原则",都是演绎法的产物。

演绎法的优点有:①以基于客观环境的会计假设为前提而推导出的会计原则,可以很好地指导会计实务。②会计假设、会计目标、会计原则,以及会计程序与方法之间存在密切的内在关系,演绎法构建的会计理论体系具有逻辑上的严密性。

演绎法的主要局限是结论的正确性取决于前提条件。如果前提条件不符合实际,那么推导出的整个结论也将是错误的。

1.2.3.3 归纳法和演绎法的联系

归纳法和演绎法不是相互对立的,而是相互依存和内在统一的。归纳法离不开演绎法,演绎法也离不开归纳法。

归纳要以演绎为指导。运用归纳法首先要观察现象,但对现象的观察并不是盲目进行的,需要理论指导,即需要运用演绎法。

演绎要以归纳为基础。演绎推理的前提条件都是一般性理论,而这些一般性理论往往是归纳推理的产物。归纳法为演绎推理提供了前提条件。

在人类的思维过程中,归纳与演绎是相互渗透、相互转化的。人们总是先观察个别事物的特性,然后再归纳出事物的一般性,这是一个从个别到一般的归纳推理过程。认识到事物的共性之后,又会以这种认识为指导,对具体事物的特性进行探讨,这是一个从一般到个别的演绎推理过程。人类的认识永远处在从个别到一般、再从一般到个别的循环往复之中,并螺旋式上升。正如恩格斯所说,归纳和演绎必然地相互依赖着,应该注意它们的相互联系和相互补充。

1.2.4 关于研究程序

1.2.4.1 规范会计研究的基本程序

规范会计研究的基本程序:提出会计目标假设—提出会计核算假设—确定会计原则—确定账务处理程序和方法。下面以2007年1月1日起施行的《企业会计准则——基本准则》为例,逐一进行说明。

第一，提出会计目标假设。会计是一项管理活动，具有特定的目标。但由于会计环境的不确定性和人类的有限理性，总是不可能完全了解会计信息的使用者及其信息需求。所以，会计目标实际上也是一种假设。自2007年1月1日起施行的《企业会计准则——基本准则》第四条规定："财务会计报告的目标是向财务会计报告使用者提供与企业财务状况、经营成果和现金流量等有关的会计信息，反映企业管理层受托责任履行情况，有助于财务会计报告使用者作出经济决策。财务会计报告使用者包括投资者、债权人、政府及其有关部门和社会公众等。"在这一规定中，包含了以下假设：①投资者、债权人、政府及其有关部门和社会公众是财务报告的主要使用者。②财务报告的使用者需要企业财务状况、经营成果和现金流量等有关的会计信息。③企业财务状况、经营成果和现金流量等有关的会计信息可以反映企业管理层受托责任履行情况，有助于财务会计报告使用者作出经济决策。"管理活动论"和"信息系统论"的分歧，"受托责任观"与"决策有用观"的争议，以及财务报告构成的调整变化，都说明了会计目标的假设性。

第二，提出会计核算假设。会计核算是为了实现会计的目标，总是需要一定的假设。比如，假定会计核算的时间范围和空间范围，假定企业生产经营活动可以持续不断地进行下去，假定用货币计量，而且币值稳定，不存在通货膨胀等。自2007年1月1日起施行的《企业会计准则——基本准则》的第五条"企业应当对其本身发生的交易或者事项进行会计确认、计量和报告"是会计主体假设，第六条"企业会计确认、计量和报告应当以持续经营为前提"是持续经营假设，第七条"企业应当划分会计期间，分期结算账目和编制财务会计报告"是会计分期假设，第八条"企业会计应当以货币计量"是货币计量假设。

第三，确定会计原则。因为经济交易或者事项具有不确定性，在制定会计准则时，不可能预知所有经济交易或者事项，并对其会计处理作出具体规定。所以，需要根据会计目标，确定会计原则或对会计信息质量的基本要求。自2007年1月1日起施行的《企业会计准则——基本准则》的第九条"企业应当以权责发生制为基础进行会计确认、计量和报告"，即权责发生制原则；第十二条"企业应当以实际发生的交易或者事项为依据进行会计确认、计量和报告，如实反映符合确认和计量要求的各项会计要素及其他相关信息，保证会计信息真实可靠、内容完整"，即可靠性原则；第十三条"企业提供的会计信息应当与财务会计报告使用者的经济决策需要相关,有助于财务会计报告使用者对企业过去、现在或者未来的情况作出评价或者预测",即相关性原则;第十四条"企业提供的会计信息应当清晰明了,便于财务会计报告使用者理解和使用",即明晰性原则;第十五条"企业提供的会计信息应当具有可比性",即可比性原则;第十六条"企业应当按照交易或者事项的经济实质进行会计确认、计量和报告,不应仅以交易或者事项的法律形式为依据",即实质重于形式原则;第十七条"企业提供的会计信息应当反映与企业财务状况、经营成果和现金流量等有关的所有重要交易或者事项",即重要性原则;第十八条"企业对交易或者事项进行会计确认、计量和报告应当保持应有的谨慎,不应高估资产或者收益、低估负债或者费用",即谨慎性或稳健性原则;第十九条"企业对于已经发生的交易或者事项,应当及时进行会计确认、计量和报告,不得提前或者延后",即及时性原则。

第四,确定账务处理程序和方法,即确认、计量、记录和报告。自 2007 年 1 月 1 日起施行的《企业会计准则——基本准则》的第三章到第八章分别对资产、负债、所有者权益、收入、费用、利润的性质、确认条件等作出了原则规定;第九章规定了会计计量属性,包括历史成本、重置成本、可变现净值、现值、公允价值等;第十章对财务会计报告的性质和构成作出了规定。有关账务处理程序和方法的具体规定,体现在各项具体会计准则中。

1.2.4.2 实证会计研究的基本程序

实证会计研究的基本程序如下:观察现象、发现问题—提出理论假说—设定数学模型和计量经济学模型—确定研究对象和样本、收集和处理数据—模型的参数估计—假设检验(经济含义检验、统计检验和计量经济学检验)—研究结论和政策建议。具体内容和做法,详见本书第 8 章"实证会计中常用的计量经济学方法"和第 9 章"实证会计研究入门向导"。

1.2.5 关于理论目的

规范会计理论的基本目的是为会计政策提供理论指导,完善和优化会计程序和方法。"公认会计原则"就是一种规范会计理论,为会计理论研究提供了一个概念框架,为会计实务提供了一系列的标准或规范。

实证会计理论的基本目的是解释所观察到的会计现象,丰富和发展会计理论,为会计政策的制定和会计工作的改进提供经验证据。实证会计研究成果,也可以作为修订会计准则或制定新的会计准则的依据。

1.3 对实证会计的评价

1.3.1 支持实证会计的理由

实证会计具有科学研究方法的主要属性,即可证伪性、价值中立和可重复性:①可证伪性(falsifiability)。著名哲学家波普尔(Karl Popper)提出的证伪主义认为,任何科学命题都应是全称命题,只能证伪(找到一个反例),不能证实。可证伪性是指一种在逻辑上进行否定的可能性。比如,"花是红的""人是要死的",都是全称命题,都是无法证实的。但只要找出一个反例,就可以予以否定。所以,证伪比证实在逻辑上具有更大的优势。任何一个实证性会计命题或理论假说,都是可以证伪的。②价值中立。实证研究将研究者个人的价值排除在研究过程之外,运用经验数据证实或证伪某一假说,因而是科学的。③可重复性。实证研究的过程如同自然科学研究过程,是可以重复的。而且,重复某一研究过程,可以得出相同或相近的结论。

1.3.2 对实证会计的批评

对于实证会计的可证伪性、价值中立和可重复性,学术领域有不同的看法。①实证研究并不试图发现"放之四海而皆准"的绝对的、普遍的真理,这种普遍适用的绝对真理也是不存在的。一切理论都不是绝对正确的,也不是普遍适用的,所以都不必是"全称命题",而是在一定条件下、在一定范围之内是可以检验或证实的。②科学与价值不是对立的,科学研究必须进行价值判断。从表面上看科学技术是价值中立,但实际上也包含了一定的价值判断,科技工作者在选择科学问题时,都是有价值判断的。科技工作者也是社会人,也会有各种偏好,也会有价值倾向。③会计环境的易变性决定了会计研究对象的不可重复性。会计研究很难像在实验室进行的化学、物理学、生物学等自然科学那样,具有纯粹科学研究的特性。④实证研究结论的局限性。实证研究的结论是以特定时期或时点的样本数据为基础得到的,因而总是或然性的,而不具有必然性。即仅适用于特定时期或时点的样本,总是经验性的。

第 2 章

实证会计的哲学基础

实证主义和逻辑实证主义是实证会计的哲学基础。对逻辑实证主义所推崇的归纳推理和证实原则提出批评的批判理性主义(波普尔的证伪主义),对于正确理解和运用实证会计具有很大的启发意义。为此,下面分别介绍实证主义、逻辑实证主义和批判理性主义(波普尔的证伪主义)。

2.1 实 证 主 义

实证主义(Positivism)产生于19世纪三四十年代的法国和英国。法国哲学家奥古斯特·孔德(Auguste Comte,1798—1857)是实证主义的创始人,约翰·斯图亚特·穆勒(John Stuart Mill,1806—1873)是英国实证主义的最早代表,赫伯特·斯宾塞(Herbert Spencer,1820—1903)是英国实证主义的集大成者。

实证主义重视感觉经验,反对形而上学。实证主义认为,一切科学知识必须建立在来自观察和实验的经验事实基础之上。科学知识之所以有用,是因为来自于经验;人们的认识能力只能限制于经验范围,而永远达不到那些超经验的形而上学;由于人们的理性以及认识手段的局限性,科学知识只能是相对的,而不是绝对的。

孔德主张只相信可以证实的知识,认为人类理智要经历三种不同的阶段,即神学、形而上学和实证科学。在神学阶段,人们信仰神或精神的力量;在形而上学阶段,人们相信看不见的东西;在实证科学阶段,人们相信可证实、可测量的现象。

穆勒认为一切知识都是源于感觉经验,知识以经验范围为限。寻求经验之外的世界本质,既是不可能的,也是不必要的。一切科学知识都不过是关于经验现象的知识,而关于事物的本质和原因的"形而上学"知识是根本认识不到的。尽管知识具有相对性,但相对的知识仍具有其确定性和正确性。穆勒强调,归纳法是发现和证明科学知识的唯一工具和方法。因为任何知识都源于经验事实,都是对经验事实的归纳,并通过归纳法加以证实。穆勒认为演绎法不是一种科学方法,演绎推理的结论已经包含在大前提里,并不增添新知识,而只是对大前提内容的重复。演绎推理结论的正确性是由大前提的正确性来保证的,而大前提的正确性又是以归纳法为基础的。

斯宾塞把宇宙分为两个部分:一个是可知世界,另一个是不可知世界。可知世界是现象世界,是人类认识的对象;不可知世界是现象背后、作为万物之始的实在世界。科学知识只能以经验现象为对象,对经验现象进行描述和解释。斯宾塞认为,科学的对象是可知的现象世界,而不可知的世界是宗教的领域。科学和宗教不是对立的,而是相互补充的,应该相互宽容。

2.2 逻辑实证主义

逻辑实证主义(Logical Positivism)产生于 20 世纪 30~50 年代,其核心是以石里克(Moritz Schlick,1882—1936)和卡尔纳普(Rudolf Carnap,1891—1970)为代表的维也纳学派。

逻辑实证主义认为,哲学不是一种知识的体系,而是一种确定或发现命题意义的活动。科学研究的是命题的真理性,哲学研究的是命题的真正意义;科学使命题得到证实,哲学使命题得到澄清。

什么命题是有意义的呢?逻辑实证主义认为,凡是有真假值的命题就是有意义的。如果一个命题既不是真的,又不是假的,那么它在认识上就是没有意义的,就不是科学知识,就不应该相信。

逻辑实证主义主张可证实原则,反对形而上学,认为科学知识的基础是可由公认的实验证实的经验感觉,当一个陈述能够被一系列的观察命题所证实时,才有认知意义。比如,"2016 年 8 月武汉很热"是一个有认知意义的命题,因为可以通过直接观察予以证实。证实原则是确定一个命题是否有意义、是否是经验科学命题的标准。证实原则要求的只是原则上的可证实性,即在逻辑上存在证实的可能性,而不是指实践的可能性。当且仅当一个命题在原则上可以被证实(或否证)时,才是有意义的。

什么是形而上学?卡尔纳普把那些宣称表述了某种在全部经验之上或之外的东西的知识,包括表述了事物真实本质的知识、表述了自在之物或绝对者之类的知识,称为形而上学。在逻辑实证主义看来,一切关于世界的本原或本质的命题,都是形而上学。形而上学命题都是毫无意义的伪命题，因为命题所陈述的知识不在感觉经验的范围之内，既不能通过经验予以证实，也不能通过经验予以否证；在经验范围之内不能确定命题的真假，对增进人们的认知毫无帮助。

逻辑实证主义把哲学的任务归结为对知识进行逻辑分析。借助逻辑分析，一方面澄清科学的概念和命题的意义，另一方面拒斥形而上学。逻辑实证主义把有意义的命题分为两类，即分析命题和综合命题。分析命题的真假可以借助逻辑规则推导出来，即是否符合逻辑；综合命题的真假可以通过经验予以检验。

拒斥形而上学是逻辑实证主义的一个纲领性口号，是逻辑实证主义的基本出发点。因为只有拒斥了形而上学，才能使哲学从传统的知识体系转变成一种逻辑分析活动，才能通过逻辑分析澄清有意义的概念和命题，为事实科学奠定逻辑基础。

逻辑实证主义主张采用归纳法，认为科学知识来源于对现象的观察，观察现象是获取知识的重要途径。

2.3 批判理性主义（证伪主义）

20世纪50年代，以波普尔（Karl Popper，1902—1994）为代表的哲学家对逻辑实证主义信奉的证实原则和归纳推理提出了批判，使逻辑实证主义逐渐衰落，而批判理性主义（Critical-rationalism）开始兴起，并在20世纪五六十年代盛极一时。

批判理性主义的创始人是波普尔。波普尔1902年出生在维也纳，一生著作颇丰，影响巨大。代表作有《科学发现的逻辑》（The Logic of Scientific Discovery，1934）、《开放社会及其敌人》（The Open Society and Its Enemies，1945）、《历史决定论的贫困》（The Poverty of Historicism，1957）、《猜想与反驳》（Conjectures and Refutations，1936）、《无尽的探索》（Unended Quest，1976）等。

批判理性主义的主要观点如下：①反对逻辑实证主义把归纳法当作科学发现的工具，认为普遍有效的科学理论并不来自经验归纳。因为归纳法只能告诉人们过去发生的事情，而不能告诉人们未来的必然性，也不能告诉人们未来的或然性。认为理论不是来源于经验观察，而是先于观察，对理性应该采取批判的态度。②证伪原则。任何科学命题都是全称命题，不能证实，只能证伪（找到一个反例予以否定）。所以，逻辑实证主义也称为证伪主义(Falsificationism)。③可证伪度。科学理论进步的标准是可证伪度。任何科学理论都可以被证伪,但不同科学理论的可证伪度不一样。可证伪度越高,理论的科学性和严密性越强。④逼真度。科学理论只是一种猜测,任何科学理论都是"真实性"和"虚假性"的统一。科学理论＝"真实性"＋"虚假性",其中,"真实性"所占的比例越大,逼真度越高,理论越科学。

批判理性主义主张采用演绎法。先提出假说,然后进行否证。"大胆尝试,严格检验"。科学发现的模式是"猜想与反驳",即"问题—试错—证伪—新问题":①科学开始于问题;②理论是大胆的猜测;③对各种猜测进行证伪;④经过证伪,否定了若干尝试性假说,从而产生了新理论或新问题。

第 3 章

实证会计的经济学基础

3.1 现代契约理论

3.1.1 契约与契约关系

契约(contract)即合同、合约或协议。在法律上,契约关系因个人的自由合意而产生,契约的签订必须依据双方的意志一致同意而成立,缔约双方必须同时受到契约的约束。即"契约是由双方意愿一致而产生的相互间法律关系的一种约定"。① 在经济学中,契约的内涵非常宽泛,实际上是将所有的市场交易(人与人之间的关系②)都看成是一种契约关系。市场是商品交易合约,企业是生产要素交易合约。契约是对各种交易活动自由平等的规制,契约是人的自由意志的结果,平等是社会契约的首要条件。自由、平等、互利、诚信是缔约的基本原则。

契约理论的发展经历了三个阶段,即古典契约理论、新古典契约理论和现代契约理论。古典契约思想可追溯到古希腊,在罗马法体系中,规定了契约自由原则。古典契约理论认为,人是生而平等的,契约是具有自由意志的当事人自主选择的结果,不受任何外来力量的干涉。平等思想和自由观念是古典契约理论的核心。以亚当·斯密(Adam Smith)为代表的古典经济学家自由放任的经济思想和"看不见的手"的经济主张,与古典契约理论一脉相承。此外,古典契约是个别的、不连续的、即时的,契约对交易双方的责任、权利和义务作出了明确的规定,一旦交易完成,交易双方的契约关系就不复存在了。

与古典契约不同,新古典契约关系是一种长期的契约关系。新古典

---

① 查士丁尼. 法学总论. 北京:商务印书馆,1989:159.
② 人类的经济活动可以分为两类:一类是生产活动,即人对自然的经济活动;另一类是交易活动,即人对人的经济活动。参见:盛洪. 分工与交易. 上海:上海三联书店,上海人民出版社,1994:88.

契约是抽象的、完全的,"契约条款在事前能明确地写出,在事后能完全地执行。当事人还能够准确地预测在执行契约过程中发生的不测事件,并能对这些事件作出双方同意的处理"。① 新古典契约是实现均衡的手段,在供求不平衡时,交易双方可按不同的价格重新签订契约,直到市场均衡为止。

但是,由于社会经济环境的不确定性、人的有限理性,以及信息不完全和不对称,契约总是不完备的。在缔约之前,缔约双方不可能完全预见契约期内可能发生的所有情况;在缔约过程中,缔约双方不可能用清晰的语言写清楚所有条款;在缔约之后,缔约双方可能对契约条款产生分歧。现代契约理论正是从契约的不完全性着手,对企业的契约性质、企业的契约机制等问题进行了深入的研究。

3.1.2 从交易视角看企业的契约关系

"交易"(transaction)意指"交互影响的活动",是所有不同的人与人之间的交互活动。交易活动与生产活动的区别主要表现在:第一,生产活动的对象是自然界,交易活动的对象是人;第二,生产活动在理论上可以一个人单独进行,交易活动在起码有两个人时才发生;第三,单独的生产活动中没有利益冲突,主要受生产技术的影响和决定。而在交易活动中,利益冲突是不可避免的。所以,制度至关重要。

近代制度经济学的代表人物康芒斯(John R. Commons)把经济关系的本质归结为法律上所有权的交易,"交易是所有权的转移""不是实际'交货'那种意义上的'物品交换',它们是个人与个人之间对物质的东西的未来所有权的让与和取得""这些权利的转移,必须按照社会业务规则先在有关方面之间谈判,然后劳动才能生产,或者消费者才能消费,或者商品才会实际交给其他的人"。②

康芒斯把交易分为三种类型:买卖的交易(Bargaining Transaction)、管理的交易(Managerial Transaction)和限额的交易(Rationing Transaction)。买卖的交易即市场交易,表现为平等的市场主体之间的自愿交换。管理的交易即企业内交易,表现为企业长期契约规定的上下级之

---

① [美]科斯,哈特,斯蒂格利茨,等著,[瑞]拉斯·沃因,汉斯·韦坎德,编.契约经济学.李风圣 主译,北京:经济科学出版社,1999:6-18.
② [美]康芒斯.制度经济学(上册).北京:商务印书馆,1997:74-86.

间的命令和服从关系。限额的交易即政府交易,表现为政府与公民之间的关系。这三种交易分别对应着现代社会中的三种制度安排,即企业、市场和政府。三种交易的不同组合,构成了不同的经济体系。①

契约是交易的载体,交易是契约的基本内容。企业的契约关系可分为三类:一是市场交易契约,包括商品市场交易契约、资本市场交易契约和劳动力市场交易契约。商品市场交易契约反映企业与供应商、客户之间的商品购销和货款结算关系;资本市场交易契约反映企业与股东、债权人之间的投融资关系和收益分配关系;劳动力市场交易契约反映企业与员工之间(横向)的劳动雇佣关系。二是企业内交易契约,反映企业内部上下级之间(纵向)以及各部门之间的责权利关系。三是企业与政府之间的契约。一方面,政府作为社会事务的管理者,为企业提供了基础设施和安定的环境,企业应向政府纳税,企业与政府之间的这种关系表现为税收契约;另一方面,政府是自然资源的所有者和保护者,企业应向政府支付相应的资源使用费或税金。企业的交易契约类型及其体现的契约关系如表3-1所示。

表3-1　　　　　　　企业的交易契约类型与契约关系

交易类型	契约类型		契约关系
市场交易	市场交易契约	商品市场交易契约	购销关系
		资本市场交易契约	投融资关系
		劳动力市场交易契约	雇佣关系
企业内交易	企业内交易契约	纵向交易契约	隶属关系
		横向交易契约	合作关系
政府交易	政府性交易契约	税收契约	征纳关系

3.1.3　从利益相关者视角看企业的契约关系

一般认为,"相关利益"是指在一个企业或一项活动中的利益关系或份额,是一种对应得物或应得权利的要求权。这种相关利益实际上是一种权益,既可以投入资本为基础,也可以法律或道德为基础;既可以是对财务利益的要求权,也可以是对非财务利益(比如工作权利、安全性、环境保护等)

---

① 盛洪认为,计划经济以限额的交易和管理的交易为主,市场经济以买卖的交易为主。参见:盛洪.分工与交易.上海:上海三联书店,上海人民出版社,1994:91.

的要求权;既可以是法定的权益,也可以是道义上的权益;既可以是显性的权益,也可以是潜在的权益。相应地,利益相关者是在企业应享有各种权益的自然人或法人,是那些既对公司享有利害关系又对公司具有影响力的人或社会团体。

1963年,斯坦福研究所(Stanford Research Institute,SRI)首次提出了"利益相关者"(stakeholder)概念,受到了学术界的关注。从20世纪80年代初开始,西方兴起了利益相关者理论。弗里曼(Freeman)把公司的利益相关者分为对企业拥有所有权的利益相关者(持有公司股票)、与企业在经济上有依赖关系的利益相关者和与企业在社会利益上有关系的利益相关者。弗雷德里克(Frederic)将利益相关者分为直接利益相关者和间接利益相关者,直接利益相关者与企业直接发生市场交易关系,间接利益相关者不与企业发生市场交易关系。查克汉姆(Charkham)按照是否存在交易性的合同关系,将利益相关者分为契约型利益相关者和公众型利益相关者。克拉克森(Clarkson)根据是否自愿在企业承担风险,将利益相关者分为自愿的利益相关者和非自愿的利益相关者;根据与企业联系的紧密性,将利益相关者分为首要的利益相关者和次要的利益相关者。米切尔和伍德(Mitchell and Wood)将利益相关者分为确定性利益相关者、预期性利益相关者和潜在的利益相关者。

20世纪末至21世纪初,利益相关者理论受到了中国大陆学者的重视。万建华、戴志望、陈建等把企业利益相关者分为两个层级:第一层级包括财务资本所有者(股东和债权人)、人力资本所有者(经营者与雇员)、政府、供应商、客户等;第二层级包括社会公众、所在社区、环保组织等其他利益相关者。杨瑞龙和周业安对企业利益相关者理论及其运用进行了系统研究,提出了利益相关者合作逻辑下的企业共同治理机制。李心合对利益相关者的构成作出了五种理解,即小口径(股东)、小中口径(股东、顾客、员工)、大中口径(股东、顾客、员工、债权人、供应商)、大口径(股东、顾客、员工、债权人、供应商、政府、社区、市场中介组织、财务分析师、舆论影响者、社会公众)、特大口径(除大口径之外,还包括自然环境、人类后代、非人类物种)。王竹泉按是否参与集体选择,将利益相关者分为企业内部利益相关者和企业外部利益相关者,并提出了"利益相关者会计",认为"利益相关者会计"最核心的问题是内部利益相关者的共同利益(包括共同利益总额及共同利益在各内部利益相关者之间的分配)以及外部利益相关者的外部性的确认与计量问题。

总之,利益相关者理论认为,企业的利益相关者不仅包括企业的股东、债权人、雇员、消费者、供应商,也包括政府部门、本地居民和社区等,还包括自然环境、人类后代、非人物种等受到企业经营活动直接或间接影响的客体。这些利益相关者都对企业的生存和发展注入了一定的专用性投资,或承担了企业的经营风险,为企业经营活动作出了一定的贡献。所以,应在企业拥有相应的权益,应从企业得到相应的报酬或补偿。企业不能仅对股东负责,而应对所有利益相关者负责;企业不能仅追求利润最大化,而应承担包括经济责任、法律责任、道德责任和慈善责任在内的多项社会责任。20世纪80年代以来,美国29个州相继修改《公司法》,从法律上明确了利益相关者的权益并予以保护。中国证监会和国家经贸委2002年1月7日发布的《上市公司治理准则》第六章"利益相关者"规定,"上市公司应尊重银行及其他债权人、职工、消费者、供应商、社区等利益相关者的合法权利";"上市公司在保持公司持续发展、实现股东利益最大化的同时,应关注所在社区的福利、环境保护、公益事业等问题,重视公司的社会责任"。

企业是一系列交易契约的耦合体[①],包括明文规定交易双方权利和义务的显性契约和由交易习惯、社会惯例等规制的隐性契约。企业的交易契约体现了企业与所有利益相关者之间的经济关系。美国管理学家多纳德逊和邓非(Donaldson and Dunfee)将企业与利益相关者之间所遵循的所有契约形式,总称为综合性社会契约(Integrative Social Contracts)。见表3-2和图3-1。

表3-2　　　　　　　企业的交易契约与利益相关者

企业的交易契约	利益相关者
商品市场交易契约	供应商、客户
资本市场交易契约	股东、债权人
劳动力市场交易契约	经营管理者、员工
企业内纵向交易契约	领导者与被领导者
企业内横向交易契约	合作单位
政府性交易契约	政府部门(社会管理者、自然资源所有者)

---

① 雷光勇修正了企业是一系列契约的联结或组合的说法,认为"联结"与"组合"有拼凑之意,而"耦合"可以表达出企业是具有生命力的有机体。见:雷光勇.会计契约论.北京:中国财政经济出版社,2004:156.

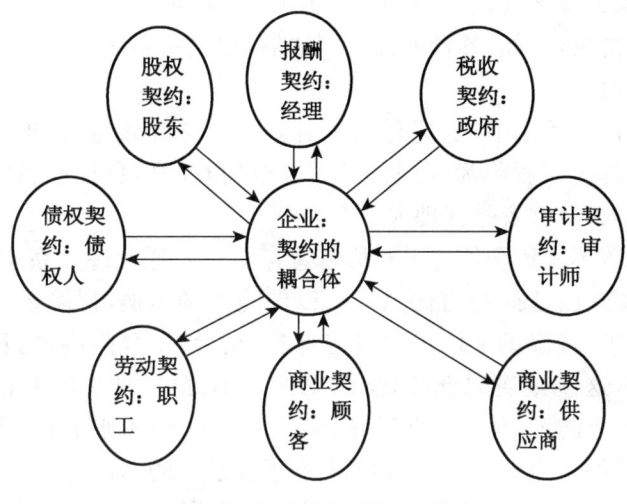

图 3-1 企业的交易契约

3.2 委托代理理论

公司制企业是现代企业的典型形式。在公司制企业发展过程中,发生了两大革命,即管理革命和资本革命。管理革命使企业经营权从资本所有者转移到了职业经理人,企业由"企业主企业"变成了"经理人企业"。资本革命使企业股权由私人集团集中持有转向多元主体分散持股,财产所有权与企业经营权发生了分离。董事会不再主要由出资者组成,而是由股东代表、职业管理者和独立董事等不同利益主体构成。

股份公司的主要利益相关者包括大股东、中小股东、债权人,以及经营管理者,这些主要利益相关者之间形成了委托代理关系,包括股东与经营者之间的委托代理关系、股东与债权人之间的委托代理关系,以及大股东和中小股东之间的委托代理关系。由于目标函数不一致和信息不对称,这些主要利益相关者之间会发生代理冲突,产生代理成本,损害公司价值。

在委托代理理论中,非对称信息(Asymmetric Information)是指一些参与人拥有但另一些参与人不拥有的信息。可分为事前非对称信息和事后非对称信息。"事前"是指非对称发生在签约之前,比如,签订买卖合同之前,卖方对产品的质量比买方了解得多。所以,"只有买错的,没有卖错的";签订雇佣合同之前,雇员知道自己的能力,但雇主不知道;签订保险合同之前，投保人知道自己的风险，但保险公司不知道。"事后"是指非对称发生在签约之后，比如，签订雇佣合同之后，雇员是否努力工作，雇员知道，但雇主不知道。

在委托代理理论中，把拥有私人信息的参与者称为"代理人"，把不拥有私人信息的参与者称为"委托人"。股东拥有的信息比经营者少，所以，股东是委托人，经营者是代理人。

目标函数不一致和信息不对称普遍存在于委托代理关系中，这会导致两大问题，即逆向选择和道德风险。以保险市场为例，保险公司不知道客户的风险水平，按市场平均风险确定保费率。结果风险高的投保，而风险低的不投保，这就是逆向选择（选出来的是不好的，即风险高的）；投保之后，人们会疏于防范，甚至有意破坏，更关心合同中的利益而不是自己的责任，这就是道德风险（为了自己的私利而损害别人的利益）。

解决委托代理问题的思路主要有两条：①通过建立激励机制，使代理人的目标趋近于委托人的目标；②通过信息公开，或往公司派驻财务总监，代表股东专门行使监督职能，缓解信息不对称程度。

第 4 章

实证会计的管理学基础

4.1 公司制企业及其治理问题

4.1.1 公司制企业的产生

从 17 世纪开始,英国、荷兰等商业帝国进入了合股贸易公司时代,1600 年成立的英国东印度公司(The English East Indian Company)是历史上最早的合股公司。19 世纪初,公司制度开始进入工业领域。1813 年,第一家大纺织企业波士顿制造公司(The Boston Manufacturing Company)在马萨诸塞州的沃尔瑟姆设立。19 世纪 60 年代以后,公司制度开始被引入铁路部门。1853 年,纽约中央铁路公司组建完成。此后,美国铁路部门几乎完全由公司控制。19 世纪末和 20 世纪初,在铁路部门的带领下,经济生活的各个方面,包括银行业、保险业、公用事业等相继被纳入公司的统治之中,公司制度逐步演变成了企业的常规形态。

新中国改革开放之后最早出现的股份制企业是中国宝安集团股份有限公司(组建时名为"深圳市保安县联合投资有限公司"),成立于 1983 年 7 月,发行了新中国第一张股票。其后是北京天桥百货股份有限公司和上海飞乐音响股份有限公司。北京天桥百货股份有限公司于 1984 年 7 月 20 日发起设立,是第一家正式注册的股份制企业。上海飞乐音响股份有限公司创立于 1984 年 11 月 18 日,是第一家向社会公开发行股票的股份制企业,也是第一家股份制上市公司。1986 年 9 月 26 日,飞乐音响股票在中国工商银行上海静安信托业务部柜台交易。1986 年 11 月 14 日,邓小平将飞乐音响股票赠送给来访的时任美国纽约证券交易所主席约翰·范尔霖(John J. Phelan),股票票样如图 4-1 所示。

1986 年 9 月 26 日,中国工商银行上海分行信托投资公司静安证券营业部成立,公开挂牌代理买卖股票。静安证券营业部是新中国第一个证券

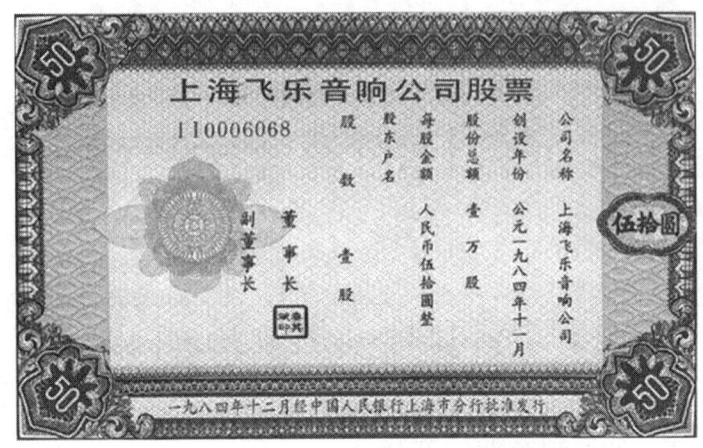

图 4-1　上海飞乐音响公司股票票样

营业部,被称为"中国的梧桐树",因为纽约证券交易所起源于在一棵梧桐树下进行的交易。1792 年 5 月 17 日,24 个在街头买卖股票的经纪人聚集在华尔街 68 号前的一棵梧桐树下,讨论有价证券的交易条件和规则。这就是纽约证券交易所的雏形,1792 年 5 月 17 日成为纽约证券交易所的诞生日。1990 年 11 月 26 日,上海证券交易所成立,并于 12 月 19 日开业。1990 年 12 月 1 日,深圳证券交易所成立。

1993 年 11 月 14 日,中共十四届三中全会通过《关于建立社会主义市场经济体制若干问题的决定》,标志着国有企业改革的思路从放权让利转向企业制度创新,即建立现代企业制度(现代公司)。1993 年 12 月 29 日,全国人民代表大会通过了《中华人民共和国公司法》,并于 1994 年 7 月 1 日实施。1994 年 11 月,国务院选择 100 家国有企业进行公司制改革试点。

1999 年 9 月 22 日,中共十五届四中全会通过的《关于国有企业改革和发展若干重大问题的决定》,进一步明确了公司化改制的要求。要求改制后的公司要建立有效的公司治理,强调能够在所有者和经营者之间建立起制衡关系的法人治理结构是公司制的核心。国有大中型企业公司化改革进入按照国际通行规范建立现代公司的阶段。

4.1.2　公司制企业的特点

现代公司制度的出现,是企业发展史上一次内容广泛、影响深远的历史性变革。

第一,企业所有权和控制权的分离。伯利(Adolf A. Berle)和米恩斯(Gardiner C. Means)通过对1930年年初美国200家最大公司控制形态的考察发现,"公司数量的65%、公司总财富的80%要么被经营者控制、要么被少数所有者通过法律手段所控制……只有11%的公司及6%的财富,是由拥有半数或半数以上发行在外股票的个人集团所控制"。① 所以,伯利和米恩斯认为:"几乎没有控制权的财富所有权与几乎没有所有权的财富控制权,似乎是公司制度发展的必然结果,""在公司制度中,产业财富的'所有者'仅仅剩下象征性的所有权,而权利、责任以及实物——这些东西过去一直是所有权不可或缺的象征——则正在让渡给一个手中握有控制权的独立的集团。"②

第二,企业股权的分散化和多元化。伯利和米恩斯通过对1930年年初美国200家最大公司中的144家公司的资料研究发现,"股东数量少于5 000人的公司仅有20家(它代表着144家公司不到5%的资产),而股东超过2万人的公司则有71家。一半以上的资产属于那些拥有5万或更多股东的公司"。③ 所以,伯利和米恩斯认为:"独立企业所有权的分散,看来是公司制度所固有的性质。"④

第三,有限责任制度。公司制企业通过在股票市场上发行股票筹集资本,投资者通过购买股票成为公司的股东,并以自己的出资额为限对公司的债务承担有限责任。

有限责任制度有很多优点:①有限责任促进了投资,为资本市场的发展提供了可能,使资本社会化成为可能。②与有限责任相对应的,是有限权利。股东、董事长、总经理等利益主体,以及股东大会、董事会、监事会等机构的权利都是有限的,都是《公司法》规定的,都必须按《公司法》和《公司章程》的规定行使权力。股东只能通过适当的程序(集体行动),在适当的时机(股东大会上),以适当的方式(决议)进行监督和干预,从而保证了公

---

① [美]阿道夫·A·伯利,加德纳·C·米恩斯. 现代公司与私有财产. 北京:商务印书馆,2005:127-128.
② [美]阿道夫·A·伯利,加德纳·C·米恩斯. 现代公司与私有财产. 北京:商务印书馆,2005:78-79.
③ [美]阿道夫·A·伯利,加德纳·C·米恩斯. 现代公司与私有财产. 北京:商务印书馆,2005:59.
④ [美]阿道夫·A·伯利,加德纳·C·米恩斯. 现代公司与私有财产. 北京:商务印书馆,2005:56.

司的经营效率,保证了公司法人资格的独立性。有限责任降低了股东之间相互监督的必要性,降低了监督代理人的必要性。③有限责任可以使投资者实现投资分散化和多元化。在有限责任下,股东在每一个公司的最大风险是确定的,从而将资金投入多个不同的企业反而会降低投资的总风险。④有限责任可以降低公司的融资成本。融资成本受风险的直接影响,因为有限责任制度降低了风险,也会相应地降低融资成本。

第四,所有权的可转让性。股票的持有者可在公开市场上出售股票,退出股份公司。

4.1.3 公司治理问题

在所有权和经营权相分离的情况下,会产生代理成本,而代理成本会降低公司价值。代理成本包括委托人的监控支出、代理人的管束支出、剩余损失等。

公司治理(Corporate Governance)是为降低代理成本而在公司利益相关者之间形成的一种相互制衡的机制。狭义的公司治理是指股东、董事、经理之间相互监督、相互制衡。广义的公司治理是维护和平衡公司所有利益相关者利益的一种机制,包括如何配置和行使控制权、如何监督和评价董事会、经理人员和员工、如何设计和实施激励机制等。

公司治理要解决的是因所有权和控制权分离而产生的代理问题,包括股东与经营者之间的代理问题,大股东与小股东之间的代理问题,股东与债权人之间的代理问题。即如何维护股东、债权人、经营管理者、员工、国家、供应商、客户、社区等主要利益相关者的利益。

公司治理可以分为内部治理和外部治理。内部治理是股东、管理层、员工等内部利益相关者之间形成的监督与制衡机制。外部治理是债权人、供应商、客户、政府、社区等外部利益相关者,以及商品市场、资本市场、经理人市场等市场机制对公司的监督与制衡。如图4-2所示。

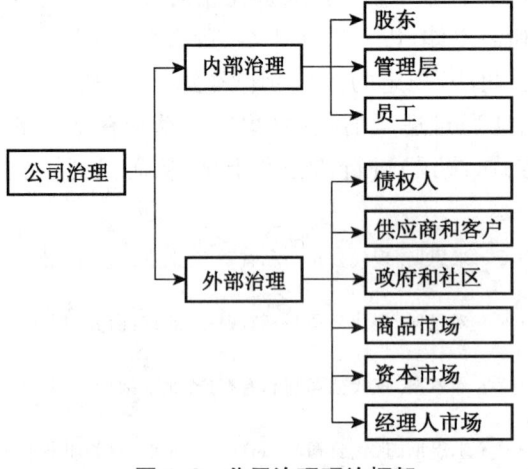

图4-2 公司治理理论框架

4.2 公司治理模式

4.2.1 公司治理模式概述

从理论上讲,公司治理模式可分为内部公司治理模式和外部公司治理模式。内部公司治理模式是通过公司内部的机构设置和权利安排来解决公司治理问题。外部公司治理模式是通过外部利益相关者,以及商品市场、资本市场、经理人市场对公司进行控制,以解决公司治理问题。公司治理模式受产权关系的直接影响,企业的产权关系不同,公司治理模式就不一样。见表 4-1。

表 4-1　　　　　　　　　企业权变治理模式

企业产权关系	公司治理类型
两权合一	出资人治理
两权相对分离	出资人和经理人共同治理
两权完全分离	经理人治理

西方发达国家的公司治理模式主要有两种类型,即英国和美国股东主导型治理模式,日本和德国债权人主导型治理模式。

4.2.2 英美股东主导型治理模式

4.2.2.1 英国和美国公司股权结构的基本特征

英国和美国公司股权结构的基本特征,见表 4-2。[①] 从表 4-2 可以发现,个人持股包括个人直接持股和通过机构投资者间接持股比例很大,美国为 89%,英国为 79%。从个人直接持股来看,美国为 49%,英国为 21%。从通过机构投资者(退休保险基金和投资基金)间接持股来看,美国的退休保险基金为 28%,投资基金为 12%,合计 40%;英国的退休保险基金为 50%,投资基金为 8%,合计 58%。

由于个人股东众多,而且比较分散,所以个人股东对公司的监控不够积极和有效。主要原因如下:第一,个人股东参加股东大会的成本大于因

---

① 梁能. 公司治理结构:中国的实践与美国的经验. 北京:中国人民大学出版社,2000;前言第 6 页.

投票而获得的利益,因此会表现出一种"理性的冷漠"。第二,每一股东都想"免费搭车",希望其他股东积极行使监督权而使自己获利,其结果是"三个和尚没水喝",没有人行使监督权。第三,行使监督权的股东付出了成本,而获利的是全体股东,包括没有行使监督权的股东,所以不够公平。

机构投资者持股比例大的好处是,克服了个人股东缺乏专业知识问题,为强化公司监控提供了可能。但仍存在以下问题:第一,免费搭车问题。希望其他机构行使监督权而使自己获利。第二,短期行为。机构投资者的目的是获利,一般不会长期持有一种股票。20世纪六七十年代,美国机构投资者持有一种股票的时间约为7年;20世纪80年代末90年代初,美国机构投资者持有一种股票的时间降低到1.9年。第三,合谋问题。机构投资者可能与持股公司有利害关系,在行使监督权时,更多考虑的是自身的利益,而不是股东的利益。

表 4-2　　1996年发达国家企业资产持有比例

持股主体	美国	英国	日本	德国
个人	49%	21%	20%	15%
银行	6%	1%	15%	10%
退休保险基金	28%	50%	12%	12%
投资基金	12%	8%	—	8%
其他金融机构	1%	9%	15%	—
非金融企业	—	1%	27%	42%
政府	—	1%	1%	4%
外国股东	5%	9%	10%	9%
总　计	100%	100%	100%	100%

4.2.2.2　英国和美国公司治理结构的基本特征

第一,代理问题主要是股东与经营者之间的代理问题。通过公司内部的制度安排,使股东与经营者之间相互制衡,降低代理成本。

第二,公司内部治理结构如图4-3所示。

股东大会是公司的最高权力机构,由全体股东构成,采取投票方式决定公司重大事项。在英国和美国,由于股东非常分散,股东成为"不在的所有者",以"用脚投票"代替了"用手投票"。

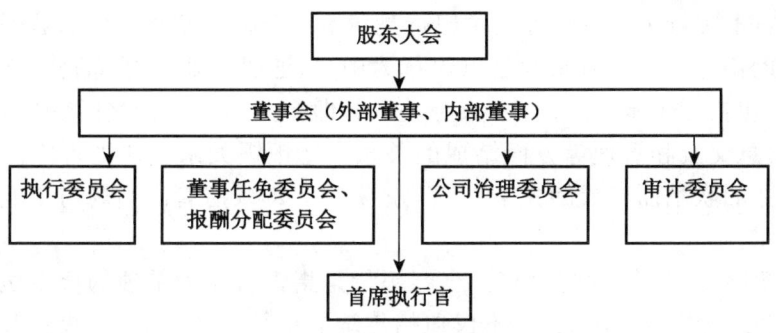

图 4-3 美国公司的治理结构

董事会是股东大会的常设机构,由股东大会选举的董事组成。英、美公司的股东更注重通过董事会来发挥公司治理作用。公司的董事分为内部董事和外部董事。内部董事由公司现在的职员或过去曾经是本公司的职员来担任,一般在公司中担任重要职务,是公司经营管理的核心成员,负责公司各主要职能部门的经营和管理。外部董事由公司外部拥有专业知识和技能的人员组成,选举外部董事意在加强董事会对公司经理的监督和制约,维护广大股东的利益,特别是中小股东的利益。董事会内部设立各种委员会,包括执行委员会、公司治理委员会、董事任免委员会、报酬分配委员会、审计委员会等,协助董事会更好地进行经营决策。其中,审计委员会协助董事会或总公司监督子公司的财务状况。美国公司中没有监事会,由公司聘请的会计师事务所负责审计年度财务报告。

首席执行官(CEO)是公司最高级别的行政官,由董事会聘请,负责公司的日常决策。在美国,大多数公司的董事长和 CEO 由一人兼任。

第三,英美国家公司的外部治理机制主要有股东的"用脚投票"、股票买卖和股价变化、兼并或收购、经理市场竞争等。

4.2.3 日本和德国债权人主导型公司治理模式

4.2.3.1 日本和德国公司股权结构的基本特征

日本和德国公司股权结构的突出特点是,银行等金融机构是公司的主要股东,法人持股或法人相互持股。从表 4-2 可以发现,在日本,银行持股占 15%,其他金融机构持股占 15%,非金融企业持股占 27%,合计为 57%;在德国,银行持股占 10%,非金融企业持股占 42%,合计为 52%。

日本实行主银行制度。主银行是指给一家企业发放贷款的数额居第一位的银行。主银行制度是以银行为中心、通过企业相互持股而结成的网络，包括三个基本层面：①银企关系。即企业与主银行之间在融资、持股、信息交流和管理等方面结成的关系。②银银关系。即银行之间基于与企业的联系而结成的关系。③政银关系。即政府管制当局与企业之间的关系。

德国实行全能银行制度。全能银行是指银行作为单独的金融机构提供着各式各样的金融服务，不仅包括传统的银行业务，还包括投资和证券业务。比如，股票发行和交易、组建并拥有投资基金、不动产交易、组织救助陷入财务危机的企业、进行并购等。

法人持股或法人相互持股包括垂直持股和环状持股。垂直持股可以建立母子公司关系，加强生产、技术、流通、服务等方面的相互协作；环状持股可以相互之间建立起稳定的资产和经营关系。

4.2.3.2 日本和德国公司治理结构的基本特征

在日本和德国公司中，银行是主要债权人，代理问题主要是由于代表股东利益的经营者和债权人之间的利益不一致而产生的。日本和德国的公司治理以内部治理为主，日本注重企业经营者的地位，德国则积极发挥监事会的功能。

日本公司治理结构一般为三层结构，即"股东大会—董事会—高级经理（社长、副社长、专务、常务等）"，如图4-4所示。股东大会是公司最高的权力机构。但由于股东相互持股，以及个人股东比例相对较小，股东大会实际上被公司经营者操纵。董事会由股东代表大会选举产生，是公司最高的决策机构。实际上，社长掌握了董事会的人事权，董事会由以社长为中心的高级经理人员构成，董事会以社长为中心。高级经理负责日常决策，经理人员是法人大股东的代表。在企业内部实行员工终身雇佣制，重视发挥员工在公司治理中作用。

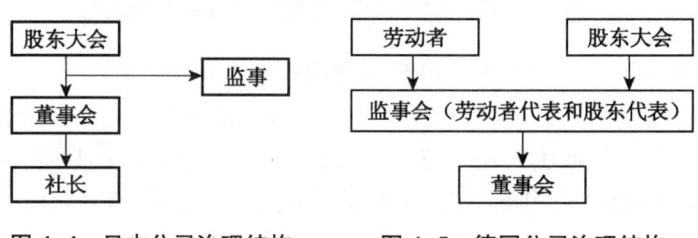

图4-4 日本公司治理结构　　图4-5 德国公司治理结构

德国公司治理结构的突出特点是双层结构,如图 4-5 所示。由监事会和董事会组成双层治理结构,股东和员工共同治理。董事长是公司的法人,负责公司的经营管理,向监事会负责。监事会由股东代表和职工代表构成的监督机构,拥有对公司高级管理人员的聘任权与解雇权。

4.2.4 英美股东主导型治理模式和日德债权人主导型治理模式比较

英美股东主导型治理模式和日德债权人主导型治理模式的主要区别,见表 4-3。[①]

表 4-3 英美股东主导型治理模式和日德债权人主导型治理模式比较

公司治理模式	英美股东主导型治理模式	日德债权人主导型治理模式
经济发展模式	政府调控下的自由市场经济模式,政府通过财政和货币政策进行宏观调控	政府指导型,政府通过长期投资导向对企业进行间接管理
股权结构	股权相对分散,个人持股比例较大	股权相对集中。法人相互持股,个人持股比例小
公司目标	股东利益最大化	公司利益相关者共同利益最大化
融资方式	直接融资为主,间接融资为辅。主要通过发行股票和债券筹长期资金	间接融资为主,直接融资为辅。主要通过主银行为企业提供长期资金
劳动力与经理人市场	发达。通过报酬激励、接管威胁等市场机制激励管理者	不发达。实行终身雇佣制、年功序列制和企业内工会制度
监控机制	外部监控。股票市场、借贷市场、经理市场和产品市场构成了市场监控体系;在董事会中引入非执行董事,设立主要由非执行董事组成的审计委员会	内部监控。依赖于法人相互持股和主银行制,主银行在监控机制中发挥者主导作用

4.2.5 中国企业治理模式的转变

4.2.5.1 中国的经济体制改革与企业制度变革的历程

中国经济体制改革与企业制度变革的历程,见表 4-4。

表 4-4 中国经济体制改革与企业制度变革

时期	经济体制	企业制度
1978 年 12 月中共十一届三中全会以前	集中的计划经济体制(苏联模式)	"一大二公";国营企业、集体企业

[①] 李维安.公司治理理论与实务前沿.北京:中国财政经济出版社,2003:278.

(续表)

时期	经济体制	企业制度
1978年12月中共十一届三中全会召开到1984年10月中共十二届三中全会通过《中共中央关于经济体制改革的决定》	计划经济为主、市场调节为辅	"放权让利",即给予企业剩余控制权("放权"),给予企业剩余索取权("让利")。 (1) 1978年10月,四川省选择了6家企业进行扩大企业自主权试点。1979年7月,国务院颁发《关于扩大国营工业企业经营管理自主权的若干规定》《关于国营企业实行利润留成的规定》等文件,在全国推广扩大企业自主权和实现利润留成的改革措施。"利润留成"即允许国有企业保留一部分利润。
1984年10月到1993年11月中共十四届三中全会通过《关于建立社会主义市场经济体制若干问题的决定》	有计划的商品经济	(2) 企业承包制。"包死基数、保证上交、超收自留、欠收自补"。1983年年初开始推广,但很快被停止。1986年12月又重新推行,1987年掀起第二轮承包高潮
1993年11月至今	社会主义市场经济	建立现代企业制度(股份制企业、现代公司),即以"产权明晰、权责明确、政企分开、管理科学"为基本特征的企业制度

4.2.5.2 计划经济体制下企业治理模式

中共十一届三中全会以前,借鉴苏联模式,推行集中的计划经济体制,企业治理表现为典型的行政型治理,见图4-6。

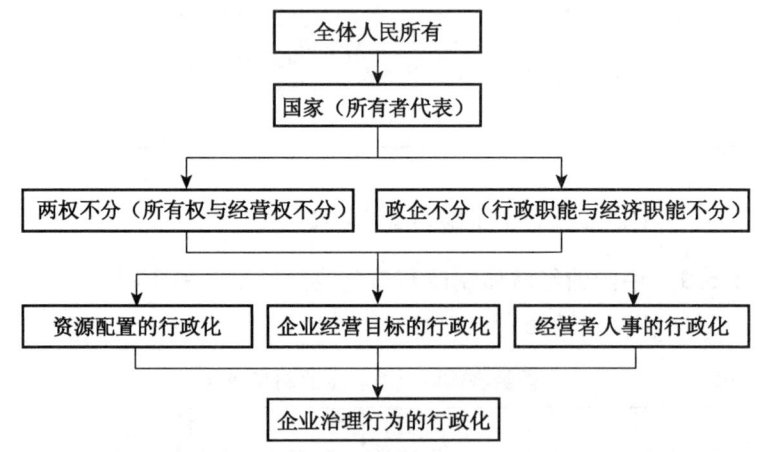

图4-6 计划经济体制下企业治理模式

在计划经济体制下,国有企业并不是一个独立核算的经济组织,而是一个生产单位。政府代表全体人民行使所有者职能,掌握着企业的所有权和经营权,"两权不分,政企不分"。政府向企业委派或委任经营者(政府的代理人),企业治理表现为政府对其代理人的监督与制衡。从企业的角度看,"内部治理外部化",企业的内部治理被政府取代;从政府的角度看,"外部治理内部化",政府的行政职能取代了企业的经济职能。企业治理边界模糊,责任主体缺位,企业治理成本高,缺乏活力。

4.2.5.3 转轨时期国有企业治理模式

转轨时期是指从计划经济体制到市场经济体制转变时期,从1978年12月中共十一届三中全会召开到1993年11月中共十四届三中全会通过《关于建立社会主义市场经济体制若干问题的决定》。在这段时期内,先后实行了两种经济体制,即"计划经济为主、市场调节为辅"和"有计划的商品经济",对集中的计划经济体制进行改革,包括以扩大企业自主权为特征的放权让利改革、以赋予企业剩余索取权为特征的企业承包制改革等。

转轨时期国有企业治理模式仍是一种行政性治理,但不同于计划经济体制下典型的行政型企业治理模式,见图4-7,包括外部治理和内部治理。

从外部治理来看,政府主管部门对企业进行监督和评价,并控制企业经营者的任免权,但不直接干预企

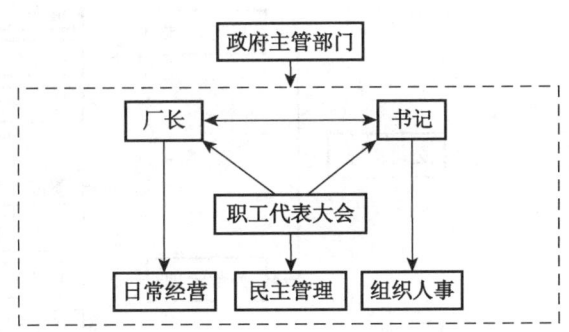

图4-7 转轨时期国有企业治理模式

业正常的生产经营活动,企业从"国营"变成了"国有"。图4-7中的虚线反映的就是这种从直接干预到间接控制的转变。

从内部治理来看,企业内部建立起厂长(经理)、书记(党委)和职工代表大会三权制衡的治理结构。厂长(经理)负责企业的日常经营管理;书记(党委)负责企业组织人事工作,并对企业的经营状况进行监督;职工代表大会参与企业的民主管理。

转轨时期行政型治理模式存在一些突出问题:第一,在扩大企业自主权、增强企业活力的过程中,政府处于企业之外,企业的实际控制权掌握在经营者手中。由于信息不对称,政府无法判断企业经营业绩的变化是由于外部环境变化引起的,还是由于经营者主观因素引起的,因此,无法对经营者进行合理的奖惩和有效的监督。第二,厂长(经理)是经济人,在缺乏有效监督的情况下,会产生道德风险。第三,党委书记和厂长(经理)可能"合

谋",使内部监督流于形式。由于职工的工资、福利、升迁机会等都被经营者掌握,职工代表大会的监督也徒有其名。

4.2.5.4 社会主义市场经济体制下企业治理模式

在社会主义市场经济体制下,应该借鉴西方发达国家的公司治理模式,实现从行政型治理模式到经济型治理模式的转变。经济型公司治理模式应该以公司化为前提,以股东主导型产权制度为基础,以通过股权契约、债权契约、报酬契约、劳动契约、商业契约、税收契约等经济型契约关系所维系的利益相关者的共同利益为核心,以市场为导向,以科学决策为目标,如图4-8所示。

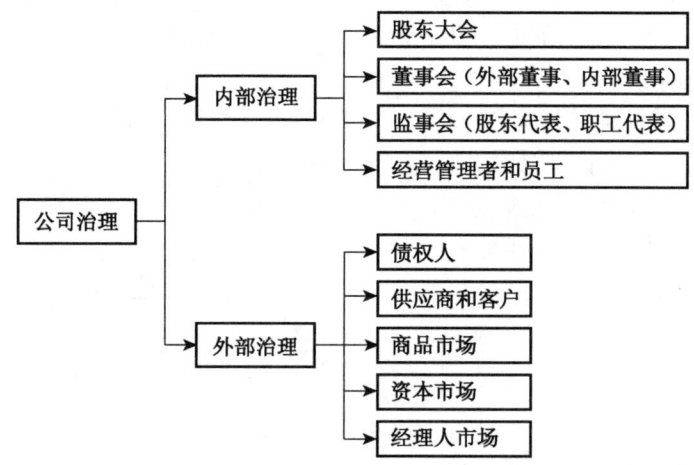

图4-8 社会主义市场经济体制下企业治理模式

4.3 公司内部治理机制

4.3.1 所有权安排

4.3.1.1 企业所有权安排的原则

企业是一系列契约的耦合体。企业的利益相关者包括股东、债权人、经营管理者、职工、供应商、客户、政府等。由于社会经济环境的不确定性、人的有限理性,以及信息不完全和不对称,契约总是不完备的。企业与家庭一样,都是由不完备的长期契约联结而成的。契约的不完备性意味着企业所有权的重要性。

张维迎认为，企业所有权不同于财产所有权。财产所有权是指对给定财产的占有权、使用权、收益权和转让权，即产权。而企业所有权是指企业的剩余索取权（Residual Claim）和剩余控制权（Residual Rights of Control）。① 剩余索取权是指对企业收入扣除所有固定合同支付后的余额的要求权，剩余控制权是指在契约中没有特别规定的活动的决策权。比如，教学大纲规定了一学期学习的全部内容，但没有规定每节课学习的具体内容。每节课讲什么，由老师决定或安排，即老师拥有剩余控制权。

张维迎深刻地指出，企业是一个不完备契约意味着，当不同类型的财产所有者作为参与人组成企业时，每个参与人在什么情况下干什么、得到什么，并没有完全明确说明。要使所有企业成员都得到固定的合同收入是不可能的。契约可以规定所有成员都是剩余索取者（即剩余分享制），但不可能规定企业成员都是固定收入索取者。契约可以规定所有企业成员都有控制权（即控制权分享制），但不能规定没有人有控制权。企业所有权的最优安排取决于每类成员在企业中的相对重要性，以及对其监督的难易程度。给定契约是不完备的，从而不可能让每个成员对自己的行为完全负责，让最重要、最难监督的成员拥有所有权可以使剩余索取权和剩余控制权达到最大程度的对应，从而带来的外部性最小，企业价值最大。②

张维迎认为，企业所有权应是一种"状态依存所有权"（State-contingent Ownership），即在不同的状态下，企业为不同的利益相关者所有。假定工人的索取权优先于债权人，令 x 为企业总收入，w 为应支付工人的合同工资，r 为债权人的合同支付（本金加利息）。如果企业处于"$x \geqslant w+r$"的状态，工人与债权人的合同收入有保障，股东成为所有者；如果企业处于"$w \leqslant x < r+w$"的状态，工人的合同收入有保障，债权人的收入无法保障，债权人应成为所有者；如果企业处于"$x < w$"的状态，工人应成为所有者。

4.3.1.2 企业所有权安排模式

从理论上讲，企业所有权安排有股东导向模式、经理人导向模式、员工导向模式、国家导向模式、利益相关者导向模式等。比较典型的是股东导向模式和利益相关者导向模式。

在股东导向模式下，股东是剩余收益人，债权人、员工等其他利益相关

---

① 张维迎. 企业理论与中国企业改革. 北京：北京大学出版社，1999：69-96.
② 同上.

者是合同收益人。股东是企业的所有者,因为股东比其他利益相关者承担了更大的风险,从而更有积极性去监督经理人。当然,在追求股东利益最大化的同时,也要注意保护债权人、员工、客户等其他利益相关者的利益。

利益相关者模式要求经营者在制定决策时,应该平衡不同利益相关者的利益,而不能仅仅照顾股东的利益。正如美国通用电器的首席执行官 Ralph Cordiner 所说,高层管理者是受托人,其管理责任是在股东、客户、员工、供应商、社区的利益之间求得最好的平衡。但利益相关者模式也存在一些问题。比如,不同利益相关者的偏好和目标差异很大,难以兼顾;在利益相关者模式下,要求经理人向所有利益相关者负责的结果是,无法用统一的指标体系对经理人的业绩进行评价。向所有利益相关者负责的经理人与声称向全体选民负责的官僚具有某种相似性,利益相关者模式使企业变得像政府一样,不存在有效的激励机制和业绩评价。

史正富根据资本社会化和劳动资本化程度,提出了企业剩余所有权的四种不同模式,①如图 4-9 所示。

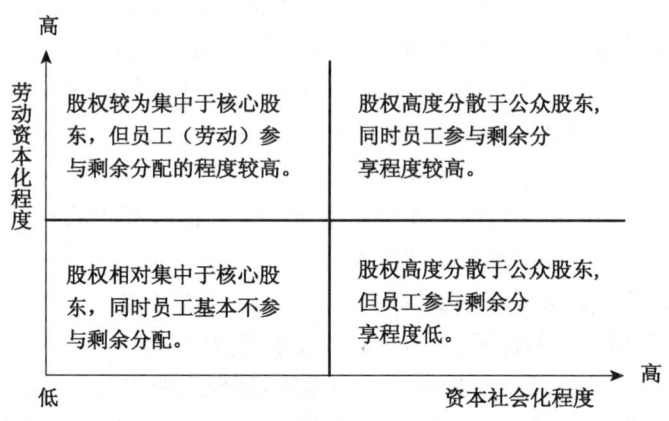

图 4-9　企业剩余所有权的四种不同模式

4.3.2　激励机制

4.3.2.1　建立激励机制的意义

第一,激励机制可以使经营者与所有者的目标函数趋于一致,避免道

---

① 史正富.劳动、价值和企业所有权——马克思劳动价值论的现代拓展.经济研究,2002(2):23-30.

德风险,降低代理成本。使代理人努力工作,就像为自己工作一样。

第二,激励机制可以避免团队生产中的偷懒问题,调动职工的积极性。企业的生产方式实质上是一种"团队生产",即一种产品是通过若干生产环节、由许多员工一起生产出来的,企业的最终产出是一种共同努力的结果。就像足球、篮球等集体比赛项目一样,比赛结果是所有队员共同努力的结果。由于每个员工的个人贡献不可能精确地计量,不可能按照每个员工的真实贡献去支付报酬。所以,团队成员可能缺乏努力工作的积极性,团队中可能产生偷懒问题。为此,需要建立激励机制。

第三,对于人力资本只可激励,不能"榨取"。人力资本对于现代企业的生存和发展至关重要。与财务资本比较,人力资本具有一些特性。比如,人力资本与其所有者的不可分离性、人力资本的流动性等。人力资本的这些特性,决定了对人力资本进行激励的重要性。人力资本的类型与性质,见表4-5。

表4-5　　　　　　　　人力资本的类型与性质

人力资本类型	能力特征	稀缺性	通用性	可度量性	复杂性
普通型人力资本	基础性工作能力	弱	强	强	弱
技能型人力资本	特定技术工作	较强	较强	较强	较强
经营管理型人力资本	组织协调、资源配置	强	弱	弱	强

4.3.2.2　激励机制设计的理论基础

人的一切行动都是由某种动机引起的,动机对人的行动起激发、推动和加强作用,即激励。未满足的需要是产生激励的起点。

亚伯拉罕·马斯洛(Abraham Maslow)在1943年发表的《人类激励理论》一文中,提出了需求层次理论。把人类的基本需求由低到高分为五个层次,即生理需要、安全需要、归属与爱的需要、尊重的需要、自我实现的需要。第一,生理需要。对食物、水、住所等生活必需品的需要。生理需要没有满足之前,其他需要都不能起到激励作用。正如马斯洛所说:"如果一个人极度饥饿,那么,除了食物外,他对其他东西会毫无兴趣。他梦见的是食物,记忆的是食物,想到的是食物。"第二,安全需要。保护自己免受身体和情感伤害,避免危险或生活有保险,包括职业的稳定、社会的安定、国际和平等。第三,归属与爱的需要。包括友谊、爱情、归属等方面的需要。如果这方面需要得不到满足,个体就会产生强烈的孤独感、异化感、疏离感,产生极其痛苦的体验。第四,尊重的需要,包括自尊和渴望别人尊重的需要。

第五,自我实现的需要。发挥自己的潜能,实现理想。正像马斯洛说的那样,"一位作曲家必须作曲,一位画家必须绘画,一位诗人必须写诗,否则,他始终无法宁静"。根据马斯洛的需求层次理论,需求具有多样性、层次性、潜在性、可变性等特点。如图 4-10 所示。

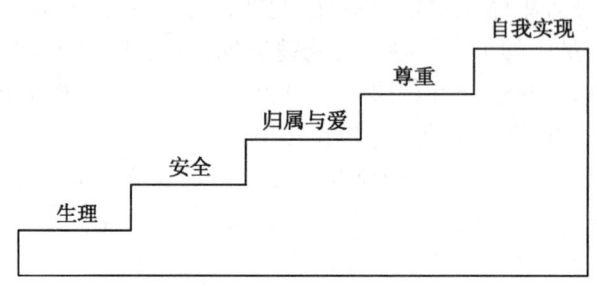

图 4-10　马斯洛的需求层次理论

根据赫茨伯格(Frederick Herzberg)提出的双因素理论,影响职工积极性的因素可以划分为保健因素和激励因素。第一,保健因素。包括工资、工作条件、人际关系等。如果这些因素低于可接受水准,员工就会感到不满;如果这些因素达到了可接受水准,员工的不满就会消除,但并不会产生激励效果。也就是说,这些因素所起的作用是消除不满,防止出现问题。第二,激励因素。包括成就感、认同感、工作的挑战性、发展的机会等因素,可以使员工感到满意,并产生激励作用。

根据约翰·斯塔希·亚当斯(John Stacey Adams)的公平理论,公平感是影响职工积极性的重要因素。"不患贫,而患不均",员工将自己的收入和付出之比与其他有关人的收入和付出之比进行比较,作出公平或不公平的判断。如果"自己的所得/自己的付出"等于"别人的所得/别人的付出",就感到公平;否则,就感到不公平。

4.3.2.3　激励机制设计的原则

第一,参与约束。代理人工作所得净收益不能低于不工作也能得到的收益。

第二,激励相容。代理人让委托人最满意的努力程度也能给自己带来最大的净收益。将代理人的报酬与其行为结果挂钩,使代理人的目标趋近于委托人的目标。

依据上述两个原则,股份公司最优的所有权安排一定是剩余分享制,即股东与经营者分享剩余。

4.3.2.4 激励机制的类型

从理论上讲,激励机制可以分为薪酬激励和股权激励。第一,薪酬激励机制。薪酬包括基本工资、岗位津贴、福利、奖金等,主要着眼于对过去业绩的评价和补偿。薪酬激励是一种短期的激励方式,可能导致短期行为。经营者为了获得短期的经营业绩,可能采取削减企业的研发费用、削减员工培训费用、不进行设备维修、不进行技术改造等措施,使企业的长期利益受损。第二,股权激励。股权激励是一种长期的激励方式,包括股票赠与和股票购买。股票赠与是赠送给经营者股票,经营者不需付钱就能得到股票,称为"干股";股票购买是高级管理人员或员工按一定的价格购买一定数量的股票。通过股权激励经营者长期努力工作,提升公司的价值。

在企业实践中采用的具体的激励方式有很多,比如利润分享制、年薪制,以及业绩股票、股票增值权、股票期权、虚拟股票、业绩单位、延期支付、员工持股计划(ESOP)等。

第一,利润分享制。给予经营者分享一部分利润的权利。比如,公司利润总额的10%由经营者分享。在利润分享制下,公司利润总额越大,经营者分享额也越多,可以使经营者的目标趋向于股东的目标。

第二,年薪制。把经营者薪酬与公司年度业绩挂钩,根据公司年度业绩,计算确定经营者应得的薪酬。一般形式是"基薪+风险收入(效益收入和奖金)",其中,基薪较少,按月发放,用于经营者日常生活开支;风险收入或效益收入、奖金与业绩挂钩,按年结算。

第三,业绩股票模式。公司年初确定业绩目标,如果激励对象年末达到预定目标,则公司授予其一定数量的股票,或者提取一定的奖励基金,并限定激励对象在规定的时间内从二级市场上购买公司股票,或直接认购增发股票。但授予的股票或购买的股票在任职期间内不能转让。公司经营得越好,股票市价越高,激励对象的财富就越大。

第四,股票增值权模式。公司给予激励对象一种权利,即经营者在规定时间内,在公司股票价格上升或公司业绩上升的条件下,可以获得规定数量股票股价上升或业绩提升所带来的收益。在股票增值权模式下,激励对象不需要为行权支付现金,行权时公司可以支付给激励对象现金或股票。公司也不需要授予激励对象实际股票,激励对象仅享有增值权(即行权价与行权日二级市场股价之间的差价,或净资产的增值),不能获得表决权、配股权。

第五,股票期权模式。给予激励对象在未来某一特定时期内以特定价格购买一定数量公司股份的选择权。激励对象可以行权,也可以放弃行权。在行权期内,如果股价高于行权价,激励对象通过行权,可以获得股票市场价格与行权价之间的价差收益。

第六,虚拟股票模式。公司授予激励对象一定数量的"虚拟"股票。如果实现了公司预定的业绩目标,激励对象可以据此享受一定数量的利润分享和股价升值收益。公司可以支付现金,也可以支付等值的股票。

第七,业绩单位模式。业绩单位模式与业绩股票模式大致相同,区别是激励对象得到的是现金,而不是股票。

第八,延期支付模式。公司将激励对象的部分薪酬,特别是年度奖金、股权激励收入等,按当日公司股票市场价格折算成股数,存入公司为激励对象单独设立的延期支付账户。在既定的期限后,或者在激励对象退休后,再以公司股票形式支付给激励对象,或者根据期满时股票的市场价值支付现金。

第九,员工持股计划(Employee Stock Ownership Plans,ESOP)。1958年,美国经济学家、律师路易斯·凯尔索(Louis Kelso)提出,企业员工具有通过劳动和资本获得收入的基本权利。任何成功的企业,必须确立员工对企业的认同感,仅仅依靠对工人的监督和考核并不能提高他们的责任感和积极性。基于以上的认识,凯尔索提出了员工持股计划,即员工持有本企业股票,分得股票红利。在企业内部或外部设立专门机构。比如,员工持股会或员工持股信托基金,通过借贷方式形成购股资金,然后帮助职工购买或取得本企业股票,使员工能分得一定数额的股票红利。

4.3.3 绩效评价

激励机制建立在业绩评价的基础上。"楚王好细腰,宫中多饿死"形象地说明了业绩评价的导向作用。业绩评价可以规范和约束代理人的行为,充分发挥代理人的积极性和主动性,降低代理成本,包括监督成本,使代理人在追求自身利益最大化的同时,实现委托人利益的最大化。

4.3.3.1 西方企业的绩效评价

西方企业的绩效评价经历了三个阶段,即以投资报酬率(Rate of Investment,ROI)为主的财务模式、以经济增加值(Economic Value Added,EVA)为主的价值模式和以平衡记分卡(Balance Scoring Card,BSC)为主的平衡模式。

第一阶段,以投资报酬率(ROI)为主的财务模式。

20世纪初,美国出现了垂直式综合性企业。这些企业开始将投资与其业绩联系起来,对所属各部门的生产经营活动进行控制和评价。1914年,美国杜邦公司的财务主管唐纳德桑·布朗(Donaldson Brown)设计出了投资报酬率(净利润/投资额)指标,并创建了杜邦分析法,如图4-11所示。在此后相当长的时间内,投资报酬率指标得到了广泛的运用,从而奠定了其在企业业绩评价中的主导地位。

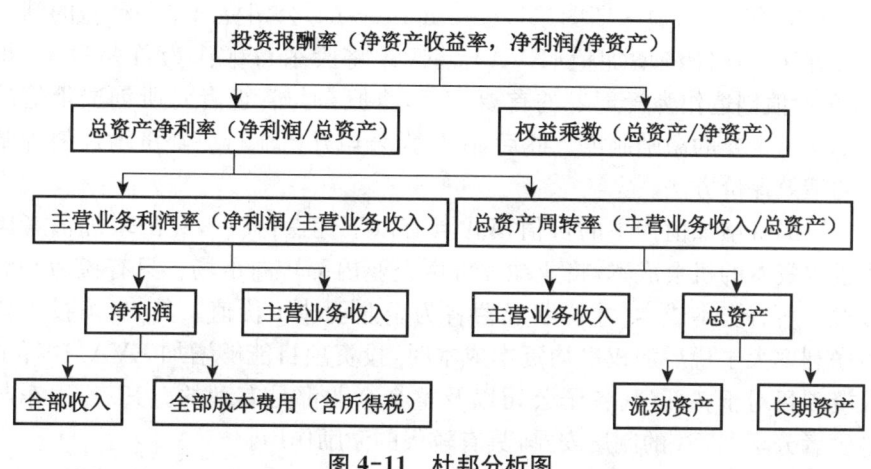

图4-11 杜邦分析图

以投资报酬率为主的业绩评价,有助于增加销售,降低成本费用,节约投资。但也可能影响企业的整体利益和长远利益。企业内部各部门、各子公司可能力图降低目前的投资水平,推迟或减少研究、开发等大额支出,使决策短期化,从而影响企业的长期获利能力。对企业整体(集团公司)最有利的投资项目,不一定对企业各部门、各子公司最有利,因此会影响企业整体(集团公司)的获利能力。

第二阶段,以经济增加值(EVA)为主的价值模式。

根据会计准则计算利润时,通常只扣除了债务资本成本,没有扣除权益资本成本。以经济增加值(EVA)为主的价值模式认为,使用股东的投资与使用银行的贷款一样,都是有成本的,在计算利润时,应该扣除全部资本成本,包括债务资本成本和权益资本成本。经济增加值是扣除包括权益资本成本在内的所有资本成本之后的利润,即股东财富的净增加值。

根据2012年12月26日国有资产监督管理委员会修订的《中央企业负责人经营业绩考核暂行办法》附件1《经济增加值考核细则》的规定,经济增加值的计算方法如下:

经济增加值＝税后净营业利润－资本成本
　　　　＝税后净营业利润－调整后资本×平均资本成本率

其中，　税后净营业利润＝净利润＋(利息支出＋研究开发费用调整项)×(1－25％)
　　　　调整后资本＝平均所有者权益＋平均负债合计－平均无息流动负债
　　　　　　　　　－平均在建工程

1982年，斯特恩·斯图尔特(Stern Stewart)公司提出了一种新的绩效评价方法——经济增加值(EVA)。EVA将股东目标作为首要目标，将EVA价值创造作为管理者的首要责任，将股东与管理者对所创造价值的分享作为主要的激励制度。此后，国外大公司开始流行以经济增加值为基础的绩效评价方法。

以经济增加值为主的价值模式具有以下优点：其一，经济增加值考虑了投入资本的机会成本，将业绩评价由企业内部转向市场。只有税后利润超过了所有资本成本，才说明经营者为企业创造了价值。其二，当投入资本净利率大于税后加权平均资本成本时，投资项目能够增加EVA，这样的投资项目对于各部门、各子公司以及整个企业都是有利的。其三，股东与经营者分享EVA的制度安排，具有较大的激励作用。

以经济增加值为主的价值模式具有以下局限性：其一，EVA是绝对数，不便于各企业之间、企业内部各部门之间的比较。其二，EVA模式将股东目标作为首要目标，没有考虑其他利益相关者的利益目标。其三，EVA模式只适用于拥有充分投资决策权利、应当承担全部决策后果的部门或子公司，所以客观上要求企业集团或总公司采取高度分权的组织形式。

第三阶段，以平衡记分卡为主的平衡模式。

1992年，罗伯特·卡普兰(Robert S. Kaplan)、大卫·诺顿(David P. Norton)提出了平衡记分卡(BSC)，分别从财务角度(我们怎样满足股东?)、顾客角度(顾客怎样看待我们?)、内部业务角度(我们必须擅长什么?)、创新与学习角度(我们能否继续提高并创造价值?)对企业进行综合评价。BSC一经提出，即风靡全世界。

平衡记分卡四个评价维度的目标和测评指标，分别见表4-6至表4-9。

表4-6　　　　　　　　　　财务角度

目标	测评指标	目标	测评指标
生存	现金流	繁荣	市场份额增加和权益报酬率
成功	经营收入和销售增长率		

表 4-7　　顾客角度

目标	测评指标	目标	测评指标
新产品	新产品销售所占百分比	优先供货商	重要客户的购买份额
供货反应灵敏	按时交货率	顾客伙伴关系	合作性工程活动的数量

表 4-8　　内部业务角度

目标	测评指标	目标	测评指标
技术能力	相对于竞争的生产规律	设计能力	工程效率
制造水平的卓越	成本报酬率	新产品引入	相对于计划的实际引入进度

表 4-9　　创新与学习角度

目标	测评指标	目标	测评指标
技术领先性	开发新一代产品所需时间	产品重心	占销售额 8% 的产品所占百分比
制造过程中的学习	产品成熟过程所需时间	产品上市时间	相对于竞争的新产品引入

平衡记分卡是一种多角度的综合评价方法，兼顾了财务指标与非财务指标、企业内部与企业外部、短期目标与长期目标、目标的制定与目标的实现。既是一种业绩评价的工具，又是一种战略管理体系。

4.3.3.2　中国企业的绩效评价

中华人民共和国成立之后的相当长时期内，国有企业的财务管理主要以资金管理、成本管理、利润管理为主要内容，以计划控制为主要手段。企业的财务评价指标主要有固定资产产值率、定额流动资金周转天数、可比产品成本降低率、利润总额完成率、销售成本利润率、销售利润率、资金利润率等。

1992 年 11 月 30 日，财政部颁布《企业财务通则》，自 1993 年 7 月 1 日起施行。《企业财务通则》第四十三条规定，企业总结、评价财务状况和经营成果的财务指标包括流动比率、速动比率、应收账款周转率、存货周转率、资产负债率、资本金利润率、营业收入利税率、成本费用利润率等。2006 年 12 月 4 日，财政部发布了修订的《企业财务通则》，从 2007 年 1 月 1 日开始施行。修订的《企业财务通则》第六十七条规定，应评价企业的偿债能力、盈利能力、资产营运能力、发展能力和社会贡献。

1995 年 1 月 9 日，财政部颁布《企业经济效益评价指标体系（试行）》，制定了一套新的企业经济效益评价指标体系,包括销售利润率、总资产报酬率、资本收益率、资本保值增值率、资产负债率、流动比率(或速动比率)、应收账款周转率、存货周转率、社会贡献率、社会积累率等10项指标。

1999年6月1日,财政部、国家经贸委、人事部、国家计委联合印发了《国有资本金效绩评价规则》和《国有资本金效绩评价操作细则》。《国有资本金效绩评价规则》第十二条规定,竞争性企业业绩评价的内容包括财务效应状况、资产营运状况、偿债能力状况和发展能力状况等四项内容。第十三条规定,企业绩效评价指标体系由基本指标、修正指标、评议指标三个层次构成。2002年2月22日,财政部、国家经贸委、中央企业工委、劳动保障部、国家计委联合印发《企业绩效评价操作细则(修订)》的通知。修订后的指标体系由28项指标构成,初步形成了财务指标与非财务指标相结合的业绩评价指标体系。

2003年11月25日,国有资产监督管理委员会发布《中央企业负责人经营业绩考核暂行办法》,把企业负责人经营业绩考核划分为年度经营业绩考核和任期经营业绩考核。年度经营业绩考核的基本指标是年度利润总额和净资产收益率,任期经营业绩考核的基本指标是国有资产保值增值率和3年主营业务收入平均增长率。国有资产监督管理委员会分别于2006年12月30日、2009年12月28日和2012年12月26日对《中央企业负责人经营业绩考核暂行办法》进行了3次修订。2013年1月1日起施行的《中央企业负责人经营业绩考核暂行办法》第八条规定,年度经营业绩考核的基本指标包括利润总额和经济增加值;第十八条规定,任期经营业绩考核的基本指标包括国有资本保值增值率和总资产周转率,并制定了《经济增加值考核细则》。

4.3.4 雇佣制度

在发达市场经济国家,雇佣关系呈现一种长期化趋势。日本的企业实行终身雇佣制,很多人从20岁进入企业,到60岁退休,一生只在一家企业工作。在美国,25%的人在一家企业工作的时间长于20年,美国的IBM公司承诺不解雇没有过错的员工。

雇佣关系的长期化具有以下激励作用:①长期雇佣有助于鼓励企业投资于特质性人力资本。人力资本可以分为通用性人力资本和特质性人力资本投资。通用性人力资本有很多竞争性需求者,市场决定的工资水平能充分地反映人力资本的价值,个人有积极性进行通用性人力资本投资。但特质性人力资本只对某个特定企业有用,应由特定企业投资。由于人力资本与其所有者不可分离,随人而走,人走了,投资就收不回来了。所以,要使企业真正有积极性投资于特质性人力资本,雇佣关系必须是长期的。②长期雇佣关系可以激励员工信守承诺,使员工有积极性建立努力工作的良好声誉,有助于约束员工的偷懒行为。③长期雇佣关系有助于对员工的贡献作出准确的评价,防止雇员的短期行为。有些工作业绩需要长时间才能显现出来。比如,银行发放长期贷款,是否能收回,收回多少,几年之后才有结果;三峡工程效果如何,可能要几代人才能看清楚。长期雇佣才能使员工对自己的行为真正负责。没有人愿意自己耕耘,别人收获。就像没有人在搬家之前,还装修要搬出去的房子一样。

4.3.5 薪酬制度

薪酬制度可以分为三类,即基于工作的薪酬,基于技能、知识和能力的薪酬,以及基于业绩的薪酬。

(1) 基于工作的薪酬体系。首先界定公司所有工作岗位的相对价值,然后根据员工的工作岗位确定薪酬。相对价值越大,薪酬越高。在中国,许多企业根据工作岗位的行政级别来确定薪酬。行政级别越高,薪酬越多。

(2) 基于技能、知识和能力的薪酬体系。该体系旨在为技能付酬,为知识付酬,为能力付酬。根据员工为企业作出贡献的能力,或员工作出贡献的潜能付酬。学历、职称等都可以代表"能力"或"潜能",当然,更重要的是解决实际问题的能力。

(3) 基于业绩的薪酬体系。根据员工的工作业绩支付报酬,有个人奖励计划、团队奖励计划、企业奖励计划。

个人奖励计划包括直接计件工资制、差额计件工资制、出勤奖、安全奖、专利奖、建设奖、特别成就奖等。

团队奖励计划是依据团队的工作绩效进行奖励,如班组奖励计划。班组的目标实现之后,计算确定班组奖金,再在班组成员之间进行分配。

企业奖励计划是指当企业实现某一既定的绩效指标后,向企业所有员工发放奖金。比如,利润分享制,当企业的利润总额达到100万元之后,把利润总额的10%作为奖金发放给全体员工。

4.3.6 内部晋升制度

内部晋升制度可以激励员工努力工作。在企业内部,职位通常与工资、福利、权力、社会地位等相联系。对于那些对权力比对金钱更敏感的人，内部提拔不仅可以降低激励成本，而且可以提高激励效果。

内部提拔的激励强度取决于三个因素：一是提拔前后的工资差别；二是提拔的概率；三是进一步提拔的可能性。在一个金字塔的组织结构中，越是高职位的员工，进一步提拔的可能性越小，工资上升的幅度也就越大。为什么大公司总经理的工资是普通员工的 100 多倍呢？因为总经理已经到了公司的最高职位，不可能再升迁了。只能靠高工资来调动总经理的积极性。

4.4 公司外部治理机制

4.4.1 负债的治理效应

债权人与股东的利益目标是不一致的，股东与债权人之间存在代理冲突。外部股东持股比例越大，代理成本越高，企业价值越小；外部股份越分散，监督成本越高，企业价值越小。如何降低企业的代理成本？从融资的角度看，一个可行的办法就是负债。

自由现金流理论认为，由于受到一些因素的诱惑，经营者倾向于将资金投向一些不会增加股东财富的项目，如在职消费、社会捐赠等，而不是作为股利分配给股东。企业负债之后，需要支付本金和利息，使经营者可以自由支配的现金流大大减少，从而可以限制经营者选择不能给股东增加价值的投资机会。

在信息不对称的情况下，债务融资的比例能传递企业价值的信息。负债越高，企业破产的可能性越大。如果企业破产了，经营者失去了控制企业所带来的货币和非货币好处（货币收益和控制权收益）。高负债表明经营者对企业前景充满信心，投资者也应看好企业的未来。

此外，负债还会产生资产替代问题和投资不足问题。

一方面，当股东与债权人之间存在利益冲突时，代表股东利益的经营者可能选择净现值小于零的高风险项目，从而产生资产替代问题，即用高风险资产替换低风险资产。如果投资项目获得成功，债权人得到的是固定的本金和利息，而全部剩余收益都归属于股东；如果投资项目失败，股东只需承担有限责任，则剩余损失都由债权人承担。显然，股东通过选择高风险投资项目增大了债权人的实际风险水平，降低了债务的价值。

另一方面，债务的增加会导致企业融资能力下降，企业甚至由于融资困难而放弃收益较高的投资项目,从而产生投资不足问题。

4.4.2 商品市场竞争的治理效应

在充分竞争的市场上,只有最有效率的企业才能生存。如果经营者不努力工作,企业就可能破产,经营者自己也可能失业。在这种压力下,经营者可能付出更大的努力。产品市场竞争越激烈,经营者偷懒的空间就越小。

产品市场竞争可以提供有关经营者行为的更有价值的信息。如果只有一家公司,股东很难评价经营者工作的好坏。如果同时有几家公司在竞争,股东就可以通过把自己的企业与其他企业进行比较而获得有关经营者工作好坏的更准确的信息,股东就可以把经营者的报酬与企业的业绩更好地联系起来,从而为经营者提供更强的激励。

当股东可以更好地获得有关经营者业绩信息时,经营者必须更努力地工作才能建立起好的声誉。

商品市场竞争是保护消费者利益的最好手段。市场这只"看不见的手"调整着市场中每一个当事人的行为,从而能够最有效地保护顾客利益。

4.4.3 资本市场竞争的治理效应

股东通过"用脚投票"给经营者施加压力。如果股东对经营者不满,可以在股票市场上卖出股票,引起股票价格下跌,从而迫使经营者努力工作。

如果经营者不努力工作,企业的业绩就可能下降,企业的股票价格就可能下跌,企业可能会被收购或兼并,经营者可能失去职位,甚至失业。面对这种潜在的威胁,经营者可能付出更大的努力。

此外,通过在资本市场上买卖股票进行控制权争夺,也会对掌握控制权的经营者的行为产生一定的约束作用。

4.4.4 经理人市场(劳动力市场)竞争的治理效应

在激烈竞争的经理人市场上,如果经营者不努力工作,公司的业绩表现不好,经营者的市场价值就会下降,也会影响经营者的声誉,从而迫使经营者为股东努力工作。经营者与整个市场进行的是一种重复博弈。在重复博弈的情况下,经营者的最优选择是努力工作。

此外,在竞争激烈的劳动力市场中,为了吸引优秀的员工,企业会为员工营造良好的工作环境,提供培训机会,维护员工的权益,从而形成对员工最好的保护。

第 5 章

实证会计的财务学基础

20世纪五六十年代,财务理论研究空前繁荣,群星璀璨,硕果累累。出现了一批在财务学术领域举足轻重的代表性人物,取得了一批具有重大学术价值的财务学成果,如尤金·法玛(Eugene F. Fama)的有效市场理论,马柯威茨(Harry M. Markowitz)的证券组合投资理论,夏普(William Sharpe)、林特(John Lintner)和莫森(Jan Mossin)的资本资产定价模型,莫迪格莱尼和米勒(Franco Modigliani and Merton H. Miller)的MM理论等,构成了现代企业主流财务理论。从20世纪70年代开始,一批学者向主流财务理论发起挑战,试图突破主流财务理论的基本假设和研究框架,更好地解释财务现象,解决财务问题。产生了一批同样影响巨大的财务成果,比如布莱克和斯科尔斯(Fisher Black and Myron Scholes)的期权定价理论;简森和麦克林(Michael C. Jensen and William H. Meckling)的代理成本理论;米勒(Merton H. Miller)的米勒均衡模型;资本结构的信号模型,包括利兰-派尔(Leland and Plye)模型、罗斯(Ross)模型、梅耶斯-迈基里夫(Myers and Majluf)模型等,以及以罗伯特·希勒(Robert J. Shiller)为代表的行为财务理论等。其中,莫迪格莱尼(Franco Modigliani)获1985年诺贝尔经济学奖;米勒(Merton H. Miller)、马柯威茨(Harry M. Markowitz)和夏普(William Sharpe)获1990年诺贝尔经济学奖;斯科尔斯(Myron Scholes)获1997年诺贝尔经济学奖;尤金·法玛(Eugene F. Fama)、罗伯特·希勒(Robert J. Shiller)获2013年诺贝尔经济学奖。

5.1 有效市场假说

有效市场假说(Efficient Market Hypothesis,EMH)是现代财务学、金融学的理论基石。凭借以有效市场假说为代表的资产定价、投资管理等方面的研究成果,尤金·法玛(Eugene F. Fama)与彼得·汉森(Peter Hansen)、罗伯特·希勒(Robert J. Shiller)一起,荣获了2013年度诺贝尔经济学奖。

早在 1889 年,乔治·吉布森(George Gibson)在《伦敦、巴黎和纽约的股市》(The Stock Markets of London, Paris and New York)一书中,就提出了市场有效思想。乔治·吉布森指出,当股票在一个开放市场公开发行时,其价值可以被看作市场最好的情报员。1970 年,尤金·法玛在《财务学刊》(The Journal of Finance)第 25 卷第 2 期上发表的《有效资本市场:理论和实证研究评论》(Efficient Capital Markets: A Review of Theory and Empirical Work)中指出,如果有用的信息以不带任何偏见的方式全部在证券价格中得到反映,那么市场是有效率的。与证券价格有关的信息可以分为三类:一是过去的信息。过去的交易量、交易价格,以及以前公布的财务报告中包含的信息等,都是过去的信息。二是过去和现在的信息。今天的交易量、交易价格,以及在财务报告公布日包含在财务报告中的信息,都是现在的信息。三是所有有用的信息,包括尚未公开的内幕信息,比如即将出台的制度或规则、可能发生的人事变动等。相应地,有效市场可以分为三类:一是弱型有效市场。如果过去的信息在证券价格中得到了充分反映,投资者不能利用过去的信息获得超常收益,那么证券市场就是弱型有效的。二是半强型有效市场。如果所有公开的信息,包括过去和现在的信息都在证券价格中得到反映,投资者不能利用公开的信息获得超常收益,那么证券市场就具有半强型效率。三是强型有效市场。如果所有有用的信息都在证券价格中得到反映,那么证券市场就具有强型效率。

具体地讲,市场有效意味着:①投资者不能获得超常收益。这里的"超常收益"是指超过"按风险调整的市场平均回报率"的那部分收益,"不能获得超常收益"意味着只能获得"按风险调整的市场平均回报率"。简森(Michael C. Jensen)认为,如果根据一组信息从事交易无法赚取经济利润,那么资本市场是有效率的。"经济利润"是指按风险调整的市场平均回报率。②股票价格的非相关性意味着市场有效性。随机变化的价格,不仅不是市场非理性的证据,而正是众多理性投资者开发有关信息,并对其作出反应的结果。1953 年,英国统计学家肯德尔发现,股市价格遵循随机行走(Random Walk)规律,没有任何规律可寻,就像一个醉汉走路一样,"机会之魔每周扔出一个随机数字,把它加在目前的价格上,以此决定下一周的价格"。所以,难以预测股票价格的变化。③证券价格充分地反映了其内在价值,证券价格与其内在价值的比率趋近于 1。如果证券价格偏离其内在价值,则说明证券市场缺乏效率。证券价格与其内在价值偏离程度越大,证券价格越不合理,市场效率越低。

根据有效市场假说,要找到一只价值高估或低估的股票是不可能的,就像在超市排队付款的时候,要找到一个较长或较短的队列是不可能的一样。能力的差别不会导致不同的投资行为,在股票投资中,最聪明的人也不会比最愚蠢的人做得更好。专业的机构投资者的表现通常不会超过股市的平均表现,所以,委托机构投资者进行投资理财,或者按股评家、证券分析师等专业人士的建议去购买股票,通常会得不偿失,事与愿违。

5.2 证券组合投资理论

马柯威茨(Harry M. Markowitz)在1952年第1期《财务学刊》(The Journal of Finance)上发表的《证券组合选择》(Portfolio Selection)中,阐述了证券组合投资理论,以及如何进行分散化投资。马柯威茨认为,投资于期望收益率最高的证券是不明智的,证券投资不仅要求收益率高,而且要求收益的不确定性小,即风险小。为了实现这两个目标,投资者应该同时购买多种证券,而不是购买一种证券,即进行组合投资或分散化投资。

组合投资的风险收益可以给投资者带来最大程度的满足,提高投资价值。在实现期望收益的同时,将风险降到最低,或者在将风险控制在可以接受范围内的同时,最大化投资收益。

假设投资组合 P 由 n 种证券构成,每种证券的预期报酬率为 R_i,标准差为 σ_i,在投资组合中所占比例为 W_i,如表5-1所示。可以计算出投资组合的期望报酬率(R_p)和风险(标准差 σ_p)。

表5-1　　　　　　　　投资组合的预期报酬率和比例

预期报酬率(R_i)	标准差(σ_i)	所占比例(W_i)
R_1	σ_1	W_1
R_2	σ_2	W_2
R_3	σ_3	W_3
⋮	⋮	⋮
R_n	σ_n	W_n

$$R_p = R_1 \cdot W_1 + R_2 \cdot W_2 + \cdots + R_n \cdot W_n = \sum_{i=1}^{n} R_i \cdot W_i \quad (5-1)$$

$$\delta_p = \sqrt{\sum_{i=1}^{n} \sum_{j=1}^{n} W_i \cdot W_j \cdot COV_{ij}} \quad (5-2)$$

在式(5-2)中，COV_{ij}是证券i和证券j的协方差，即$COV_{ij}=r_{ij}\cdot\sigma_i\cdot\sigma_j$。其中，$r_{ij}$是证券$i$和证券$j$的相关系数。

当投资比例W_i发生变化时，R_p和σ_p也会发生变化，从而形成证券投资组合的机会集，即可能的投资组合，如图5-1所示。其中，A点是最小方差组合，即标准差最小、风险最低的投资组合。

相关系数r_{ij}不会影响R_p，但会影响σ_p。相关系数越小，机会集曲线就越弯曲，风险分散效应就越强。可见，组合投资可以在不影响期望收益率的情况下，降低风险。投资组合中所包含的单项投资之间的相关系数，对组合投资的风险分散效应具有直接影响。

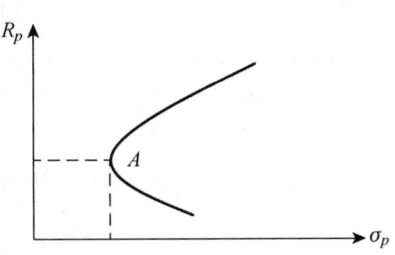

图 5-1 证券投资组合的机会集

马柯威茨的证券组合投资理论建立在一系列假设的基础上。比如，投资者是自利的，追求投资效用的最大化；期望收益率和风险是影响投资决策的主要因素；投资者事先知道投资收益率的概率分布；投资风险可以用投资收益率的方差或标准差表示；投资者是理性的。即在风险相同的情况下，选择收益率较高的证券；在收益率相同的情况下，选择风险最小的证券。

5.3 资本资产定价模型

资本资产定价模型(Capital Asset Pricing Model，CAPM)是在证券组合投资理论的基础上发展起来的，在一系列假设下推导得到的。

如果投资者都依据马柯威茨的证券组合理论进行投资决策，会对证券价格产生怎样的影响？夏普(William Sharpe)、林特(John Lintner)和莫森(Jan Mossin)分别于1964年、1965年和1966年独立地提出了资本资产定价模型，对这一问题作出了回答。资本资产定价模型又称为Sharpe-Lintner-Mossin模型。夏普的论文《资本资产价格：风险条件下的市场均衡理论》(Capital Asset Prices: A Theory of Market Equilibrium Under Conditions of Risk)发表在《财务学刊》(The Journal of Finance)1964年第3期上，莫森的论文《风险资产估价、股票组合风险投资选择与资本预算》(The Valuation of Risk Assets and the Selection of Risky

Investments in Stock Portfolios and Capital Budgets》发表在《经济统计评论》(The Review of Economics and Statistics)1965 年第 1 期上,莫森的论文《资本资产市场中的均衡》(Equilibrium in A Capital Asset Market)发表在《计量经济学》(Econometrica)1966 年第 4 期上。

资本资产定价模型主要研究证券市场中股票、债券等资本资产的预期收益率与风险之间的关系,即为了补偿一定的风险,投资者应该获得多少额外报酬或风险溢价(Risk Premium)。见式(5-3)。

$$E(r_i) = r_f + \beta_i [E(r_m) - r_f] \tag{5-3}$$

在式(5-3)中,$E(r_i)$ 是资产 i 的预期收益率;r_f 是无风险收益率;β_i 是 Beta 系数,即资产 i 的系统性风险;$E(r_m)$ 是市场预期收益率;$[E(r_m) - r_f]$ 是预期市场收益率与无风险收益率之差,称为市场风险溢价(Market Risk Premium)。无风险收益率(r_f)可以用国债利率表示,资产 i 的系统性风险(β_i)可以采用式(5-4)计算得到。

$$\beta_i = \frac{COV_{im}}{\sigma_m^2} = r_{im}(\frac{\sigma_i}{\sigma_m}) \tag{5-4}$$

在式(5-4)中,COV_{im} 是证券 i 的收益率和市场 m 的收益率的协方差,即 $COV_{im} = r_{im} \cdot \sigma_i \cdot \sigma_m$。其中,$r_{im}$ 是证券 i 的收益率和市场 m 的收益率的相关系数;σ_m 是市场 m 收益率的标准差;σ_i 是证券 i 的收益率的标准差。

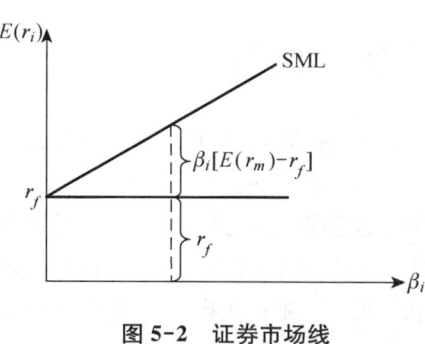

图 5-2 证券市场线

资本资产定价模型如图 5-2 所示,证券市场线(Security Market Line,SML)反映了期望收益率和风险之间的关系。

除了上述马柯威茨的证券组合投资理论所依据的假设外,推导出资本资产定价模型所依据的假设还有:①完全市场假设,即没有交易成本;②信息充分假设,即投资者都可以获得充分的市场信息;③投资者可以按无风险利率无限制地借入或贷出资金;④投资者具有相同的预期,即对收益率、标准差和证券之间的协方差的预期值相同;⑤所有投资者具有相同的投资期限,而且只进行一期投资;⑥不存在通货膨胀。由于这些假设不完全符合实际,所以资本资产定价模型并不是完美无缺的。

5.4 资本结构理论

广义的资本结构是指资产负债表右边各项目的构成和比例,即负债和所有者权益各项目的构成和比例。但通常主要关注的是长期资本,一般用"长期负债总额/资产总额"(D/A)"长期负债总额/所有者权益总额"(D/E)等来衡量资本结构。资本结构理论主要研究资本结构与公司价值的关系,即负债的变化如何影响加权平均资本成本和公司价值。

资本结构理论可以分为早期资本结构理论和现代资本结构理论。1958年莫迪格莱尼和米勒(Franco Modigliani and Merton H. Miller)提出的MM理论,是现代资本结构理论形成的标志。MM理论之前的资本结构理论,都统称为早期资本结构理论。

5.4.1 早期资本结构理论

1952年,大卫·杜兰特(David Durand)在美国国家经济研究局召开的公司理财研究学术会议(Conference on Research in Business Finance)上发表了《公司的债务和权益资本成本:趋势和计量问题》(Costs of Debt and Equity Funds for Business: Trends and Problems of Measurement)一文,把早期有关资本结构的研究成果归纳总结为三种资本结构理论,即净收入理论(Net Income Theory)、净营业收入理论(Net Operating Income Theory)和传统理论(Traditional Theory)。

5.4.1.1 净收入理论(Net Income Theory)

净收入理论认为,随着负债的增加,加权平均资本成本会下降,公司价值会上升。即负债可以提高公司价值。

净收入理论建立在以下两个假设的基础上:第一,债务资本成本小于权益资本成本;第二,债务资本成本和权益资本成本都不会因负债的增加而变化。显然,在上述假设下,负债的增加会引起加权平均资本成本的下降和公司价值的上升。

净收入理论的主要问题有:第一,根据净收入理论,100%的负债时公司价值最大,但在实际工作中很少出现100%负债的公司;第二,根据资本资产定价模型,负债的增加会引起财务风险增加,从而引起债务资本成本和权益资本成本上升。"债务资本成本和权益资本成本都不会因负债的增加而上升"的假设不符合实际。

5.4.1.2　净营业收入理论(Net Operating Income Theory)

净营业收入理论认为,负债的增加不会引起加权平均资本成本的变化,公司价值与资本结构无关。

净营业收入理论建立在以下两个假设的基础上:第一,债务资本成本小于权益资本成本;第二,债务资本成本和权益资本成本因负债的增加而上升。一方面,由于债务资本成本小于权益资本成本,加权平均资本成本随负债的增加而下降;另一方面,债务资本成本和权益资本成本因负债的增加而上升,又会引起加权平均资本成本上升。一降一升,互相抵销,加权平均资本成本不随负债的增加而变化。

净营业收入理论的主要问题有:第一,"公司价值与资本结构无关"意味着研究资本结构没有意义,但实际上,不管是在理论界还是实务界,资本结构安排都是一个十分重要的问题;第二,升降正好互相抵销的可能性不大。如果升降不能完全抵销,就意味着负债会影响加权平均资本成本和公司价值。

5.4.1.3　传统理论(Traditional Theory)

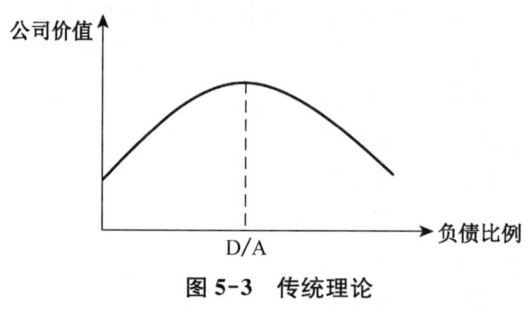

图 5-3　传统理论

传统理论认为,适度的负债有利于提高公司价值。在一定范围之内,随着负债的增加,公司价值会上升;但当负债比例超过了这一限度之后,公司价值会随负债的增加而下降。这一限度称为最佳资本结构,即公司价值最大时的负债比例,如图 5-3 中的"D/A"点。

5.4.2　现代资本结构理论

现代资本结构理论是在 1958 年莫迪格莱尼和米勒提出的 MM 理论的基础上逐步发展起来的。MM 理论假定市场是完美的,没有考虑公司所得税、破产成本、代理成本、个人所得税、信息不对称,以及股权和债权在公司治理中的差异等很多因素。通过放宽 MM 理论的这些前提条件,形成了很多资本结构理论:引入公司所得税后称为"修正的 MM 理论";引入破产成本之后称为权衡理论;引入代理成本之后称为代理成本理论;引入个人所得税之后称为米勒均衡模型;引入信息不对称之后称为信息不对称理论;引入股权和债权在公司治理中的差异之后称为控制权理论。下面分别对这些资本结构理论进行简要介绍。

5.4.2.1　MM 理论

MM 理论是莫迪格莱尼和米勒在《美国经济评论》(The American Economic Review)1958 年第 48 卷第 3 期上发表的《资本成本、公司财务和投资理论》(The Cost of Capital, Corporation Finance and the Theory of Investment)一文中提出的资本结构理论。MM 理论认为,任何公司的市场价值独立于其资本结构,即负债比率与公司价值无关,公司价值由其投资政策决定。

MM 理论建立在一系列假设的基础上：第一,资本市场没有摩擦,没有交易成本,没有政府限制,可以自由交易；第二,个人与企业都能按无风险利率借入或贷出资金；第三,投资者可按个人意愿进行各种套利活动,不受任何法律限制,没有公司所得税,也不存在个人所得税；第四,企业经营风险相同,且所属的风险等级一致；第五,不同投资者对企业未来收益及风险的预期相同；第六,企业增长率为零,即企业息税前利润(EBIT)固定不变,财务杠杆产生的收益全部归属股东；第七,企业的 EBIT 是永续年金。

5.4.2.2　修正的 MM 理论（引入公司所得税）

1963 年 6 月,莫迪格莱尼和米勒又在《美国经济评论》(The American Economic Review)第 53 卷第 3 期上发表《公司所得税及资本成本：一个纠正》(Corporate Income Taxes and the Cost of Capital: A Correction),通过引入公司所得税对 1958 年提出的 MM 理论进行了修正。

修正的 MM 理论认为,在考虑公司所得税的情况下,税前扣除的债务利息可以抵减所得税,即具有税盾作用,可以带来节税收益。有负债公司的价值等于无负债公司的价值加上节税收益的现值。因为节税收益总是大于 0,所以,有负债公司的价值大于无负债公司的价值,即负债可以提高公司价值。负债越多,节税收益越多,公司价值越大。当负债达到 100% 时,公司价值最大。公司价值并不独立于资本结构。

修正的 MM 理论只考虑了债务税盾的正面影响,却忽略了债务增加产生的副作用,比如财务风险增加、资本成本上升等。所以,得出的结论也不符合实际。

5.4.2.3　权衡理论（引入破产成本）

权衡理论(The Tradeoff Theory)是从修正的 MM 理论中引申出来的,认为最优资本结构取决于负债的节税收益和破产成本之间的权衡。

一方面,负债可以带来节税利益；另一方面,负债也会引起财务风险增加,甚至会导致财务危机,产生破产成本。权衡理论综合考虑了负债的正面影响和负面影响,认为应该在负债的节税收益与破产成本现值之间进行权衡。

当负债水平较低时,破产成本可以忽略不计,税盾效应起决定作用。随着负债的增加,破产成本上升,税盾效应逐渐被抵销。最优资本结构是边际节收收益等于边际破产成本时的负债水平。

5.4.2.4 代理成本理论(引入代理成本)

1976年,简森和麦克林(Michael C. Jensen and William H. Meckling)在《财务经济学刊》(Journal of Financial Economics)第3卷第4期上发表《公司理论:管理行为、代理成本和所有权结构》(Theory of the Firm: Managerial Behavior, Agency Costs and Ownership Structure),放弃了MM理论框架,提出了代理成本理论,从代理冲突和代理成本角度研究资本结构问题。

代理成本理论认为,股份公司中存在两种利益冲突,即股东与经理之间的利益冲突和债权人与股东之间的利益冲突。股东与经理之间的利益冲突会产生外部股权代理成本,包括委托人(股东)的监控支出、代理人(经理)的管束支出和剩余损失;而债权人与股东之间的利益冲突会产生债务代理成本,包括破产成本、与债务相关的激励影响,以及债务激励影响产生的监控成本。这两种代理成本决定了债权与股权的比例,最优资本结构是总代理成本最小时的负债水平,即边际股权代理成本和边际债权代理成本相等时的负债水平。

5.4.2.5 米勒均衡模型(引入个人所得税)

1977年,米勒(Merton H. Miller)在《财务学刊》(The Journal of Finance)第32卷第2期上发表的《债务和税收》一文,通过构建模型说明了负债的杠杆作用产生的收益与公司所得税、普通股收入的个人所得税、债券收入的个人所得税之间的关系。模型如下:

$$G_L = \left[1 - \frac{(1-\tau_C)(1-\tau_{PS})}{1-\tau_{PB}}\right] B_L \tag{5-5}$$

在式(5-5)中,G_L表示负债的杠杆作用产生的收益;τ_C表示公司所得税税率;τ_{PS}表示普通股收入的个人所得税税率;τ_{PB}表示债券收入的个人所得税税率;B_L表示债务的市场价值。

从式(5-5)中可以得出以下结论:

(1) 如果$\tau_C = \tau_{PS} = \tau_{PB} = 0$,即没有税收,那么$G_L = 0$,即负债与公司

价值无关。这就是无税的 MM 模型的结论。

（2）如果 $\tau_{PS} = \tau_{PB} = 0$，且 $\tau_C > 0$，那么 $G_L = \tau_C \cdot B_L > 0$，即负债可以提高公司价值。这就是修正的 MM 理论（引入公司所得税）。

（3）如果 $(1-\tau_C)(1-\tau_{PS}) < (1-\tau_{PB})$，那么 $G_L > 0$，即负债也可以提高公司价值。

（4）如果 $(1-\tau_C)(1-\tau_{PS}) > (1-\tau_{PB})$，那么 $G_L < 0$，即负债会造成公司价值的损失。

（5）如果 $(1-\tau_C)(1-\tau_{PS}) = (1-\tau_{PB})$，那么 $G_L = 0$，即负债与公司价值无关。也就是说，即使考虑公司所得税、普通股收入的个人所得税和债券收入的个人所得税，公司价值也可能独立于资本结构。

5.4.2.6 信息不对称理论（引入信息不对称）

信息不对称理论认为，与外部投资者相比，经营者拥有信息优势。资本结构可以传递出有关公司价值的信息，并影响外部投资者的决策。

经营者比外部投资者更了解公司内部的经营活动、未来收益和潜在风险，不同的资本结构会传递出不同的信号。外部投资者根据资本结构传递的信息，评估公司市场价值，进行投资决策。经营者可以通过选择资本结构，提高公司的市场价值。

信息不对称理论（引入信息不对称）也称为资本结构的信号模型，包括利兰-派尔（Leland and Plye）模型、罗斯（Ross）模型、梅耶斯-迈基里夫（Myers and Majluf）模型等。

1) 利兰-派尔模型

1977 年，利兰和派尔（Hayne E. Leland and David H. Pyle）在《财务学刊》第 32 卷第 2 期上发表《信息不对称、财务结构和金融中介》（Informational Asymmetries, Financial Structure, and Financial Intermediation）。利兰和派尔在文中指出，MM 理论建立在信息对称的假设之上。然而，债权人与经营者之间存在严重的信息不对称。在信息不对称情况下，为了使融资能够顺利进行，借贷双方必须进行信息交流，传递信号就是一种信息交流的方式。比如，掌握内幕信息的经营者用自己的资金进行投资，可以向债权人传递一个积极的信号，即投资项目是好的，债权人可以据此评估投资项目的价值。

利兰和派尔认为，投资项目的风险越大，债务的最优水平越低。债务水平与经营者持股比例有关，经营者持股比例的变化会引起预期收益的变化，从而引起企业价值的变化。如果预期股票价格上涨，经营者会增加自己的持股比例;如果预期股票价格下降,经营者期望与投资者共担风险,会选择发行新股来降低自己的持股比例。所以,投资者可以根据经营者所持股份比例的大小来判断公司未来的投资价值。

2) 罗斯模型

1977 年,罗斯(Stephen A. Ross)在《贝尔经济学刊》(The Bell Journal of Economics)第 8 卷第 1 期上发表《财务结构的决定:激励—信号方法》(The Determination of Financial Structure: The Incentive-Signaling Approach),创造性地将对经营者的激励机制引入信号传递模型中,将经营者的报酬与资本结构联系起来。罗斯认为,在激励方案约束下,管理者选择的融资方式可以向市场传递出有关企业好坏或价值信息。

3) 梅耶斯-迈基里夫模型

1984 年,梅耶斯和迈基里夫(S. C. Myers and N. S. Majluf)在《财务经济学刊》(Journal of Financial Economics)第 13 卷第 2 期上发表《企业知道投资者所不知道信息时的融资和投资决策》(Corporate Financing and Investment Decisions When Firms Have Information That Investors Do Not Have),构建起不对称信息下的新优序融资理论。梅耶斯和迈基里夫认为,企业有一种内部融资偏好,优先选择内部融资;如果需要外部融资,那么,在债务融资和股权融资之间,会优先选择债务融资。即企业选择融资方式的先后顺序如下:留存收益(内部资金)—安全性债务(债券)—风险较大的债务—优先股—普通股。所以,发行权益性证券会向市场传递出负面信息。

5.4.2.7 控制权理论(引入股权和债权在公司治理中的差异)

20 世纪 80 年代,理论界开始注意到股权和债权在公司治理中的差异。股票和债券的差异不仅表现为两种不同的融资方式,以及对收益的索取权不同(债权人取得固定利息,而股东取得剩余收益),更重要的是在公司治理中具有不同的功能。普通股股东拥有表决权,而债权人没有表决权,不参与公司管理。因此,不同的资本结构会导致投票权分配的差异,而投票权的差异直接影响到企业控制权的分配或转移。经营者可以通过影响资本结构中的投票权分配来影响公司价值。斯塔尔茨、哈里斯和拉维,以及伊斯雷尔先后提出了三种具有代表性的资本结构控制权理论。

1) 斯塔尔茨的资本结构控制权理论

1988 年,斯塔尔茨(René M. Stulz)在《财务经济学刊》(Journal of

Financial Economics)第 20 卷上发表的《表决权的管理人控制：融资政策与公司控制权市场》(Managerial Control of Voting Rights：Financing Policies and the Market for Corporate Control)一文中，构建了斯塔尔茨的资本结构控制权模型。

斯塔尔茨模型具有以下显著特点：第一，资本结构会影响到企业表决权的分布，管理者所掌握的表决权比例会影响企业价值。通过改变资本结构，管理者可以提高或降低自己掌握的表决权比例，从而影响企业价值。第二，通过对表决权的控制，管理者可以对收购方行为、收购溢价和收购概率施加影响。收购溢价是管理者掌握的目标公司表决权比例的递增函数，恶意收购的概率随管理者掌握的目标公司表决权比例的增加而减少。第三，管理者所掌握的表决权比例对收购中目标企业价值的影响是模棱两可的。一方面，如果管理者所掌握的表决权比例太高，目标公司被恶意收购的概率会下降，目标公司的价值会因缺少收购溢价而减少；另一方面，如果管理者所掌握的表决权比例太低，收购方又不愿意或不值得为取得公司控制权而支付较高的收购溢价。因此，存在一个使企业价值最大化的唯一的表决权比例。

在斯塔尔茨模型中，管理者所掌握的表决权比例是联系资本结构、公司控制权市场和企业价值的重要纽带。对于管理者所掌握的表决权比例与公司控制权市场的关系，斯塔尔茨认为，随着管理者所掌握的表决权比例的提高，收购方在收购中的预期价值将降低；从收购方的角度来看，只要管理者所掌握的表决权比例不是如此之高，以至于使收购变成一项净现值为负的投资项目，那么，最优收购溢价是管理者所掌握的目标公司表决权比例的递增函数。对于管理者所掌握的表决权比例与企业价值的关系，斯塔尔茨认为，二者之间存在一种曲线关系。一方面，管理者所掌握表决权比例的上升提高了收购方的收购溢价；另一方面，管理者所掌握表决权比例的上升又降低了被收购的概率。当管理者所掌握表决权比例接近 1/2 时，目标公司被成功收购的概率越来越小。所以，应存在一个最优的表决权比例。

2) 哈里斯和拉维的资本结构控制权理论

同样是在 1988 年，同样是在《财务经济学刊》(Journal of Financial Economics)第 20 卷上，哈里斯和拉维(Milton Harris and Artur Raviv)发表《公司控制权竞争与资本结构》(Corporate Control Contests and Capital Structure)。哈里斯和拉维认为，一方面，由于普通股股东享有表

决权,而债权人没有表决权,所以,管理者对负债—权益比率的不同选择会影响表决结果,会影响公司的控制权。在职管理者有可能通过改变资本结构来左右公司控制权。另一方面,管理者对负债—权益比率的选择不是随心所欲的。虽然提高负债—权益比率可以降低在职管理者被赶走的可能性,但同时会增大公司破产的可能性,增加对管理者的限制条款,减少管理者可以自由支配的现金流。因此,管理者选择的资本结构是对上述因素进行权衡的结果。

哈里斯和拉维把财务杠杆(负债)的增加看成一种反收购的方法,把资本结构与公司控制权市场联系起来。当出现收购对手时,公司股票价格会上升,上升幅度取决于在职管理者对公司的控制。而在职管理者对公司的控制力又与负债水平有关,目标公司负债水平的上升会降低收购成功的可能性。哈里斯和拉维发现,平均而言,目标公司会提高债务水平;不成功要约收购中的目标公司要比成功收购中的目标公司发行更多的债;在出现代理表决权竞争的公司里,竞争对手无法成功控制公司时发行的债少于竞争对手能够成功控制公司时发行的债。

3) 伊斯雷尔的资本结构控制权理论

1991年,伊斯雷尔(Ronen Israel)在《财务学刊》(The Journal of Finance)第46卷第4期上发表《资本结构与公司控制权市场:债务融资的防御作用》(Capital Structure and the Market for Corporate Control: The Defensive Role of Debt Financing)。与斯塔尔茨模型和哈里斯-拉维模型认为资本结构通过影响表决权在管理者和外部股东之间的分布进而影响收购结果不同,伊斯雷尔认为,资本结构通过影响现金流在有表决权证券(普通股)和无表决权证券(债券)之间的分布进而影响收购结果。资本结构对协同利益在收购方和目标公司之间的分配产生影响,债务水平通过影响收购溢价进而影响企业价值。一方面,较高的债务水平产生较高的债务溢价,使收购的协同利益从收购方转移到目标公司,从而产生负债的价值增加效应;另一方面,较高的债务水平会导致大部分协同利益归属于目标公司的债权人,而目标公司的股东和收购方获得的协同利益较少。这会使收购无利可图,使收购发生的概率下降,从而产生负债的价值减少效应。因此,在职的管理者正是在对负债的价值增加效应和价值减少效应的权衡中选择最优资本结构的。

5.5 期权定价理论

5.5.1 期权的含义

期权(Option)是一种合约,该合约赋予持有人在给定日期或者该日期之前以固定价格购进或出售一种资产的权利。

期权是一种选择权,而不是义务。如果有利,持有人会行权;如果不利,持有人可以放弃行权。"行权"即"执行期权",根据期权合约买进或卖出资产。买进或卖出资产的价格称为"执行价格"或"敲定价格"。

"给定日期"即到期日。在这一天,期权合约到期;过了这一天之后,期权合约失效。

对资产的种类没有限制。如果期权合约中规定的资产是股票,这种期权合约称为股票期权。

5.5.2 期权的种类

5.5.2.1 美式期权和欧式期权

美式期权可以在到期日或到期日之前的任何时间执行;欧式期权只能在到期日执行。

5.5.2.2 看涨期权和看跌期权

看涨期权(Call Option)赋予持有人在给定日期或者该日期之前以固定价格购进一种资产的权利。如果资产价格上涨,高于期权合约规定的行权价,那么期权就是有价值的,其价值等于资产市场价格减去行权价。此时,持有人会行权;反之,持有人会放弃行权。比如,股票期权合约规定的行权价是每股50元,现在股票的市场价格是每股60元。持有人选择执行期权合约,按每股50元购进股票,如果不想持有,可以按每股60元出售,买卖的价差10元就是投资收益。

看跌期权(Put Option)赋予持有人在给定日期或者该日期之前以固定价格出售一种资产的权利。如果资产价格下跌,低于期权合约规定的行权价,那么期权就是有价值的。比如,股票期权合约规定的行权价是每股50元,现在股票的市场价格是每股30元。持有人可以在股票市场上按每股30元购进股票,然后以每股50元的行权价出售,买卖的价差20元就是投资收益。

5.5.3 股票期权价值的影响因素

以美式期权为例,股票期权价值的影响因素有:股票的市场价格、期权合约规定的执行价格、股票价格的波动性(方差)、利率、距离到期日的时间等,见表 5-2。

表 5-2　　　　　　　　　美式期权价值的影响因素

影响因素	看涨期权的价值	看跌期权的价值
股票市场价格	+,随股价上涨而上涨	-,随股价上涨而下跌
行权价	-,随行权价上涨而下跌	+,随行权价上涨而上涨
股价的波动性(方差)	+,随股价波动增大而上涨	+,随股价波动增大而上涨
利率(无风险收益率)	+,随利率上升而上涨	-,随利率上升而下跌
距离到期日的时间	+,随距离到期日时间的缩短而下降	+,随距离到期日时间的缩短而下降

5.5.4 期权定价:布莱克-斯科尔斯模型

1973 年,布莱克和斯科尔斯(Fisher Black and Myron Scholes)在《政治经济学刊》(The Journal of Political Economy)第 81 卷第 3 期上发表的《期权定价与公司负债》(The Pricing of Options and Corporate Liabilities)中,推导出了看涨期权价格的计算公式,见式(5-6),称为"布莱克-斯科尔斯模型"。

$$C = S_0 \cdot N(d_1) - E \cdot e^{-Rt} \cdot N(d_2) \tag{5-6}$$

在式(5-6)中,有以下变量:①S_0 表示现在的股票价格;②E 表示期权合约中规定的行权价;③R 表示年无风险利率;④t 表示现在与期权合约规定的到期日之间的时间间隔,以年为单位。比如,现在是 2016 年 8 月 31 日,期权合约规定的到期日是 2016 年 12 月 31 日。现在与到期日之间的时间间隔为 122 天,换算成年数即约 0.334(122/365)年;⑤e 表示自然对数;⑥$N(d_1)$,$N(d_2)$ 分别表示标准正态分布下随机变量小于或等于 d_1,d_2 的累积概率。d_1,d_2 的计算公式如下:

$$d_1 = \frac{\ln(S/E) + (R + \frac{1}{2}\sigma^2)t}{\sqrt{\sigma^2 \cdot t}} \tag{5-7}$$

$$d_2 = d_1 - \sqrt{\sigma^2 \cdot t} \tag{5-8}$$

在式(5-7)和式(5-8)中,σ^2表示股票年收益率的方差;其他变量的含义与式(5-6)相同。

"布莱克-斯科尔斯模型"比较复杂,通过例题可以更好地理解模型中参数的含义和计算方法。

【例 5-1】 2015 年 10 月 4 日,某公司股票价格为 50 美元;执行价格为 49 美元,到期日是 2016 年 4 月 21 日。看涨期权的收盘价为 4 美元;无风险年利率为 7%;股票年收益率的方差为 9%。该股票期权的价值是多少?投资者是否应该购买该期权?[1]

第一步,计算 t 的值。

从 2015 年 10 月 4 日到 2016 年 4 月 21 日共 199 天,$t = \dfrac{199}{365}$。

第二步,计算 d_1 和 d_2 的值。

$$d_1 = \frac{\ln(50/49) + (7\% + \frac{1}{2} \times 9\%) \times \frac{199}{365}}{\sqrt{9\% \times \frac{199}{365}}} = \frac{0.0202 + 0.0627}{0.2215} = 0.3742$$

$$d_2 = 0.3742 - \sqrt{9\% \times \frac{199}{365}} = 0.1527$$

第三步,计算 $N(d_1)$ 和 $N(d_2)$ 的值。

$N(d_1)$ 和 $N(d_2)$ 的值可以运用 EXCEL 的 NORMSDIST 函数计算。$N(d_1) = N(0.3742) = 0.6459$;$N(d_2) = N(0.1527) = 0.5607$。

计算过程如下:打开 EXCEL 2007,在"其他函数"里面的"统计(S)"中,找到并点击"NORMSDIST",分别输入"Z=0.3742"和"Z=0.1527",分别得到"$N(0.3742) = 0.6459$"和"$N(0.1527) = 0.5607$"。

也可以先查正态分布表,然后再运用插值法计算 $N(d_1)$ 和 $N(d_2)$ 的值。计算过程如下:

(1) 在正态分布表中[2],"0.3"行与"0.07"列相交点的数值"0.6443"就是 $N(0.37)$ 的值,即 $N(0.37) = 0.6443$;"0.3"行与"0.08"列相交点的数值"0.6480"就是 $N(0.38)$ 的值,即 $N(0.38) = 0.6480$。

---

[1] 详见:[美]斯蒂芬·A·罗斯,伦道夫·W·威斯特菲尔德,杰弗利·F·杰富. 公司理财. 吴世农、沈艺峰、王志强,等,译,北京:机械工业出版社,2012:471-472.

[2] 参见:龚德恩. 经济数学基础(第三分册 概率统计). 成都:四川人民出版社,2001:315. "附表 3 正态分布表"。

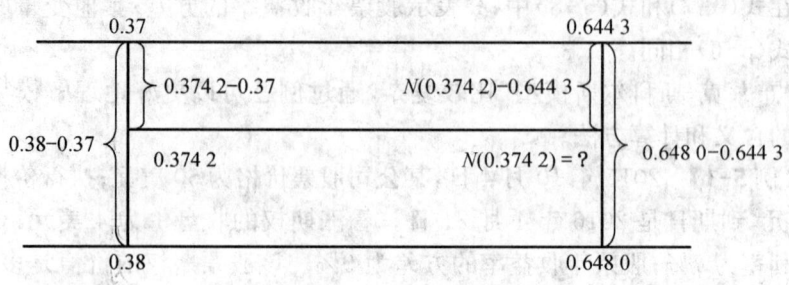

图 5-4 插值法

根据图 5-4,可以写出下面的等式:

$$\frac{0.374\,2-0.37}{0.38-0.37}=\frac{N(0.374\,2)-0.644\,3}{0.648\,0-0.644\,3} \tag{5-9}$$

求解式(5-9),可以得到:$N(0.374\,2)=0.644\,3+0.003\,7\times 0.42=0.645\,9$。

(2) 在正态分布表中,"0.1"行与"0.05"列相交点的数值"0.559 6"就是 $N(0.15)$ 的值,即 $N(0.15)=0.559\,6$;"0.1"行与"0.06"列相交点的数值"0.563 6"就是 $N(0.16)$ 的值,即 $N(0.16)=0.563\,6$。

运用插值法可以得到下面的等式:

$$\frac{0.152\,7-0.15}{0.16-0.15}=\frac{N(0.152\,7)-0.559\,6}{0.563\,6-0.559\,6} \tag{5-10}$$

求解式(5-10),可以得到:$N(0.152\,7)=0.559\,6+0.004\times 0.27=0.560\,7$。

第四步,计算股票期权的价值 C。

$$C=50\times 0.645\,9-49\times e^{-7\%\times\frac{199}{365}}\times 0.560\,7=5.85(\text{美元})$$

第五步,投资决策。

因为股票期权的价值 5.85 美元大于现在的市场价格 4 美元,所以,应该购买期权。

5.6 行为财务理论

证券组合投资理论、资本资产定价模型、资本结构理论等主流财务理论建立在一系列假设的基础上。比如,投资者是自利的,追求投资效用的最大化;投资者是理性的和风险规避的(Risk Aversion);市场是有效率的;信息完全且对称;制度和文化既定等。20世纪80年代以来,主流财务理论遇到了越来越大的挑战。行为财务理论就是在挑战主流财务理论的过程中发展起来的,通过引入被主流财务理论抽象掉的心理、文化、制度等因素,对不符合主流财务理论的财务异象作出了全新的解释。

5.6.1 行为财务理论对主流财务理论假设的质疑

5.6.1.1 有效市场还是无效市场

20世纪70年代以来,很多学者对市场有效性假说进行了实证检验,找到了一些市场弱型有效和市场半强型有效的经验证据。但也有越来越多的研究发现,资本市场存在很多不符合有效市场假说的现象。[①]

(1) 过度反应。过度反应(overreact)是指某一事件引起股票价格剧烈波动,超过预期的理论水平,然后再以反向修正的形式回归到其应有的价位上来。包括两个方面:一是股票价格的异常波动伴随着价格的反方向运动,超涨的股票在修正中超跌,超跌的股票在修正中超涨;二是股票价格的异常波动幅度越大,在以后反向修正中调整的幅度也越大。1985年,德博特和塞勒(Werner F. M. De Bondt and Richard H. Thaler)在《财务学刊》第40卷第3期上发表的《股票市场过度反应吗?》(Does the Stock Market Overreact?)一文中发现,股票市场存在过度反应,而且在反向修正中,赢家组合与输家组合均表现出明显的"1月份效应"。

(2) 羊群行为。羊群行为(Herd Behavior)是指在不确定的信息环境下,投资者模仿他人决策,或者过度依赖于舆论,而不考虑自己信息的行为。在一段时间内,投资者都买卖相似的股票,或者进行相同方向的买卖,是一种非理性行为。在股市存在羊群行为时,大多数个人投资者的看法趋向于市场舆论。可以合理地推断,在羊群行为显著时,个股的收益率将不会太偏离市场收益率。基于这种认识,克里斯蒂和黄(William G. Christie and Roger D. Huang, 1995)用收益率的分散化程度——分散度来测度羊群行为。结果发现,美国证券市场中存在羊群行为。宋军和吴冲锋(2001)借鉴克里斯蒂和黄的研究方法,对中国证券市场中的羊群行为进行研究。结果发现,中国证券市场的羊群行为程度高于美国证券市场的羊群行为程度。

---

① 参见本书第10章"资本市场效率理论专题研究"。

(3) 规模效应。股票投资收益率随公司相对规模的上升而下降,尤其是市值较小公司的股票投资收益率超过市场平均水平,又称为"小公司效应"。瑞恩格莱姆(Marc R. Reinganum,1981)研究发现,公司规模最小的普通股平均收益率要比根据资本资产定价模型(CAPM)预测的理论收益率高出18%。

(4) 时间效应。股票市场会在某些特定的时间段中有规律地呈现异常的走势,包括"周内效应"和"月份效应"。"周内效应"是指周内某一天股票的平均收益率显著为负或正。比如,"星期一效应",即证券市场在星期一的平均收益率,比一周内的其他任何一天的平均收益率要低得多,而且统计上显著为负;"月份效应"是指股票价格在1月份通常存在一个急剧上涨的趋势,也称为"1月份效应"。弗伦奇(Kenneth R. French,1980),以及迈克尔和赫斯(Gibbons Michael and Patrick Hess,1981)研究发现,一周之内星期五股票收益率最高,而星期一的收益率明显为负值。

(5) 板块现象。某一时期内,与某一事件相关联的股票的涨跌具有明显的一致性。板块现象具有两个特征:一是一组股票走势整体上强于市场;二是一组股票的走势具有一致性,即齐涨齐跌。何诚颖(2001)发现,中国股市存在一种显著的板块轮涨现象。板块现象很难用市场有效性假说加以解释,是一种市场异象,表明股票市场缺乏效率。

(6) "惯性"和"反转"。(短期)惯性投资策略是购买过去几个月中表现良好的股票,卖出过去几个月中表现糟糕的股票。(长期)反转投资策略是购买过去2~5年中表现糟糕的股票,并卖出表现出色的股票。不管是运用惯性投资策略还是反转投资策略,都可以获得超额收益。"惯性"说明市场对信息反应不足,"反转"说明市场对信息反应过度。"反应不足"和"反应过度"都不符合有效市场假说,都是市场缺乏效率的表现。1985年,德博特和塞勒(Werner F. M. De Bondt and Richard H. Thaler)研究发现,过去5年表现最差一组股票在未来3年的收益率要比过去5年表现最好一组股票平均高出25%。

5.6.1.2 理性还是非理性

行为财务理论研究发现,投资者的实际投资决策并不是理性的。德博特和塞勒(Werner F. M. De Bondt and Richard H. Thaler,1985)认为,股票价格的过度反应是一种超越理性的认知缺陷。希勒(Robert J. Shiller,1990)指出,股票价格的涨落总是被非理性的狂热所左右。在名著《非理性繁荣》(Irrational Exuberance)第二版序言中,希勒(Robert J.

Shiller)形象地写道:"理性人假设就像阿尔多·帕拉采斯基(Aldo Palazzeschi)1911 年超现实主义小说中的主人公'烟人'(Man of Smoke)一样。这个完全由烟雾构成、实际上什么都不是的家伙,却依靠集体想象成为一个公众人物和权威人士。"①

投资者的非理性表现在以下方面:①过分自信。即过分相信自己的经验、能力和判断,并加以夸大;过度估计个人信息的准确度,对个人信息过度反应,而对公共信息反应不足。当公共信息与个人信息相一致时,投资者的自信会增长;当个人信息与公共信息相矛盾时,投资者的自信却不会降低。②回避损失。投资者更注重损失带来的不利影响,人们对损失赋予的权重是收益的 2 倍。③减少后悔,推卸责任。能够减少投资者后悔的决策方式优于其他决策方式。④非贝叶斯决策。投资者在决策过程中并不是按贝叶斯公式(后验概率公式)确定各种信息在决策中的作用,而是过分看重近期事件的影响,对事件的背景信息重视不够。⑤心理定式。对于相同事件,如果描述不一样,投资者会作出不同的判断。

20 世纪 70 年代以来,"自利性假设"和"最大化原则"都面临着越来越大的危机。博弈论中著名的"囚徒困境"②表明,"自利性假设"和"最大化原则"是不相容的。在"囚徒困境"中,两名当事人从各自的利益出发,结果却导致了非最大化的"纳什均衡",博弈的结局并不符合个体博弈者的效用最大化原则。著名的"最后通牒"实验也表明,"自利性假设"和"最大化原则"并不完全符合实际。20 世纪 80 年代中期,德国洪堡大学谷斯教授进行了一个著名实验——"最后通牒":让两个实验对象分 1 000 元钱,随机决定由一个人分配。如果另一个人接受,就按第一个人的方案分配;如果另一个人拒绝,则两个人 1 分钱也得不到。按照"自利性假设"和"最大化原则",最优方案应该是:自己拿 999 元,给对方 1 元。但针对世界各种人群的反复实验表

---

① 罗伯特·J·希勒(Robert J. Shiller).非理性繁荣(第二版).李心丹、陈莹、夏乐,译,北京:中国人民大学出版社,2014:序言第 2 页.

② 两个嫌疑犯作案后被警察抓住了,分别被关在不同的屋子里审讯。警察告诉他们,如果两个人都坦白,各判刑 8 年;如果两个人都抵赖,各判刑 1 年(或许因为证据不足);如果一个人坦白,另一个人抵赖,坦白的人被释放,抵赖的人判刑 10 年。其结果是,两个人都选择坦白,各被判刑 8 年。这就是纳什均衡。为什么两个人都选择坦白呢? 因为如果自己坦白,对方无论是坦白还是抵赖,对自己都是最有利的。如果对方抵赖,自己可以被释放;如果对方坦白,自己被判刑 8 年,比抵赖被判刑 10 年要好。显然,如果两个人都选择抵赖,各被判刑 1 年,对两个人更好。这里,个人理性导致的结果是,没有实现个人利益的最大化。囚徒困境也说明,个人理性与集体理性是存在矛盾的,个人的最佳选择并不是集体的最佳选择。

明,这种赤裸裸的"自利"行为从来没有发生过。通过观察周围的世界,我们可以发现,不是"囚徒困境",而是"最后通牒"才是人类社会的典型状态。

5.6.2　行为财务理论对财务异象的解释

5.6.2.1　对过度反应和反应不足的解释

巴尔贝里斯、施莱弗和维什尼(Nicholas Barberis,Andrei Shleifer and Robert Vishny,1998)认为,过度反应和反应不足源于投资者的两种心理判断偏差,即选择性偏差(Representative Bias)和保守型偏差(Conservatism)。选择性偏差是指投资者过分重视近期数据的变化,而对产生这些数据的总体特性重视不够;保守型偏差是指投资者不能及时根据变化了的情况修正自己的预测模型。由于收益的变化是随机的,这两种心理判断偏差会使投资者作出两种错误的判断。①认为近期股票价格的变化反映了其未来变化的趋势,从而错误地对价格变化进行外推,结果导致过度反应。②认为收益变化只是一种暂时的现象,没有根据收益变化及时地、充分地调整对股票未来收益状况的预期,即反应不足。当后来的实际收益状况与先前的预期不一致时,投资者才再次作出调整,从而导致证券价格对收益变化的滞后反应。

上述两种心理判断偏误导致的过度反应和反应不足,也可以为短期收益惯性、长期收益反转、反向投资策略等提供解释。

5.6.2.2　对证券交易行为与主动性投资管理的解释

如果市场上所有的投资者都是同样理性的,那么就不会有交易行为发生,因为同样理性的投资者不会你卖我买,你买我卖。正是不同投资者对同样信息的理解和判断不一样,而且都相信自己的理解和判断是正确的,才会形成大量的证券交易和主动性投资管理。尽管业绩并不比市场收益率高,但每年都有很多基金公司从事大量的主动性投资管理。大量证券交易行为的发生,以及大量的投资基金从事主动性投资管理,恰恰说明了投资者并不是真正理性的,都会过分自信,过分高估自己的能力。

5.6.2.3　对股票投资风险收益的解释

从20世纪30年代到90年代,美国公司股票的收益率为7.9%,而无风险证券的收益率仅为1%,风险溢价为6.9%。梅赫拉和普雷斯科特(Rajnish Mehra and Edward C. Prescott,1985)对此提出了质疑:为什么股票和无风险证券的收益率相差这么大?风险溢价是否反映了风险程度?

贝纳尔特和塞勒(Shlomo Benartzi and Richard H. Thaler,1995)对

上述质疑作出了解释。贝纳尔特和塞勒认为,这是投资者对投资损失的回避心理,以及对收益与损失的"心理会计"(Mental Accounting)计量的结果。回避损失的心理导致一个单位投资损失带来的效用减少是同一单位投资收益带来的效用增加的 2 倍;"心理会计"导致投资项目风险的大小取决于投资者评估风险状况的频繁程度。由于投资者过分频繁地评估手中股票的价值,使股票投资的心理风险大大增加,从而要求过高的股票投资回报。相反,对债券投资要求过低的回报。因此,导致股票投资和债券投资风险收益率差异过大。

5.6.2.4 对红利之谜的解释

根据主流财务理论,在不考虑税收和交易费用的情况下,1 元的红利和 1 元的资本利得对于投资者是等价的,因为投资者可以随时卖出股票自制红利。而且,如果所得税率高于资本利得税率,少分配红利对股东更有利。但为什么股东都期望支付股利呢?为什么股东对公司停止支付股利会作出激烈的反应呢?

舍夫林和斯塔特曼(Hersh Shefrin and Meir Statman,1985)认为,与马柯威茨的资产组合理论不同,投资者习惯于将资产组合放入两类不同的意识账户中:第一类是应对资产价格下跌的意识账户,比如持有现金;第二类是应对资产价格上涨的意识账户,比如持有股票。投资者对这两类账户的风险偏好不一样,对于前者表现为极度厌恶风险,对于后者表现为极度偏好风险,所以,两个账户中 1 元的收益或损失对于投资者并不是等价的。停止支付红利属于第一类账户的损失,股票价格下降属于第二类账户的损失。比较而言,投资者更关心第一类账户的损失,这是股东对公司停止支付股利反应激烈的原因。

马柯威茨指出,将资产放入不同意识账户忽略了不同资产之间的协方差,会使投资组合偏离有效边界。但塞勒和舍夫林(Richard H. Thaler and Hersh Shefrin,1981)认为,投资者并不是主流财务理论框架下的完全理性经济人,投资者的行为容易受到情绪和各种诱惑的影响,不会按照马柯威茨的投资组合理论进行投资。投资组合的有效边界只是一种理想状态,在现实生活中是永远无法达到的。

5.6.3 行为财务理论与有效市场理论的争论

5.6.3.1 有效市场假说检验中的悖论

通过对有效市场假说的检验,行为财务理论发现了一些与市场有效性不符的异象。但尤金·法玛(Eugene F. Fama,1991)认为,有效市场假说是不可检验的。对市场有效性进行检验要计算预期收益和超常收益,但问题是:第一,很多预期收益模型都建立在有效市场假说的基础上;第二,预期收益模型可能是错误的。所以,即使存在超常收益,也不能因此否定有效市场假说。采用基于有效市场假说的预期收益模型是无法检验市场有效性的。

5.6.3.2 对过度反应和反应不足的不同解释

过度反应和反应不足现象普遍存在于资本市场中。如上所述,行为财务理论把过度反应和反应不足作为一种不符合有效市场假说的异象。对此,赞成有效市场假说的学者提出了不同的解释,认为所谓"过度反应和反应不足"只不过是价格对价值的一种偶然偏离,是价格围绕价值波动的一种表现形式。价格的过度反应和远期回调,恰恰说明价格是围绕价值波动的。过度反应现象和反应不足现象出现的频率接近,正好说明价格变化是随机的,市场是有效的。

5.6.3.3 对异常收益率的不同解释

行为财务理论把规模效应和时间效应的存在,以及因规模和时间不同而产生的异常收益率,作为一种不符合有效市场假说的市场异象。对此,赞成有效市场假说的学者认为,这种异常收益也是对额外风险的一种补偿。尽管规模、时间并不是市场风险因素,但它们可能反映了某些更基本的风险因素。因此,风险与收益是对应的,市场是有效的。

5.6.3.4 异常收益率的计量问题

赞成有效市场假说的学者认为,计量模型和计量方法都会影响异常收益率的计量结果。改变计量模型和计量方法之后,异常收益率可能不复存在。因此,要注意两个问题:①模型是否能够准确地计量投资者的预期收益?②样本的选择是否会产生系统偏误?所以,行为财务理论据以否定有效市场假说的异常收益是经不起检验的。异常收益率的存在可能是"坏模型"导致的,也可能是样本选择不当所致。

5.6.3.5 研究方法问题

行为财务理论试图突破主流财务理论的理想状态,回到现实中来,构建能够更好地反映投资者实际决策行为和资本市场实际运行状况的理论体系,对各种财务现象作出更有说服力的解释。对此,主流财务理论认为,投资行为受很多因素影响,股票价格是很多因素共同作用的结果。理论研究应该从扑朔迷离的市场中,寻找决定市场发展方向的主要因素。行为财务理论对投资者心理、情绪、价值感受等的过分关注,会使人迷失方向,误入歧途。

第6章

实证会计理论研究框架

6.1 基于市场效率理论(股东)和契约理论(经理人员)的实证研究框架

瓦茨和齐默尔曼(Ross L. Watts and Jerold L. Zimmerman)1986年合著的《实证会计理论》(Positive Accounting Theory),共15章。[①]第1~15章的标题分别是:会计理论的作用;有效市场假说与资本资产计价模型;会计盈余与股票价格;竞争性假说的辨识;会计数据、破产与风险;盈利预测;信息揭示管制理论的演变;订约程序;报酬计划、债务契约与会计程序;会计与政治活动;会计选择的经验检验;股票价格的检验理论;契约理论在审计中的应用;会计研究的作用;实证会计研究:总结、评价与前景。其中,核心内容是第2~13章,可以分成两个部分:第一部分是第2~7章,是基于市场效率理论的实证研究,即会计程序的变化是否会引起股票价格的变化?这方面的研究成果有助于股东进行投资决策,以及政府制定会计准则和信息披露规则;第二部分是8~13章,是基于契约理论的实证研究,主要研究会计在报酬契约、债务契约中的作用,以及管理人员如何选择有利的会计程序。这方面的研究成果有助于完善会计准则,改进公司治理。如图6-1所示。

市场效率理论包括有效市场假说(第2章)及其竞争性假说(第4章)。有效市场假说认为,会计程序变化引起的盈利变动不会对股票价格产生影响,因此,有效市场假说又称为"无效应假说"。而有效市场假说的竞争性假说认为,股票价格的变化与会计程序的变化息息相关,因此,竞

[①] [美]罗斯·L·瓦茨,杰罗尔德·L·齐默尔曼.实证会计理论.陈少华,黄世忠,陈光,陈箭深,译.大连:东北财经大学出版社,1999.

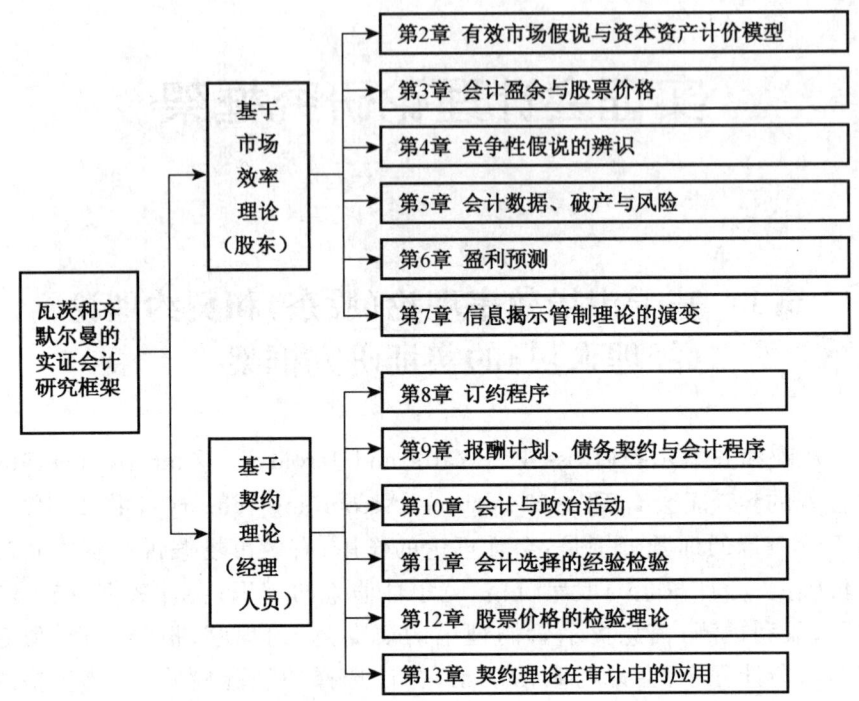

图 6-1　瓦茨和齐默尔曼的实证会计研究框架

争性假说又称为"机械性假说",假定盈利与股票价格之间存在一种机械关系。

第3章"会计盈余与股票价格"主要对有效市场假说进行检验,包括会计盈利与股票价格之间的关系、盈利公布是否会向股票市场传递新的信息。

第4章"竞争性假说的辨识"主要对竞争性假说进行检验,包括存货计价方法的变动(改用后进先出法)、折旧方法的变动(从加速折旧法改为直线法)、投资减免税处理方法的变动(从递延法改为全额冲销法)等产生的影响。

第5章"会计数据、破产与风险"主要研究非盈利会计数据的用途,包括预测破产、估计风险和评定债券的信用等级。这些研究说明,非盈利会计数据也与股票价格有关。

第6章"盈利预测"。盈利预测研究的意义有:第一,在使用很多证券估价模型时,都需要估计未来现金流量。由于未来现金流量难以估计,所以,可以把预测的会计盈利作为未来现金流量的一个替代。第二,由于股票价格与会计盈利有关,盈利预测有助于股票投资决策。第三,用于解释管理人员对会计方法的选择。管理人员选择会计程序的目的是增加报告盈利,提高盈利的增长率,并降低盈利变动的方差,使报告盈利均衡化。

第 7 章"信息揭示管制理论的演变"对有关信息揭示管制理论研究进行介绍。会计信息市场失灵会导致两个问题。一方面,会计信息是一种公共产品,会产生信息生产不足问题;另一方面,会计信息是一种信号,在信息不对称情况下,能够传递出企业价值信息。这种信号显示作用会激励公司提供更多会计信息,产生信息生产过剩问题。

第 8 章"订约程序"介绍业主、外部股东、债权人、经理人员之间的契约关系,以及会计在契约签订过程中的作用。

第 9 章"报酬计划、债务契约与会计程序"分别介绍会计在管理报酬计划中的作用以及管理报酬计划对会计程序的影响,会计在债务契约中的作用以及债务契约对会计程序的影响。

第 10 章"会计与政治活动"主要介绍管理人员选择会计程序的政治动机。

第 11 章"会计选择的经验检验"介绍管理人员对会计程序的选择,以及会计选择经验检验方面的研究成果。

第 12 章"股票价格的检验理论"主要介绍会计程序变动如何影响股票价格。

第 13 章"契约理论在审计中的应用"介绍了两方面内容。第一,审计具有监督契约的作用,审计实务可以用契约理论进行解释。第二,接受审计和未经审计的企业在会计程序选择上的差异。

6.2 基于信息提供者和使用者的实证会计研究框架

2003 年,蔡祥、李志文和张为国对中国早期的实证会计研究成果进行了分类和述评,提出了一个基于信息提供者和使用者的会计实证研究框架,如图 6-2 所示。①

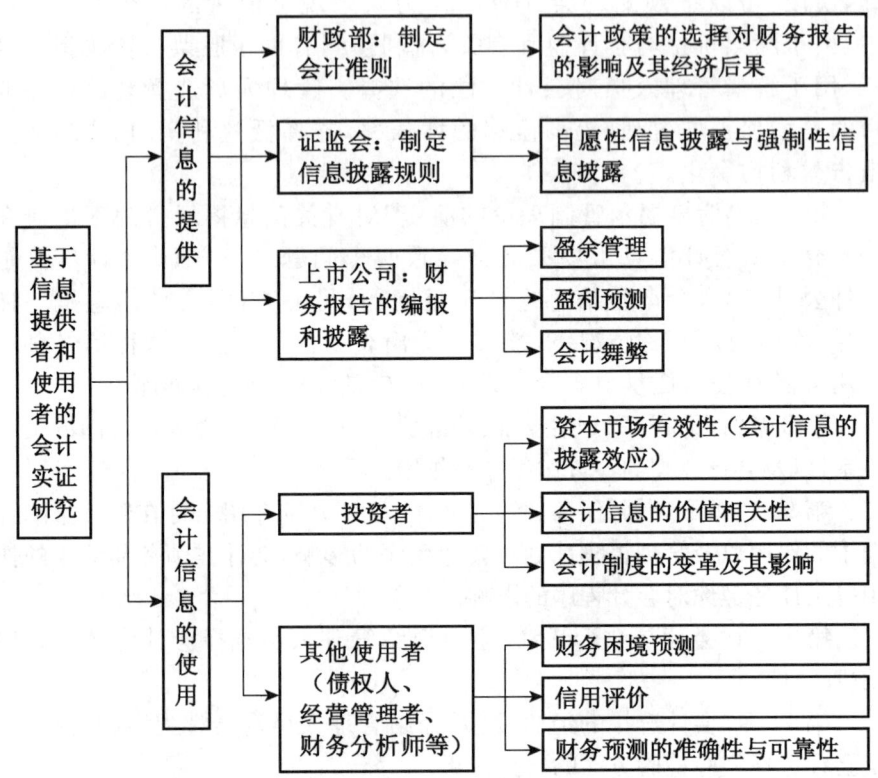

图 6-2　基于信息提供者和使用者的会计实证研究框架

6.3　实证会计研究领域的拓展

近年来,随着实证会计研究的飞速发展,会计学者所作的实证研究已经大大超出了瓦茨和齐默尔曼的实证会计研究框架以及蔡祥、李志文和张为国的实证会计研究框架的范围,开始对政府、市场,以及企业的业务活动和财务活动之间的作用机理和互动机制进行深入探讨,更加本土化、规范化和国际化。下面以 2010—2015 年《经济研究》发表的实证会计论文为

---

① 图 6-2 中的内容有些改变,原图详见:蔡祥,李志文,张为国.中国实证会计研究述评.中国会计与财务研究,2003,5(2):157.

例，进行简要说明。

6.3.1　制度分析：实证会计的"基石"

财务与会计是一门社会科学，实证会计理论研究是为了发现社会经济现象的本质和规律。对于社会经济现象研究，制度分析至关重要。由科斯（Coase）、诺思（North）、威廉姆森（Williamson）、德姆塞茨（Demsetz）等开创的新制度经济学派强调，制度决定着经济绩效。只有在好的制度安排下，土地、劳动、资本等生产要素的潜能才能充分发挥出来。道格拉斯·诺思认为，制度安排的发展才是改善生产效率和要素市场的主要历史原因。

在市场经济条件下，主要有三种制度安排，即政府、市场和企业。政府包括中央政府和地方政府；市场包括商品市场、资本市场、经理人市场等；企业包括独资企业、合伙企业和公司制企业，公司制企业是现代企业的典型形式。这三种制度安排相互影响，相互制约。作为实证会计"基石"的制度分析，首先要搞清楚政府、市场和企业的运行机理和互动机制。不同国家、不同地区、在社会经济发展的不同阶段，政府、市场和企业的运行机理和互动机制都是有差异的，都是变化的，所以，尽管从方法上看，实证会计具有一些自然科学的特征，但与其他所有社会科学一样，实证会计理论都必须深深植根于特定的制度环境，充分考虑政府、市场和企业运行机理和互动机制的特殊性。在从国外"拿来"理论模型时，要慎重而严谨地考虑是否存在"水土不服"问题。制度环境是理论模型的前提条件，决定了理论模型的适用范围。

政府主要通过制定行政法规、各种经济政策，以及监管来影响或规范市场运作和企业行为。财政政策和货币政策是政府的两大基本经济政策。财政政策工具包括是税收、财政支出、国债、政府投资等，货币政策工具包括存款准备金制度、再贴现政策、公开市场业务等。通过财政政策和货币政策，影响利率、消费和投资，进而影响总需求，调节就业和国民收入。在经济萧条时，政府可以推行扩张性财政政策和货币政策，比如减税、增加政府支出，以及增加货币供给、降低利率等，从而增加个人和企业的可支配收入，扩大企业产品销路，刺激投资和消费，增加生产和就业；在经济高涨期，政府可以推行紧缩性财政政策和货币政策，比如增税、减少政府支出，以及减少货币供给、提高利率等，从而控制物价上涨和通货膨胀，抑制投资和消费。

一方面，政府的经济政策对商品市场、资本市场，以及企业的治理结构、经营决策和财务决策都有直接影响;另一方面,市场运行情况和企业经营管理状况又是政府制定或调整经济政策的重要依据。经济政策的调整,实际上改变了政府、市场和企业之间的关系,会影响市场的竞争性,以及市场在资源配置、公司治理等方面作用;会影响市场价格的形成机制,进而影响销售收入和公司价值。政府、市场和企业之间的互动关系可以用图 6-3 表示。在图 6-3 中,企业是研究的焦点。企业是市场的主体,是国民经济的微观基础。企业的治理结构旨在解决因所有权和经营权分离而产生的代理问题,可以分为内部治理和外部治理。内部治理机制包括所有权安排、激励制度、业绩评价、雇佣制度、薪酬制度、晋升制度等;外部治理机制包括产品市场竞争、资本市场竞争、经理人市场竞争、信誉机制等。企业的业务活动包括研究与开发、原材料采购、产品生产、产品销售等。企业的财务活动包括投资政策(资产负债表左边)、资本结构政策和股利政策(资产负债表右边)、营运资本管理政策等。

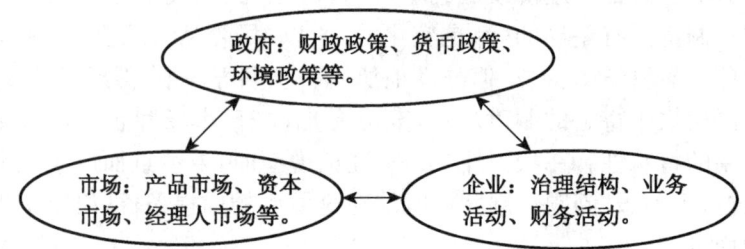

图 6-3　政府、市场和企业之间的互动关系

但应该注意的是,政府、市场和企业之间的互相影响,因时因地而异。央行加息如何影响股票市场? 如何影响公司价值? 每次都不一样,每个国家都不一样。每个企业在产业链中的地位不一样,同样是扩张性财政政策和货币政策,对每个企业影响的先后顺序和程度不一样。所以,透彻地了解经济政策对市场和企业的作用机理和传导机制,非常重要。

6.3.2　基于制度分析的实证会计研究框架

基于制度分析的实证会计研究框架如图 6-4 所示,2010—2015 年《经济研究》发表的有关实证研究成果见表 6-1。

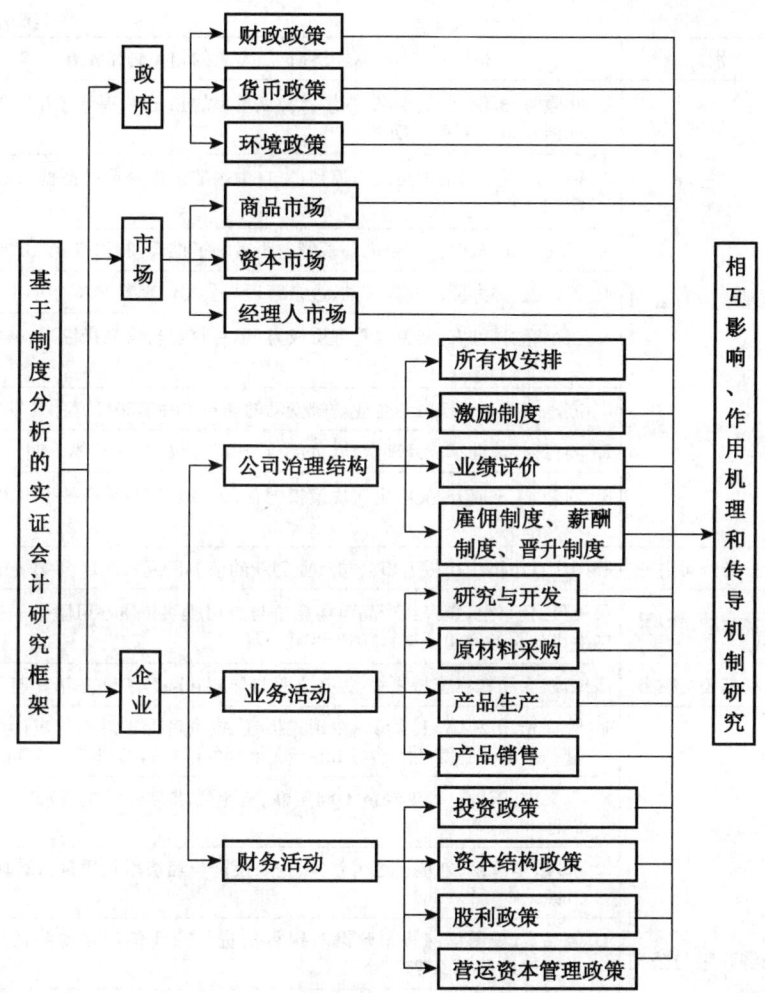

图 6-4 基于制度分析的实证会计研究框架

表 6-1 2010—2015 年在《经济研究》发表的实证会计研究成果

类别	2010—2015 年在《经济研究》发表的相关研究成果
公司财务	1. 李科、徐龙炳:《融资约束、债务能力与公司业绩》,2011 年第 5 期 2. 屈文洲、谢雅璐、叶玉妹:《信息不对称、融资约束与投资—现金流敏感性——基于市场微观结构理论的实证研究》,2011 年第 6 期 3. 许志伟、薛鹤翔、车大为:《中国存货投资的周期性研究——基于采购经理人指数的动态视角》,2012 年第 8 期 4. 邓可斌、曾海舰:《中国企业的融资约束:特征现象与成因检验》,2014 年第 2 期

(续表)

类别	2010—2015 年《经济研究》发表的相关研究成果
公司治理结构与公司财务	1. 叶康涛、祝继高、陆正飞、张然:《独立董事的独立性:基于董事会投票的证据》,2011 年第 1 期 2. 钟宁桦:《公司治理与员工福利:来自中国非上市企业的证据》,2012 年第 12 期 3. 黎文靖、胡玉明:《国企内部薪酬差距激励了谁?》,2012 年第 12 期 4. 苏冬蔚、林大庞:《股权激励、盈余管理与公司治理》,2010 年第 11 期 5. 权小锋、吴世农、文芳:《管理层权力、私有收益与薪酬操纵》,2010 年第 11 期 6. 方军雄:《高管权力与企业薪酬变动的非对称性》,2011 年第 4 期 7. 姜付秀、黄继承:《经理激励、负债与企业价值》,2011 年第 5 期 8. 刘慧龙、王成方、吴联生:《决策权配置、盈余管理与投资效率》,2014 年第 8 期
公司业务与公司财务	陆国庆:《中国中小板上市公司产业创新的绩效研究》,2014 年第 8 期
产品市场与公司财务	吴昊旻、杨兴全、魏卉:《产品市场竞争与公司股票特质性风险——基于我国上市公司的经验证据》,2012 年第 6 期
资本市场与公司财务	潘红波、余明桂:《支持之手、掠夺之手与异地并购》,2011 年第 9 期
宏观经济政策与公司财务	1. 曾建光、伍利娜、王立彦:《中国式拆迁、投资者保护诉求与应计盈余质量——基于制度经济学与 Internet 治理的证据》,2013 年第 7 期 2. 王义中、宋敏:《宏观经济不确定性、资金需求与公司投资》,2014 年第 2 期 3. 郝颖、辛清泉、刘星:《地区差异、企业投资与经济增长质量》,2014 年第 3 期 4. 饶品贵、姜国华:《货币政策对银行信贷与商业信用互动关系影响研究》,2014 年第 3 期 5. 付文林、赵永辉:《税收激励、现金流与企业投资结构偏向》,2014 年第 5 期 6. 喻坤、李治国、张晓蓉、徐剑刚:《企业投资效率之谜:融资约束假说与货币政策冲击》,2014 年第 5 期 7. 魏志华、李茂良、李常青:《半强制分红政策与中国上市公司分红行为》,2014 年第 6 期 8. 王彦超:《金融抑制与商业信用二次配置功能》,2014 年第 6 期
资本市场、公司治理与公司财务	苏冬蔚、熊家财:《股票流动性、股价信息含量与 CEO 薪酬契约》,2013 年第 11 期
宏观经济政策、公司治理与公司财务	逯东、孙岩、周玮、杨丹:《地方政府政绩诉求、政府控制权与公司价值研究》,2014 年第 1 期

第 2 篇 方法篇

从方法论角度来看,实证会计是统计学和计量经济学在会计理论研究中的应用,统计学和计量经济学是实证会计研究的方法论基础。本篇对实证会计研究中常用到的统计学和计量经济学方法进行扼要的介绍。

第 7 章介绍实证会计中常用的统计学方法,包括描述性统计指标;大数定律和中心极限定理;相关分析;回归分析。

第 8 章介绍实证会计研究中常用的计量经济学方法,包括理论或假说陈述;理论的数学模型设定;计量经济学模型设定;数据的获取与数据处理;计量经济模型的参数估计;假设检验,包括经济含义检验、统计检验和计量经济学检验;预报或预测等。

第 9 章为实证会计的初学者提供入门向导。以"会计信息的价值相关性实证研究"为例,对实证会计研究的基本程序、基本方法,以及注意事项进行说明。

第 7 章

实证会计中常用的统计学方法

7.1 描述性统计指标

集中趋势和离散程度是数据分布的两个重要特征。测度数据分布集中趋势的统计指标有算术平均数、几何平均数、中位数、分位数等,测度数据分布离散程度的统计指标有方差、标准差、离散系数等。

对于正态分布,只需要确定均值和标准差就行了。但对于其他未知的分布,不仅要掌握数据的集中趋势和离散程度,还要了解数据分布的形状是否对称,以及偏斜程度、扁平程度等。偏态与峰度是测度数据分布形状的统计指标。

7.1.1 测度数据分布集中趋势的统计指标(平均指标)

7.1.1.1 算术平均数

算术平均数即均值(Mean),反映一组数据的代表值。算术平均数的计算方法有两种:简单算术平均法和加权算术平均法。

1) 简单算术平均法

对于没有分组的原始数据,采用简单算术平均法计算算术平均数,计算公式如下:

$$\bar{x} = \frac{x_1 + x_2 + \cdots + x_n}{n} = \frac{\sum_{i=1}^{n} x_i}{n} \tag{7-1}$$

在式(7-1)中,$\bar{x}$ 表示算术平均数,x_i 表示原始数据,n 表示原始数据的个数。

2) 加权算术平均法

对于已经分组并编成分配数列的数据,采用加权算术平均法计算算术平均数,计算公式如下:

$$\bar{x} = \frac{x_1 \cdot f_1 + x_2 \cdot f_2 + \cdots + x_n \cdot f_n}{f_1 + f_2 + \cdots + f_n} = \frac{\sum_{i=1}^{n} x_i \cdot f_i}{\sum_{i=1}^{n} f_i} \qquad (7\text{-}2)$$

在式(7-2)中，$\bar{x}$ 表示算术平均数，x_i 表示第 i 组的标志值，f_i 表示第 i 组标志值出现的次数，即权数。

算术平均数(均值)具有以下重要的数学性质：第一，数据观察值与均值的离差之和为 0，即 $\sum_{i=1}^{n}(x_i - \bar{x}) = 0$。第二，数据观察值与均值的离差平方和最小，即 $\sum_{i=1}^{n}(x_i - \bar{x})^2$ 最小。

7.1.1.2 几何平均数

几何平均数适用于计算平均比率和平均速度。简单几何平均数的计算公式如下：

$$G = \sqrt[n]{x_1 \cdot x_2 \cdots x_n} \qquad (7\text{-}3)$$

在式(7-3)中，G 表示几何平均数，x_n 表示第 n 个变量值，n 表示变量的个数。

用几何平均法计算平均数应满足以下两个条件：第一，n 个比率或速度的乘积等于总比率或总速度；第二，相乘的各比率或速度不能是负数。

7.1.1.3 中位数

将总体各单位的标志值按大小顺序排列，处于数列中点位置的标志值就是中位数。中位数代表总体的一般水平。

将 n 个标志值按大小顺序排列，然后根据公式 $\dfrac{n+1}{2}$ 确定中位数的位次，再根据中位数的位次找出或计算对应的变量值。比如，由 4、5、7、7、8、9、10 共 7 个变量组成的数列（$n=7$），中位数的位次为 $4\left(\dfrac{7+1}{2}\right)$，其对应的变量值 7 就是中位数。由 4、5、7、7、8、9 共 7 个变量组成的数列（$n=7$），中位数的位次为 $3.5\left(\dfrac{6+1}{2}\right)$，在 3 和 4 之间，那么，排在第 3 位的变量 7 和排在第 4 位的变量 7 的算术平均数 7.5 就是中位数。

中位数根据标志值在总体中所处的位置确定，其大小取决于在数列中的位置，不受极端值的影响。在总体标志值差异很大的情况下，中位数具有较大的代表性。

7.1.1.4 分位数

分位数有四分位数(Quartile)、十分位数(Decile)和百分位数(Percentile)。四分位数就是将数据分成 4 等份的 3 个数值,这 3 个数值中间的那个就是中位数。相应地,十分位数是将数据分成 10 等份的数值,百分位数是将数据分成 100 等份的数值。

算术平均数、几何平均数、中位数和分位数都属于平均指标。应用平均指标应注意以下问题:

第一,现象总体的同质性。不能把存在本质差异的现象混在一起计算平均数,否则,就不能真实地反映总体的一般水平。比如,农村居民和城镇居民在收入来源、消费构成等方面存在本质差异,不能把农村居民和城镇居民混在一起计算平均收入和平均消费支出,而应该分别计算农村居民的平均收入和平均消费支出,以及城镇居民的平均收入和平均消费支出。

第二,现象总体构成的变化。比如,收入结构的变化、支出结构的变化、年龄结构的变化、性别比例的变化等。既要计算总体平均数,又要把总体分组后计算组平均数,用组平均数补充说明总平均数。

第三,极端数值的影响。算术平均数受总体极端数值的影响较大。为了正确反映总体的一般水平,当总体存在过大或过小的极端数值时,应予剔除,然后计算其余数值的平均数。比如,在文艺、体育比赛评分中,通常去掉一个最高分、去掉一个最低分后再计算平均分。这种平均数称为切尾均值(Trimmed Mean)。

7.1.2 测度数据分布离散程度的统计指标(标志变异指标)

7.1.2.1 方差

方差(Variance)是标志值与算术平均数离差平方的平均数,反映各标志值与算术平均数的平均距离。

总体方差的计算公式如下:

$$\sigma^2 = \frac{\sum_{i=1}^{n}(x_i - \bar{x})^2}{n} \tag{7-4}$$

在式(7-4)中,σ^2 表示总体方差,$\bar{x}$ 表示算术平均数,x_i 表示第 i 个标志值,n 表示标志值的个数。

计算从总体中抽取的样本的方差时,通常采用以下公式计算:

$$s_{n-1}^2 = \frac{\sum_{i=1}^{n}(x_i - \bar{x})^2}{n-1} \tag{7-5}$$

在式(7-5)中，s_{n-1}^2 表示样本方差，$\bar{x}$ 表示样本均值，x_i 表示第 i 个标志值，n 表示标志值的个数(样本容量)。

为什么式(7-5)的分母是 $(n-1)$，而不是 n 呢？因为除以 $(n-1)$ 得到的 s_{n-1}^2 才是对总体方差 σ^2 的无偏估计量。

在式(7-5)中，$(n-1)$ 称为自由度，即反映标志值与均值离差信息的个数。如果 $n=1$，即只有一个 x_i，那么，$x_i = \bar{x}$，$x_i - \bar{x} = 0$，即反映标志值与均值离差信息的个数为 0，$1-1=0$。当 $n=2$ 时，x_i 有两个数据 x_1 和 x_2，$\bar{x}$ 是 x_1 和 x_2 的中位数，即 $x_1 - \bar{x} = x_2 - \bar{x}$，反映标志值与均值离差信息的个数为 1，$2-1=1$。在式(7-5)的分子中，只有 $(n-1)$ 个有用的误差信息，也可以这样解释为什么分母是 $(n-1)$。

还可以这样理解自由度：n 个数据的均值 $\bar{x}$ 确定后，只有 $(n-1)$ 个数据可以自由变动。这正是"自由度"(Degree of Freedom)的字面意思。

7.1.2.2 标准差

标准差(Standard Deviation)是方差的算术平方根。若方差是 σ^2，标准差就是 σ。

$$\sigma = \sqrt{\sigma^2} = \sqrt{\frac{\sum_{i=1}^{n}(x_i - \bar{x})^2}{n}} \tag{7-6}$$

式(7-6)中字母的含义，与式(7-4)相同。

7.1.2.3 离散系数(标准差系数)

离散系数(Coefficient of Variation)是标准差除以均值。计算公式如下：

$$V = \frac{\sigma}{\bar{x}} \tag{7-7}$$

在式(7-7)中，V 表示离散系数，σ 表示标准差，$\bar{x}$ 表示平均数。

7.1.2.4 偏度

偏度是对分布偏斜方向和程度的测度，用偏度系数(Skewness)表示，记为 SK。偏度系数的计算公式如下：

$$SK = \frac{\sum_{i=1}^{n}(x_i - \bar{x})^3 \cdot f_i}{\sum_{i=1}^{n} f_i \cdot s^3} \tag{7-8}$$

在式(7-8)中，SK 表示偏度系数；$\bar{x}$ 表示算术平均数；x_i 表示第 i 组的标志值；f_i 表示第 i 组标志值出现的次数，即权数；s 表示样本标准差。

偏度系数是离差 3 次方的平均数除以标准差的 3 次方，是一个相对数。根据偏度系数可以作出以下判断：第一，当分布对称时，正负离差互相抵销，SK 等于 0；第二，当 SK 为正数时，表示正离差数值较大，分布为正偏或右偏；第三，当 SK 为负数时，表示负离差数值较大，分布为负偏或左偏。SK 的数值越大，说明偏斜的程度越大。

7.1.2.5 峰度(Kurtosis)

与标准正态分布比较，数据的分布可以分为平峰分布或尖峰分布，平峰比标准正态分布更平，尖峰比标准正态分布更尖，如图 7-1 所示。中间的实线是标准正态分布，上面和下面的虚线分别是尖峰分布和平峰分布。

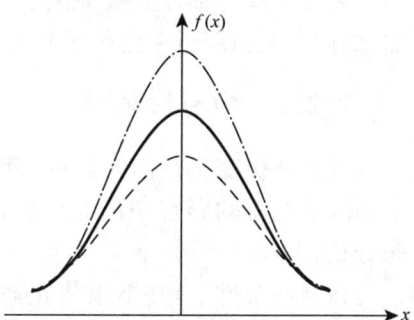

图 7-1 标准正态分布、尖峰分布和平峰分布

峰度用峰度系数测度。峰度系数是离差四次方的平均数再除以标准差的四次方，其计算公式如下：

$$K = \frac{\sum_{i=1}^{n}(x_i - \bar{x})^4 \cdot f_i}{\sum_{i=1}^{n} f_i \cdot s^4} \tag{7-9}$$

除以标准差的四次方后得到的是一个相对数，便于比较。标准正态分布的峰度系数为 0。当峰度系数大于 0 时，是尖峰分布；当峰度系数小于 0 时，是平峰分布。

7.2 大数定律和中心极限定理

7.2.1 大数定律

大数定律(Law of Large Numbers)描述大量的、在一定条件下重复的随机现象呈现的规律性。当试验次数足够大时，事件发生的频率无限地接近其发生的概率，即伯努利大数定律。

例如,在 n 次重复投掷一枚硬币的随机试验中,正面出现的频率(出现正面的次数与 n 之比)可能不同。但当试验的次数 n 越来越大时,正面出现的频率将接近于其发生的概率 $1/2$。

又如,物体的真实长度为 a。由于种种原因,每次测量的结果不一定就是 a。但当测量的次数很大时,每次测量结果的算术平均数接近于 a。

也就是说,随机事件的频率具有稳定性,其结果的均值也具有稳定性。所以,当实验的次数很大时,可以用事件的频率代替事件的概率。

大数定律为抽样调查提供了依据。根据大数定律,随着样本容量的增加,抽样平均数趋近于总体平均数。

7.2.2 中心极限定理

许多随机变量是由大量的、相互独立的随机因素综合影响而形成的,个别因素在总的影响中所起的作用很微小。这种变量往往近似地服从正态分布。

在某些条件下,并不服从正态分布的一些独立的随机变量,当变量的个数无限增加时,其和的分布趋于正态分布。研究大量独立随机变量的和的分布以正态分布为极限的一类定理,称为中心极限定理。

中心极限定理为数理统计中的大样本奠定了理论基础。

总体的均值为 μ,标准差为 σ。从总体中抽取随机样本,样本容量为 n。当 n 充分大时,样本均值 $\bar{x}$ 的抽样分布近似于一个具有均值 $\mu_{\bar{x}} = \mu$、标准差 $\sigma_{\bar{x}} = \dfrac{\sigma}{\sqrt{n}}$ 的正态分布。样本容量越大,$\bar{x}$ 的抽样分布越接近于正态分布。

根据 $\sigma_{\bar{x}} = \dfrac{\sigma}{\sqrt{n}}$,随着样本容量 n 的增加,$\bar{x}$ 抽样分布的标准差 $\sigma_{\bar{x}}$ 会变小。因此,样本容量越大,样本统计量对总体参数的估计越准确。

7.3 相　关　分　析

7.3.1 相关关系的意义和特点

一切客观事物都是相互联系的。客观事物之间存在的相互依存关系,称为相关关系。相关关系具有以下特点:

第一,现象之间确实存在数量上的相互依存关系,一个现象数量上的变化会引起另一现象数量上的变化。比如,广告费用与销售量之间的关系。广告费用的增加一般会引起销售量的增加,但除了广告费用之外,影响销售量的因素还有很多,包括销售价格、产品质量、公司信誉等。所以,与某一特定的广告费用相对应的销售量是不确定的。

第二,现象之间数量上的关系不是确定的。相关关系是变量之间的一种不完全确定关系,不同于函数关系。

函数关系是变量之间的一种完全确定性关系,比如,销售收入=销售量×单价。销售量的增加或单价的提高,都会引起销售收入的增加,即销售收入和销售量、单价之间的关系是一种函数关系。

相关关系一般不能用数学公式表示。对于自变量的一个值,与之对应的因变量的值不是唯一的。

尽管相关关系与函数关系是两种不同类型的变量关系,但两者之间并没有严格的界限。由于认识能力、测量工具等主客观原因,在实际工作中,确定性关系往往也通过相关关系表现出来;随着人们对事物内在规律认识的深化,相关关系也可以转化为确定性关系。

7.3.2 相关关系的种类

7.3.2.1 线性相关(直线相关)和非线性相关(曲线相关)

根据相关的形式不同,相关关系可以分为线性相关(直线相关)和非线性相关(曲线相关)。

线性相关(直线相关)是指,当一个变量变动时,另一个变量相应地发生大致均等的变动。

非线性相关(曲线相关)是指,当一个变量变动时,另一个变量也相应地变动,但这种变动是不均等的。

7.3.2.2 不相关、完全相关和不完全相关

根据相关关系的程度,相关关系可以分为不相关、完全相关和不完全相关。

不相关是指两个变量的数量变化相互独立,互不影响。

完全相关是指一个变量的数量变化由另一个变量的数量变化所唯一决定。在这种情况下,相关关系实际上是一种函数关系。

不完全相关介于不相关和完全相关之间。

7.3.2.3 正相关和负相关

根据相关关系的方向,相关关系可以分为正相关和负相关。

正相关是指两个变量的变化方向一致,都是上升或者下降。

负相关是指两个变量的变化方向相反,一个上升(下降)而另一个下降(上升)。

7.3.3 相关系数

7.3.3.1 相关系数的含义和种类

在直线相关条件下,两种现象之间相关关系的密切程度,可以用相关系数反映。相关系数有 Pearson 相关系数、Kendall 偏秩相关系数和 Spearman 秩相关系数。Pearson 相关系数反映两个数量型变量的线性相关程度,Kendall 相关系数适用于度量等级变量或秩变量的相关性,Spearman 秩相关系数适用于等级数据和不满足正态假定的等间隔数据。所谓"数量型变量",如全班同学的考试成绩;所谓"等级变量或秩变量",如根据全班同学的考试成绩排出的名次。体育比赛的成绩是"数量型变量",根据成绩确定的名次是"等级变量或秩变量"。

常用的是 Pearson 相关系数,下面介绍 Pearson 相关系数的计算方法。

变量 x 和变量 y 的相关系数通常用 r_{xy} 表示,或简记为 r。计算公式如下:

$$r_{xy} = \frac{\sigma_{xy}^2}{\sigma_x \cdot \sigma_y} = \frac{\frac{1}{n}\sum(x-\bar{x})(y-\bar{y})}{\sqrt{\frac{1}{n}\sum(x-\bar{x})^2} \cdot \sqrt{\frac{1}{n}\sum(y-\bar{y})^2}} = \frac{\sum(x-\bar{x})(y-\bar{y})}{\sqrt{\sum(x-\bar{x})^2} \cdot \sqrt{\sum(y-\bar{y})^2}}$$

(7-10)

在式(7-10)中,n 表示样本观测值的个数;$\bar{x}$ 表示变量数列 x 的算术平均数;$\bar{y}$ 表示变量数列 y 的算术平均数;σ_x 表示变量数列 x 的标准差;σ_y 表示变量数列 y 的标准差;σ_{xy}^2 表示变量数列 x 和变量数列 y 的协方差。

7.3.3.2 相关系数的特点

相关系数具有以下特点:①相关系数的取值在-1与1之间,即$-1 \leqslant r_{xy} \leqslant 1$。越接近于$-1$或$1$,相关关系越强。②当$r_{xy} = 0$时,表明变量 x 和变量 y 完全不相关,没有线性相关关系。但相关系数只能说明直线相关的密切程度,没有直线相关关系并不意味着不存在其他非直线关系。③当$0 < |r_{xy}| < 1$时,变量 x 和变量 y 存在一定的线性相关关系。若$r_{xy} > 0$,变量 x 和变量 y 正相关;若$r_{xy} < 0$,变量 x 和变量 y 负相关。④当$|r_{xy}| = 1$时,变量 x 和变量 y 完全线性相关。若$r_{xy} = 1$,变量 x 和变量 y 完全正相关;若

$r_{xy} = -1$,变量 x 和变量 y 完全负相关。

在使用相关系数分析相关关系时,还应该注意以下几点:①变量 x 和变量 y 都是相互对称的随机变量,所以 $r_{xy} = r_{yx}$。②相关系数只反映变量间的直线相关程度,不能说明非线性相关关系。③相关系数只反映相关关系,不能确定因果关系。

7.3.3.3 相关系数的检验

样本相关系数是根据从总体中抽取的随机样本的观测值计算出来的,只是对总体相关系数的估计。从总体中每抽取一个样本,就可以估计出一个样本相关系数。因此,样本相关系数是随抽样而变动的随机变量。那么,所估计的样本相关系数是否为抽样的偶然结果呢?因此,需要对相关系数的统计显著性进行检验。

总体相关系数是否等于 0 的统计检验方法如下:

设总体相关系数为 ρ;原假设 $H_0: \rho = 0$(总体相关系数为 0,即线性相关关系不显著);备择假设 $H_1: \rho \neq 0$。

可以证明,当 $\rho = 0$ 时,根据样本相关系数 r 计算出来的 t 统计量服从自由度为 $(n-2)$ 的 t 分布。即:

$$t = \frac{r\sqrt{n-2}}{\sqrt{1-r^2}} \sim t(n-2) \tag{7-11}$$

t 可以根据样本相关系数 r 和样本容量 n 计算出来。根据需要给定显著性水平 α,比如 $\alpha = 5\%$,查 t 分布表得到自由度为 $(n-2)$ 的临界值 $t_{\alpha/2}$。

若 $|t| \geq t_{\alpha/2}$,表明样本相关系数 r 在统计上显著不为 0,应否定原假设 $\rho = 0$,接受 $\rho \neq 0$。说明总体中两个变量的相关关系显著。

若 $|t| < t_{\alpha/2}$,表明样本相关系数 r 不为 0 在统计上不显著,应接受原假设 $\rho = 0$。说明总体中两个变量的相关关系不显著。

7.4 回归分析

7.4.1 回归分析的意义

英国著名的心理学家和生物统计学家加尔顿(Francis Galton,1822—1911)发现,父母身材高,儿女身材也高;父母身材矮,儿女身材也矮。但给定父母的身高,儿女的平均身高却趋向于所有人的平均身高。这种现象称为"回归"。

加尔顿发现的"回归"现象被英国著名的统计学家皮尔逊（Karl Pearson，1857—1937）所证实。皮尔逊发现，对于一个父辈身材高的群体，儿女辈的平均身高低于其父辈的身高；对于一个父辈身材矮的群体，儿女辈的平均身高高于其父辈的身高。即回归到中等。

回归分析研究应变量对自变量的依存关系，旨在通过自变量对应变量进行估计、解释和预测。根据已知的自变量的数值，估计因变量的总体平均值。比如，给定父辈的身高，儿女辈的平均身高是多少。

回归分析要设定反映应变量和自变量依存关系的数学模型，即回归模型或回归方程式。只有一个自变量的回归模型，称为一元线性回归模型；有两个或两个以上自变量的回归模型，称为多元线性回归模型。

7.4.2 一元线性回归模型

因变量 y 对自变量 x 的回归直线方程式如下：

$$y = a + bx \tag{7-12}$$

在式(7-12)中，a 和 b 是待定参数。a 表示回归直线的截距；b 表示回归直线的斜率，即 y 对 x 的回归系数。

a 和 b 的值可以采用最小二乘法确定。计算公式如下：

$$b = \frac{n\sum xy - \sum x \cdot \sum y}{n\sum x^2 - (\sum x)^2} \tag{7-13}$$

$$a = \bar{y} - b\bar{x} \tag{7-14}$$

估计标准误差、拟合优度、回归系数的显著性检验，以及多元线性回归分析相关问题，见第 8 章"实证会计中常用的计量经济学方法"。

7.4.3 关于虚拟变量的回归

7.4.3.1 虚拟变量的性质

可以用"1"表示男性，用"0"表示女性。这样取 0 和 1 值的变量叫作虚拟变量(Dummy Variables)，又称为哑变量或定性变量。

7.4.3.2 在回归模型中使用虚拟变量

为了发现性别是否会造成教授工薪差异，可以建立以下回归模型。

$$Y_i = \alpha + \beta D_i + \mu_i \tag{7-15}$$

在式(7-15)中，Y_i 表示教授的年薪；D_i 表示性别。若是男教授，$D_i = 1$；若是女教授，$D_i = 0$。

根据式(7-15)，女教授的平均年薪：$E(Y_i/D_i = 0) = \alpha$；男教授的平均年薪：$E(Y_i/D_i = 1) = \alpha + \beta$。

所以，β 是男教授和女教授平均薪金的差额。如果 $\hat{\beta}$ [①]在统计上显著，说明男、女教授的平均薪金有差别，就应拒绝男、女教授有同样年薪的假设。

7.4.3.3 虚拟变量回归的有关问题

第一，为了区分两个类别，只需引进一个虚拟变量。虚拟变量的个数比变量分类数少 1 个。

第二，被赋予 0 值的那个类别，称为基准(Benchmark)，是用以进行比较的基础，是根据某种事先考虑而作出的一种选择。

第三，虚拟变量的系数称为级差截距系数(Differential Intercept Coefficient)，是取 1 值的类别的截距值和基准类别截距值的差距。比如，在式(7-15)中，β 是男教授和女教授平均薪金的差额。

7.4.4 回归分析与相关分析的联系与区别

7.4.4.1 回归分析与相关分析的联系

相关分析是回归分析的前提和基础。如果没有说明现象之间是否具有相关关系，没有对相关关系的密切程度作出判断，回归分析就没有意义。

回归分析是相关分析的深入。仅仅说明现象之间具有密切关系是不够的，只有通过回归分析，确定回归方程，进行回归预测，相关分析才更有意义。

7.4.4.2 回归分析与相关分析的区别

相关分析不考虑变量的因果关系，不区分自变量和因变量。相关分析中的两个变量都必须是随机变量。

回归分析要先根据研究的目的，确定因变量和自变量。因变量是随机变量，而自变量是给定的或可以控制的。

7.4.4.3 回归分析与相关分析应注意的问题

第一，现象间内在的本质联系，是由事物的客观规律决定的，由经济

---

① 在本书中，用"^"区分实际值和估计值。上带"^"表示估计值。

学、管理学、财务学等实质性科学揭示出来。相关分析与回归分析并不能像实质性科学那样揭示事物之间的本质联系。如果对没有内在联系的现象,仅仅根据数据进行相关分析和回归分析,就可能是一种"伪相关"或"伪回归"。不仅没有实际意义,而且会导致荒谬的结论。比如,儿子出生后,在庭院里种了一棵树。儿子越长越高,树也越长越高。如果利用每年儿子身高和树的高度的数据进行统计分析,必然是显著正相关。但事实上,儿子的成长和树的生长并没有内在联系,更没有因果关系。所以,要在定性分析的基础上进行相关分析和回归分析。

第二,回归方程是根据样本数据得到的,只有在样本范围之内才是有效的。如果超出了样本范围,就可能没有意义。所以,回归方程一般只适用于内插预测,不适用于外推预测。比如,只有在一定的范围之内,施肥量和农作物产量才具有正相关关系。施肥量超过了一定的限度,产量不断不会增加,反而会减少。

第三,要注意社会经济现象的复杂多变性。与自然现象比较,社会经济现象不仅更复杂,而且更多变。根据有限的样本和过去的数据得出的结论,不具有普遍适用性。

第 8 章

实证会计中常用的计量经济学方法

计量经济学是数学、统计学与经济学的结合。运用概率论与数理统计方法,以及经济统计资料,对经济理论进行经验验证。下面以凯恩斯的消费理论为例进行简要说明。[1]

8.1 理论或假说陈述

经济理论的陈述或假说大都是定性的。例如,凯恩斯认为:"在一般情况下,平均说来,当人们收入增加时,他们的消费也会增加,但消费的增加不像收入增加得那样多。"[2]消费和收入的这种关系称为消费函数或消费倾向,即 $Y = C(X)$,其中,Y 表示消费,X 表示收入。

增加的 1 单位收入中用于增加消费部分的比率,称为边际消费倾向(Marginal Propensity to Consume——MPC)。MPC $= \Delta Y / \Delta X$,其中,ΔY 表示消费的增量,ΔX 表示收入的增量。

8.2 理论的数学模型设定

假定消费与收入之间有确定的函数关系,即:

$$Y = \beta_1 + \beta_2 X \tag{8-1}$$

在式(8-1)中,Y 表示消费;X 表示收入;β_1 是截距项,表示必不可少的自发消费,即没有收入($X = 0$)时的消费;β_2 是斜率,表示收入引起的消费

---

[1] 详见:[美]古扎拉蒂.计量经济学(第三版).林少宫,译.北京:中国人民大学出版社,2000.
[2] 参见:[英]约翰·梅纳德·凯恩斯.就业、利息和货币通论(重译本).高鸿业,译.北京:商务印书馆,2014:102.

(引致消费)。显然,在正常情况下,$\beta_1 > 0$,即没有收入,也需要消费。根据凯恩斯的消费理论,$0 < \beta_2 < 1$。

可以证明,β_2就是边际消费倾向,即$\beta_2 = \text{MPC} = \Delta Y / \Delta X$。证明过程如下:

根据式(8-1),$Y_1 = \beta_1 + \beta_2 X_1$,$Y_2 = \beta_1 + \beta_2 X_2$。

于是,$Y_2 - Y_1 = (\beta_1 + \beta_2 X_2) - (\beta_1 + \beta_2 X_1) = \beta_2 (X_2 - X_1)$。

即 $\Delta Y = \beta_2 \Delta X$,所以,$\beta_2 = \Delta Y / \Delta X$。

凯恩斯的消费理论可以用图 8-1 表示。

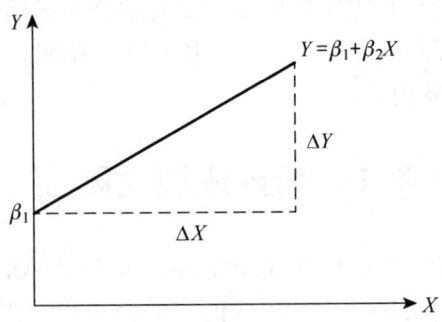

图 8-1 凯恩斯的消费理论

$Y = \beta_1 + \beta_2 X$ 的经济含义是:消费等于自发消费和引致消费之和。因为消费随着收入的增加而增加,但消费的增加不及收入增加的多,所以,$0 < \beta_2 < 1$。

8.3 计量经济学模型设定

一般来说,经济变量之间的关系是不确定的。所以,计量经济学家把确定性的消费函数改为:

$$Y = \beta_1 + \beta_2 X + \mu \qquad (8-2)$$

在式(8-2)中,μ是干扰项或误差项,是一个随机变量。因为对于每一组Y与X,μ都可能不一样。

也就是说,计量经济学模型的设定,只需要在数学模型的基础上,加上一个随机误差项。式(8-2)假定,Y 与 X 之间存在线性关系,但关系不确定。

8.4 数据的获取与数据处理

以中国城镇居民和农村居民为例,对凯恩斯的消费理论进行检验。

在国家统计局网站,可以分别查到"城镇居民人均可支配收入""城镇居民人均消费支出""农村居民人均生活消费支出"和"农村居民人均生活消费支出",然后,利用EXCEL加总得到"城乡居民人均收入合计"和"城乡居民人均消费支出合计",所有数据均取整数。见表8-1。

表 8-1　　　　　1980—2012 年城乡居民收支表　　　　　单位:元

年份	城镇居民人均可支配收入	城镇居民人均消费支出	农村居民人均纯收入	农村居民人均生活消费支出	城乡居民人均收入合计	城乡居民人均消费支出合计
1980	478	412	191	162	669	574
1981	458	457	223	191	681	648
1982	495	471	270	220	765	691
1983	526	506	310	248	836	754
1984	608	559	355	274	963	833
1985	739	673	398	317	1 137	990
1986	900	799	424	357	1 324	1 156
1987	1 002	884	463	398	1 465	1 282
1988	1 181	1 104	545	477	1 726	1 581
1989	1 376	1 211	602	535	1 978	1 746
1990	1 510	1 279	686	585	2 196	1 864
1991	1 701	1 454	709	620	2 410	2 074
1992	2 027	1 672	784	659	2 811	2 331
1993	2 577	2 111	922	770	3 499	2 881
1994	3 496	2 851	1 221	1 017	4 717	3 868
1995	4 283	3 538	1 578	1 310	5 861	4 848
1996	4 839	3 919	1 926	1 572	6 765	5 491
1997	5 160	4 186	2 090	1 617	7 250	5 803
1998	5 425	4 332	2 162	1 590	7 587	5 922
1999	5 854	4 616	2 210	1 577	8 064	6 193
2000	6 280	4 998	2 253	1 670	8 533	6 668
2001	6 860	5 309	2 366	1 741	9 226	7 050
2002	7 703	6 030	2 476	1 834	10 179	7 864

(续表)

年份	城镇居民人均可支配收入	城镇居民人均消费支出	农村居民人均纯收入	农村居民人均生活消费支出	城乡居民人均收入合计	城乡居民人均消费支出合计
2003	8 472	6 511	2 622	1 943	11 094	8 454
2004	9 422	7 182	2 936	2 185	12 358	9 367
2005	10 493	7 943	3 255	2 555	13 748	10 498
2006	11 759	8 697	3 587	2 829	15 346	11 526
2007	13 786	9 997	4 140	3 224	17 926	13 221
2008	15 781	11 243	4 761	3 661	20 542	14 904
2009	17 175	12 265	5 153	3 993	22 328	16 258
2010	19 109	13 471	5 919	4 382	25 028	17 853
2011	21 810	15 161	6 977	5 221	28 787	20 382
2012	24 565	16 674	7 917	5 908	32 482	22 582

8.5 计量经济学模型的参数估计

在计量经济学模型即式(8-2)中,有两个参数 β_1 和 β_2。参数估计(Parameter Estimate)是用样本统计量去估计总体的参数。参数估计方法有两种:一种是点估计(Point Estimate);另一种是区间估计(Interval Estimate)。

8.5.1 点估计

点估计是利用样本数据估计 β_1、β_2 的值,并把样本估计量直接作为总体参数的估计值。常用的方法是普通最小二乘法(Method of Ordinary Least Squares—OLS)。

8.5.1.1 普通最小二乘法(OLS)

回归分析的主要目的,是根据样本回归函数(SRF)去估计总体回归函数(PRF)。样本回归函数(SRF)可以写成式(8-3),总体回归函数(PRF)可以写成式(8-4)。[1]

$$Y_i = \hat{\beta}_1 + \hat{\beta}_2 X_i + \hat{\mu}_i \qquad (8-3)$$

---

[1] 在本书中,用"^"来区分样本和总体。凡上带"^"的变量都是样本变量。

$$Y_i = \beta_1 + \beta_2 X_i + \mu_i \quad (8\text{-}4)$$

因为在样本回归函数(SRF)中,

$$\hat{Y}_i = \hat{\beta}_1 + \hat{\beta}_2 X_i \quad (8\text{-}5)$$

所以,

$$Y_i = \hat{Y}_i + \hat{\mu}_i \quad (8\text{-}6)$$

经典线性回归模型(CLRM)假定干扰项 μ_i 的均值为零。即:

$$E(\mu_i/X_i) = 0$$

在总体回归函数(PRF)中,

$$E(Y_i/X_i) = \beta_1 + \beta_2 X_i$$

所以,

$$Y_i = E(Y/X_i) + \mu_i$$

普通最小二乘法要求在 $\sum \hat{\mu}_i^2$ 最小时,求 $\hat{\beta}_1$、$\hat{\beta}_2$ 的值。

$$\sum \hat{\mu}_i^2 = \sum (Y_i - \hat{Y}_i)^2 = \sum (Y_i - \hat{\beta}_1 - \hat{\beta}_2 X_i)^2$$

$\sum \hat{\mu}_i^2$ 是 $\hat{\beta}_1$ 和 $\hat{\beta}_2$ 的函数,即:

$$\sum \hat{\mu}_i^2 = f(\hat{\beta}_1, \hat{\beta}_2)$$

通过求偏导数,建立联立方程:

$$\begin{cases} \dfrac{\partial (\sum \hat{\mu}_i^2)}{\partial (\hat{\beta}_1)} = -2\sum (Y_i - \hat{\beta}_1 - \hat{\beta}_2 X_i) = 0 \\ \dfrac{\partial (\sum \hat{\mu}_i^2)}{\partial (\hat{\beta}_2)} = -2\sum (Y_i - \hat{\beta}_1 - \hat{\beta}_2 X_i) X_i = 0 \end{cases}$$

整理得:

$$\begin{cases} \sum Y_i = n\hat{\beta}_1 + \hat{\beta}_2 \sum X_i \\ \sum Y_i X_i = \hat{\beta}_1 \sum X_i + \hat{\beta}_2 \sum X_i^2 \end{cases}$$

这组联立方程称为正态方程(Normal Equations)。解得:

$$\hat{\beta}_2 = \frac{\sum (X_i - \bar{X})(Y_i - \bar{Y})}{\sum (X_i - \bar{X})^2} = \frac{\sum x_i y_i}{\sum x_i^2}$$

$$(x_i = X_i - \bar{X},\ y_i = Y_i - \bar{Y})$$

$$\hat{\beta}_1 = \bar{Y} - \hat{\beta}_2 \bar{X}$$

8.5.1.2　正态性假定下 OLS 估计量的性质

正态性假定的理论依据是中心极限定理。在某些条件下,即使原来并不服从正态分布的一些独立的随机变量,当随机变量个数无限增加时,它们之和的分布也趋于正态分布。

在正态性假定下,OLS 估计量 $\hat{\beta}_1$、$\hat{\beta}_2$ 和 $\hat{\sigma}^2$ 有如下统计性质:

(1) 它们是无偏的,$\hat{\beta}_1$、$\hat{\beta}_2$ 和 $\hat{\sigma}^2$ 的期望值就是真值。即:

$$E(\hat{\beta}_1) = \beta_1,\ E(\hat{\beta}_2) = \beta_2,\ E(\hat{\sigma}^2) = \sigma^2$$

(2) 它们是有效的,即有最小方差。

(3) 一致性。随着样本容量无限地增大,估计量是一个概率接近于 1 的事件,估计量将收敛到它们的真值。

(4) $\hat{\beta}_1$ 是正态分布的。即:$\hat{\beta}_1 \sim N(\beta_1,\ \sigma^2_{\hat{\beta}_1})$

根据正态分布的性质,即:设随机变量 $X \sim N(\mu, \sigma^2)$,$Y = (X - \mu)/\sigma$,则 $Y \sim N(0, 1)$,可以定义:[1]

$$Z = \frac{\hat{\beta}_1 - \beta_1}{\sigma_{\hat{\beta}_1}} \sim N(0, 1)$$

(5) $\hat{\beta}_2$ 是正态分布的。即:$\hat{\beta}_2 \sim N(\beta_2,\ \sigma^2_{\hat{\beta}_2})$

可以定义:

$$Z = \frac{\hat{\beta}_2 - \beta_2}{\sigma_{\hat{\beta}_2}} \sim N(0, 1)$$

请注意(以后会用到)[2]:

---

[1] 参见:定理 2.8。龚德恩. 经济数学基础(第三分册 概率统计). 成都:四川人民出版社,2001:91.

[2] 参见:定理 4.5。龚德恩. 经济数学基础(第三分册 概率统计). 成都:四川人民出版社,2001:158.

$$\sigma^2_{\hat{\beta}_2} = \frac{\sigma^2}{\sum x_i^2} \tag{8-7}$$

$$\frac{(n-2)\hat{\sigma}^2}{\sigma^2} \sim \chi^2(n-2) \tag{8-8}$$

8.5.2 区间估计

8.5.2.1 置信区间和置信概率

由于抽样波动,一个点估计值很可能不同于真值。所以,不能完全信赖一个点估计值。一个点估计值的可靠性由它的标准误来衡量。可围绕点估计值构造一个区间,使得这个区间有较大的把握包含真值。比如,构造如下区间:

$$(\hat{\beta}_2 - \delta, \hat{\beta}_2 + \delta)$$

使得:

$$\Pr(\hat{\beta}_2 - \delta \leqslant \beta_2 \leqslant \hat{\beta}_2 + \delta) = 1 - \alpha$$

把 $(\hat{\beta}_2 - \delta, \hat{\beta}_2 + \delta)$ 称为置信区间,α 称为置信概率或显著性水平。

8.5.2.2 β_1、β_2 的置信区间

定义:$t =$(估计量 - 参数)/ 估计量的标准误的估计值,即:

$$t = \frac{\hat{\beta}_2 - \beta_2}{\mathrm{Se}(\hat{\beta}_2)} = \frac{(\hat{\beta}_2 - \beta_2)\sqrt{\sum x_i^2}}{\hat{\sigma}}$$

可以证明,这样定义的 t 变量遵循自由度为 $n-2$ 的 t 分布。证明过程如下:

令:

$$Z_1 = \frac{(\hat{\beta}_2 - \beta_2)\sqrt{\sum x_i^2}}{\sigma}, \quad Z_2 = \frac{(n-2)\hat{\sigma}^2}{\sigma^2}$$

如果 σ 是已知的,那么 $Z_1 \sim N(0, 1), Z_2 \sim \chi^2(n-2)$。[1]

---

[1] 参见:定理4.5。龚德恩. 经济数学基础(第三分册 概率统计). 成都:四川人民出版社,2001:158.

所以，①

$$\frac{Z_1}{\sqrt{\frac{Z_2}{n-2}}} \sim t(n-2)$$

$$\frac{Z_1}{\sqrt{\frac{Z_2}{n-2}}} = \frac{\frac{(\hat{\beta}_2-\beta_2)\sqrt{\sum x_i^2}}{\sigma}}{\sqrt{\frac{(n-2)\hat{\sigma}^2}{\sigma^2}}} = \frac{(\hat{\beta}_2-\beta_2)\sqrt{\sum x_i^2}}{\hat{\sigma}} = t$$

即 $t \sim t(n-2)$。所以，不用正态分布，而是用 t 分布来建立 β_2 的置信区间。t 分布的双侧分位数如图 8-2 所示。

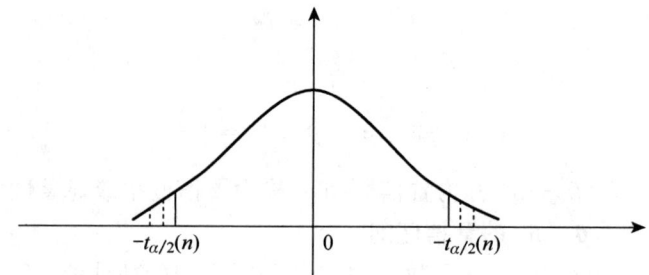

图 8-2 t 分布的双侧分位数

$\Pr[|t(n)|>t_\alpha(n)]=\alpha$，$\Pr(-t_{\alpha/2}\leqslant t\leqslant t_{\alpha/2})=1-\alpha$。其中，$\alpha$ 是一个小概率。落在曲线两端范围内是一个小概率事件。

$$\Pr\left(-t_{\alpha/2}\leqslant \frac{\hat{\beta}_2-\beta_2}{Se(\hat{\beta}_2)}\leqslant t_{\alpha/2}\right)=1-\alpha$$
$$\Pr[\hat{\beta}_2-t_{\alpha/2}Se(\hat{\beta}_2)\leqslant \beta_2\leqslant \hat{\beta}_2+t_{\alpha/2}Se(\hat{\beta}_2)]=1-\alpha$$

即 β_2 的"$100(1-\alpha)\%$"置信区间为：

$$\hat{\beta}_2 \pm t_{\alpha/2}Se(\hat{\beta}_2)$$

同样，β_1 的"$100(1-\alpha)\%$"置信区间为：

---

① 参见：定理 4.6。龚德恩. 经济数学基础（第三分册 概率统计）. 成都：四川人民出版社，2001：161.

$$\hat{\beta}_1 \pm t_{\alpha/2} Se(\hat{\beta}_1)$$

置信区间的含义是,有"$100(1-\alpha)\%$"的把握包含真实的 β_2 或 β_1。

8.5.2.3 σ^2 的置信区间

在正态性假定下,

$$\chi^2 = \frac{(n-2)\hat{\sigma}^2}{\sigma^2} \sim \chi^2(n-2)$$

所以,可以利用 χ^2 分布来建立 σ^2 的置信区间,如图 8-3 所示。

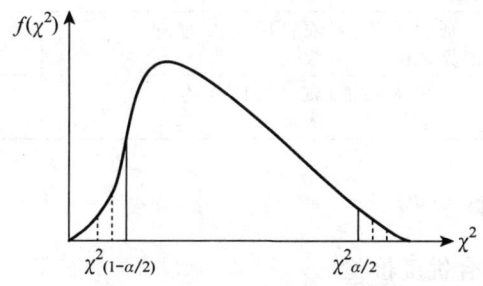

图 8-3 χ^2 分布的置信区间

$$\Pr[\chi^2_{(1-\alpha/2)} \leqslant \chi^2 \leqslant \chi^2_{\alpha/2}] = 1-\alpha \tag{8-9}$$

$$\chi^2 = \frac{(n-2)\hat{\sigma}^2}{\sigma^2} \tag{8-10}$$

将式(8-10)代入式(8-9),整理得到 σ^2 的 $100(1-\alpha)\%$ 的置信区间:

$$\Pr\left[(n-2)\frac{\hat{\sigma}^2}{\chi^2_{\alpha/2}} \leqslant \sigma^2 \leqslant (n-2)\frac{\hat{\sigma}^2}{\chi^2_{(1-\alpha/2)}}\right] = 1-\alpha$$

8.6 假 设 检 验

假设检验包括经济含义检验、统计检验和计量经济学检验。利用表 8-1"1980—2012 年城乡居民收支表"中的数据的统计分析结果,分别进行说明。

8.6.1 经济含义检验

常数项、回归系数是否符合经济常识。比如,在消费函数"$Y = \beta_1 +$

$\beta_2 X$"中,β_1要大于0,β_2要大于0小于1。

表 8-1 数据有关统计分析结果如表 8-2 所示。城镇居民、农村居民以及城乡居民的消费函数的 β_1 都大于0,β_2 都大于0小于1。所以,都通过了经济含义检验。

表 8-2　　　　　　　消费函数的经济含义检验

消费函数	Y	X	β_1	β_2	是否通过经济含义检验
城镇居民消费函数	城镇居民人均消费支出	城镇居民人均可支配收入	368.359	0.690	通过
农村居民消费函数	农村居民人均生活消费支出	农村居民人均纯收入	49.228	0.746	通过
城乡居民消费函数	城乡居民人均消费支出合计	城乡居民人均收入合计	424.332	0.703	通过

8.6.2　统计检验

8.6.2.1　拟合优度检验

拟合优度即判定系数 r^2(双变量情形)或 R^2(多变量情形)。计算原理和方法如下。

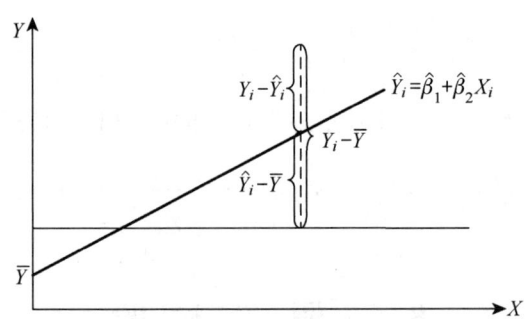

图 8-4　判定系数的计算原理和方法

$$Y_i - \bar{Y} = (Y_i - \hat{Y}_i) + (\hat{Y}_i - \bar{Y})$$

$$\sum (Y_i - \bar{Y})^2 = \sum (Y_i - \hat{Y}_i)^2 + \sum (\hat{Y}_i - \bar{Y})^2 + 2\sum (Y_i - \hat{Y}_i)(\hat{Y}_i - \bar{Y})$$

由于:

$$\sum (Y_i - \hat{Y}_i)(\hat{Y}_i - \bar{Y}) = 0$$

所以，
$$\sum(Y_i-\bar{Y})^2 = \sum(Y_i-\hat{Y}_i)^2 + \sum(\hat{Y}_i-\bar{Y})^2$$

令：
$$TSS = \sum(Y_i-\bar{Y})^2,$$
$$ESS = \sum(\hat{Y}_i-\bar{Y})^2 = \sum \hat{y}_i^2$$
$$RSS = \sum(Y_i-\hat{Y}_i)^2 = \sum \hat{u}_i^2$$

则：$TSS = ESS + RSS$

$$\frac{ESS}{TSS} + \frac{RSS}{TSS} = 1$$

定义：$r^2 = ESS/TSS$，或 $1 - RSS/TSS$。

那么，r^2 测度了在 Y 的总变异中由回归模型解释的那个部分所占的比例，$0 \leqslant r^2 \leqslant 1$。$r^2$ 越大，说明模型的拟合度越好，解释能力越强。

在多变量情形下，Y 的变异由多变量联合解释的比例用复判定系数 R^2 表示，概念上 R^2 近似于 r^2。

要比较两个 R^2，必须考虑模型中出现的 X 变量的个数。所以，要对 R^2 进行校正，得到调整的 R^2（adjusted R^2）。

$$\text{adjusted } R^2 = 1 - \frac{\dfrac{\sum \hat{u}_i^2}{n-k}}{\dfrac{\sum \hat{y}_i^2}{n-1}} \tag{8-11}$$

在式(8-11)中，k 为包括截距项在内的模型中的参数个数。

利用表 8-1 中的数据进行的拟合优度检验结果，见表 8-3。

表 8-3　　　　　　　消费函数的拟合优度检验结果

消费函数	Y	X	r^2	结　论
城镇居民消费函数	城镇居民人均消费支出	城镇居民人均可支配收入	0.997	拟合好,解释能力很强
农村居民消费函数	农村居民人均生活消费支出	农村居民人均纯收入	0.998	拟合好,解释能力很强
城乡居民消费函数	城乡居民人均消费支出合计	城乡居民人均收入合计	0.998	拟合好,解释能力很强

8.6.2.2 t 检验

检验回归系数的显著性，即回归系数 β_2 是否显著不为零？

首先构造 t 统计量，即：

$$t = \frac{\hat{\beta}_2 - \beta_2}{Se(\hat{\beta}_2)} = \frac{(\hat{\beta}_2 - \beta_2)\sqrt{\sum x_i^2}}{\hat{\sigma}}$$

在虚拟假设下，如果 β_2 的真值被设定为 β_2^*，即 $H_0:\beta_2=\beta_2^*$，就可以利用样本资料计算出 t 统计量，t 服从自由度为 $n-2$ 的 t 分布。

对于给定的 α，查 t 分布的分位数表，得到统计量 t 的临界值。若 t 统计量大于临界值，则拒绝虚拟假设 H_0。具体做法如下：

已知：$\hat{\beta}_2 = 0.5091, Se(\hat{\beta}_2) = 0.0357, df = 8, \alpha = 5\%$。

虚拟假设（H_0）：$\beta_2 = \beta_2^* = 0.3$；备择假设（$H_1$）：$\beta_2 \neq 0.3$。

那么：$t = (0.5091 - 0.3)/0.0357 \approx 5.86$

查 t 分布的分位数表，$t_{\alpha/2} = 2.306$。由于 $t > t_{\alpha/2}$，所以，拒绝 H_0。

请注意，通常令：$H_0: \beta_2 = \beta_2^* = 0$；$H_1: \beta_2 \neq 0$。如果拒绝 H_0，意味着回归系数显著地不为 0。当 $\beta_2 = 0$ 时，

$$t = \frac{\hat{\beta}_2}{Se(\hat{\beta}_2)}$$

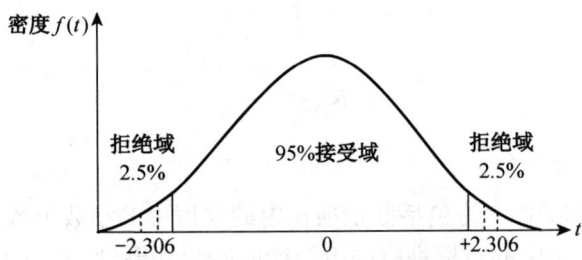

图 8-5　回归系数的显著性检验（t 检验）

假设检验的依据是小概率原理，即小概率事件在一次实验中不会发生。"$t = 5.86 > 2.306$"表明，小概率事件发生了，说明假设 H_0 不成立，应拒绝。

如图 8-5 所示。2.306 对应的 α 的值是 2.5%，5.86 对应的 α 的值是多少呢？"$t=5.86$"的确切概率，称为 P 值，即一个虚拟假设可能被拒绝的最低的显著性水平。由于 5.86 在 2.306 的右边，所以，5.86 对应的 α 的值小于 2.5%。显然，$|t|$ 越大，其对应的概率（P 值）越小。

表 8-4　　　　　　　　消费函数的 t 检验结果

消费函数	Y	X	$\hat{\beta}_2$	$Se(\hat{\beta}_2)$	t	显著性	结论
城镇居民消费函数	城镇居民人均消费支出	城镇居民人均可支配收入	0.690	0.006	109.284	0.000	显著
农村居民消费函数	农村居民人均生活消费支出	农村居民人均纯收入	0.746	0.005	141.141	0.000	显著
城乡居民消费函数	城乡居民人均消费支出合计	城乡居民人均收入合计	0.703	0.005	137.434	0.000	显著

在表 8-4 中，应有"$t = \hat{\beta}_2 / Se(\hat{\beta}_2)$"。但可能是"四舍五入"的缘故，统计软件 SPSS 计算出来的结果有些出入。本书保留了 SPSS 的原始输出结果，没有重新计算，请读者注意。

8.6.2.3　F 检验

1）原理

根据恒等式：

$$\sum (Y_i - \bar{Y})^2 = \sum (Y_i - \hat{Y}_i)^2 + \sum (\hat{Y}_i - \bar{Y})^2$$

即：

$$\sum y_i^2 = \sum \hat{y}_i^2 + \sum \hat{u}_i^2 = \hat{\beta}_2^2 \sum x_i^2 + \sum \hat{\mu}_i^2$$

构造 F 统计量：

$$F = \frac{\hat{\beta}_2^2 \sum x_i^2}{\dfrac{\sum \hat{\mu}_i^2}{n-2}}$$

可以证明：$F \sim F(1, n-2)$。证明过程如下：

令：

$$Z_1 = \frac{(\hat{\beta}_2 - \beta_2)\sqrt{\sum x_i^2}}{\sigma} \sim N(0, 1)$$

$$Z_2 = \frac{(n-2)\hat{\sigma}^2}{\sigma^2} \sim \chi^2(n-2)$$

根据定理[①]：设 $X \sim N(0, 1)$，则 $X^2 \sim \chi^2(1)$，可以得到：

---

① 参见：定理 2.9。龚德恩. 经济数学基础（第三分册　概率统计）. 成都：四川人民出版社，2001：95.

$$Z_1^2 = \frac{(\hat{\beta}_2 - \beta_2)^2 \sum x_i^2}{\sigma^2} \sim \chi^2(1)$$

根据定理①:设随机变量 X 和 Y 相互独立,服从自由度相应为 n_1 和 n_2 的 χ^2 分布,即:$X \sim \chi^2(n_1), Y \sim \chi^2(n_2)$,则:

$$F = \frac{\dfrac{X}{n_1}}{\dfrac{Y}{n_2}} \sim F(n_1, n_2)$$

可以得到:

$$F = \frac{\dfrac{z_1^2}{1}}{\dfrac{z_2}{n-2}} \sim F(1, n-2) \tag{8-12}$$

将 Z_1 和 Z_2 带入式(8-12),整理得到:

$$F = \frac{(\hat{\beta}_2 - \beta_2)^2 \sum x_i^2}{\dfrac{\sum \hat{\mu}_i^2}{n-2}} \sim F(1, n-2)$$

在虚拟假设"$H_0: \beta_2 = 0$"下,

$$F = \frac{\hat{\beta}_2^2 \sum x_i^2}{\dfrac{\sum \hat{\mu}_i^2}{n-2}}$$

F 为检验虚拟假设"真实 β_2 为 0"提供了一个检验统计量。

2) 检验方法

第一种:计算出 F 值,然后在一定显著水平 α 下查出 F 的临界值,进行比较。具体做法与 t 检验相同。

$P\{F(n_1, n_2) > F_\alpha(n_1, n_2)\} = \alpha$,$F$ 分布的上侧分位数如图 8-6 所示。

第二种:查计算出来的 F 统计量的 P 值。

---

① 参见:定理 4.9。龚德恩. 经济数学基础(第三分册 概率统计). 成都:四川人民出版社,2001:165.

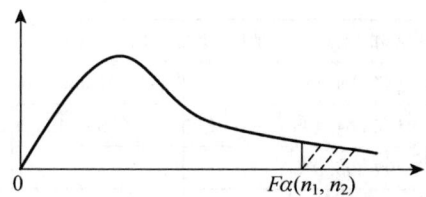

图 8-6　F 分布的上侧分位数

3）双变量回归模型的方差分析（analysis of variance，简记 ANOVA）

表 8-5　　　　　双变量回归模型的方差分析

变异来源	SS（平方和）	df（自由度）	MSS（均方和，SS/df）
源于回归（ESS）	$\sum \hat{y}_i^2 = \hat{\beta}_2^2 \sum x_i^2$	1	$\hat{\beta}_2^2 \sum x_i^2$
源于剩余（RSS）	$\sum \hat{\mu}_i^2$	$n-2$	$\dfrac{\sum \hat{\mu}_i^2}{n-2} = \hat{\sigma}^2$
总和（TSS）	$\sum y_i^2$	$n-1$	$\dfrac{\sum y_i^2}{n-1}$

根据表 8-5 中的均方和（MSS），可以计算出 F 值。即：

$$F = \dfrac{\hat{\beta}_2^2 \sum x_i^2}{\dfrac{\sum \hat{\mu}_i^2}{n-2}}$$

自由度即独立观测值的个数。TSS 有 $(n-1)$ 个自由度，是因为在计算样本平均值时，失去了 1 个自由度。在双变量情形下，ESS 有 1 个自由度，因为 $\hat{\beta}_2^2 \sum x_i^2$ 当 $\sum x_i^2$ 为已知时仅是 $\hat{\beta}_2$ 的函数。在双变量情形下，RSS 有 $(n-2)$ 个自由度。样本容量减去约束条件的个数就是自由度。一般的规律是：$df = n -$ 待估参数的个数。

利用表 8-1 中的数据计算得到的方差分析表，见表 8-6。

表 8-6　　　　　消费函数模型的方差分析表

回归模型	变异来源	平方和（元）	自由度（个）	均方和（元）	F 值	显著性	结论
城镇居民消费函数	源于回归	696 535 324.341	1	696 535 324.341	11 942.975	0.000	显著
	源于剩余	1 807 974.628	31	58 321.762			
	总和	698 343 298.970	32				

(续表)

回归模型	变异来源	平方和(元)	自由度(个)	均方和(元)	F 值	显著性	结论
农村居民消费函数	源于回归	75 187 389.110	1	75 187 389.110	19 920.695	0.000	显著
	源于剩余	117 004.405	31	3 774.336			
	总和	75 304 393.515	32				
城乡居民消费函数	源于回归	1 228 631 585.623	1	1 228 631 585.623	18 888.120	0.000	显著
	源于剩余	2 016 483.286	31	65 047.848			
	总和	1 230 648 068.909	32				

4) t 检验和 F 检验的关系

t 检验和 F 检验是检验虚拟假设"$\beta_2 = 0$"的两个互为补充的备选方法。t 和 F 两个统计量具有密切的关系,自由度为 k 的 t 值的平方等于一个分子自由度为1、分母自由度为 k 的 F 值,即:$F(1, k) = t_k^2$。

5) 三个或多个变量线性回归模型的总显著性检验:F 检验

给定 k 变量线性回归模型:

$$Y_i = \hat{\beta}_1 + \hat{\beta}_2 X_{2i} + \hat{\beta}_3 X_{3i} + \cdots + \hat{\beta}_k X_{ki} + \mu_i$$

检验假设 H_0:全部回归系数同时为零,即:

$$\hat{\beta}_2 = \hat{\beta}_3 = \cdots = \hat{\beta}_k = 0$$

在三变量情形下,

$$\sum y_i^2 = \hat{\beta}_2 \sum y_i x_{2i} + \hat{\beta}_3 \sum y_i x_{3i} + \sum \hat{\mu}_i^2 \qquad (8\text{-}13)$$

根据式(8-13),可以编制三变量回归的 ANOVA 表,见表 8-7。

表 8-7　　　　　　　　　三变量回归的 ANOVA 表

变异来源	SS(平方和)	df(自由度)	MSS(均方和,SS/df)
源于回归(ESS)	$\hat{\beta}_2 \sum y_i x_{2i} + \hat{\beta}_3 \sum y_i x_{3i}$	2	$\dfrac{\hat{\beta}_2 \sum y_i x_{2i} + \hat{\beta}_3 \sum y_i x_{3i}}{2}$
源于剩余(RSS)	$\sum \hat{\mu}_i^2$	$n-3$	$\dfrac{\sum \hat{\mu}_i^2}{n-3} = \hat{\sigma}^2$
总平方和(TSS)	$\sum y_i^2$	$n-1$	$\dfrac{\sum y_i^2}{n-1}$

可以证明,在 μ_i 的正态性假设下,以及在以下虚拟假设下:

$$\hat{\beta}_2 = \hat{\beta}_3 = 0 \qquad (8\text{-}14)$$

变量:

$$F = \frac{\dfrac{\hat{\beta}_2 \sum y_i x_{2i} + \hat{\beta}_3 \sum y_i x_{3i}}{2}}{\dfrac{\sum \hat{\mu}_i^2}{n-3}} \sim F(2, n-3)$$

F 值为式(8-14)提供了一种检验方法。当计算出来的 F 值大于一定显著性水平下的 F 分布表中的临界值时,就拒绝 H_0。

在 n 变量回归模型下,F 值的计算公式如下:

$$F = \frac{\dfrac{ESS}{k-1}}{\dfrac{RSS}{n-k}}$$

如果 $F > F_\alpha(k-1, n-k)$,则拒绝 H_0;否则,不拒绝它。其中,$F_\alpha(k-1, n-k)$ 是在 α 显著水平下,分子自由度为 $(k-1)$、分母自由度 $(n-k)$ 的 F 临界值。

8.6.2.4 统计检验结果的报告

上述经济含义检验、t 检验、F 检验的结果,可以集中在一起报告,见表 8-8。

表 8-8　　　　　　　　统计检验结果报告

模型	统计量	β_1	β_2	r^2	调整的 r^2	F 值	F 的显著性
城镇居民回归模型	系数	368.359	0.690	0.997	0.997	11 942.975	0.000
	标准误	59.208	0.006				
	t	6.221	109.284				
	显著性	0.000	0.000				
农村居民回归模型	系数	49.228	0.746	0.998	0.998	19 920.695	0.000
	标准误	15.776	0.005				
	t	3.120	141.141				
	显著性	0.004	0.000				
城乡居民回归模型	系数	424.332	0.703	0.998	0.998	18 888.120	0.000
	标准误	63.225	0.005				
	t	6.711	137.434				
	显著性	0.000	0.000				

8.6.3 计量经济学检验

8.6.3.1 经典线性回归模型：最小二乘法的基本假定

（1）线性回归模型。回归模型对参数是线性的，模型的一般形式如下：

$$Y_i = \beta_1 + \beta_2 X_i + \mu_i$$

（2）在重复抽样中 X 值是固定的，即 X 是非随机的。

（3）干扰项 μ_i 的均值为 0。即：

$$E(u_i/X_i) = 0$$

（4）同方差性（μ_i 的方差相等）。给定 X 值，对所有的观测，μ_i 的方差都是相同的。对于不同的 X 值，Y 总体都有同样的方差。

$$\text{var}(\mu_i/X_i) = \sigma^2$$

（5）各个干扰项之间无自相关或序列相关。给定任意两个 X 值：X_i 和 $X_j (i \neq j)$，μ_i 和 μ_j 之间的相关系数为 0。

（6）干扰项和解释变量不相关。X_i 和 μ_i 的协方差为 0，或 $E(\mu_i X_i) = 0$。

（7）观测次数 n 必须大于待估参数的个数。

（8）X 要有变异性。

（9）正确设定了回归模型。

（10）没有完全的多重共线性。解释变量之间没有完全的线性关系。

下面主要对异方差问题、自相关问题和多重共线性问题进行讨论。

8.6.3.2 异方差问题

1）异方差的性质

厂家有大、中、小之分，收入有高、中、低之分。不同厂家或不同收入的人们（即不同的 i）在薪酬、支出等（即 Y_i）的变异不一样。Y_i 的方差随 i 而变化，从而有异方差性。即：

$$E(\mu_i) = \sigma_i^2$$

异方差性在横截面数据中比在时间序列数据中更为常见。

2）出现异方差性时的 OLS 估计

在双变量模型中，β_2 的 OLS 估计量是：

$$\hat{\beta}_2 = \frac{\sum x_i y_i}{\sum x_i^2}$$

仍是线性和无偏的。但其方差现在是：

$$\mathrm{Var}(\hat{\beta}_2) = \frac{\sum x_i^2 \sigma_i^2}{\left(\sum x_i^2\right)^2}$$

这一方差不是最优的，即不再是最小方差。同时，根据这一方差确定的置信区间将是无谓地过大。其结果是，t 和 F 检验很可能给我们提供了不准确的结果。因为明显过大的这一方差会使本来显著的系数变成统计上不显著（因 t 值过小）。

3) 异方差的侦察

在经济研究中，对应于一个具体的 X 值，多数情况下都只有一个样本 Y 值。所以，没有任何方法能仅从一个 Y 观察值去获知 σ_i^2。所以，并不存在侦察异方差性的严明的法则，只有少数的经验法则。

大多数方法都是基于对我们所能观察到的 OLS 残差 $\hat{\mu}_i$ 的分析，而不是对干扰项 μ_i 的分析。寄希望于 $\hat{\mu}_i$ 是 μ_i 的良好估计。

第一种方法，非正式方法：图解法。

可先在无异方差性的假定下作回归分析，然后对残差 $\hat{\mu}_i$ 的平方作事后检查，看 Y 的估计均值是否与 $\hat{\mu}_i$ 的平方有任何系统联系。如果没有任何系统联系，表明也许没有异方差性。

在多变量情形下，可将 $\hat{\mu}_i$ 的平方相对于模型中的任一个 X 变量描点，看是否与 X 变量有线性关系。

第二种方法，正式方法：帕克(Park)检验。

帕克提出 σ_i^2 是解释变量 X_i 的某个函数，从而把图解法公式化。

$$\sigma_i^2 = \sigma^2 X_i^\beta e^{v_i}$$

或

$$\ln \sigma_i^2 = \ln \sigma^2 + \beta \ln X_i + v_i \tag{8-15}$$

在式(8-15)中，v_i 是随机干扰项。

由于 σ_i^2 通常是未知的，帕克建议用 $\hat{\mu}_i^2$ 作为替代变量，并作如下回归：

$$\ln \hat{\mu}_i^2 = \ln \sigma^2 + \beta \ln X_i + v_i$$
$$= \alpha + \beta \ln X_i + v_i$$

如果 β 表现为统计上显著,就表明数据中有异方差性;如果 β 不显著,则可以接受同方差性假设。

4) 补救措施

当 σ_i^2 为未知时,可采用怀特的经异方差性校正的方差和标准差。统计软件可直接给出,作回归时应予以报告。也就是同时报告 OLS 标准误和 t 值,以及怀特标准误和 t 值。

当 σ_i^2 为已知时,采用加权最小二乘法(GLS——广义最小二乘法)。

将双变量模型:

$$Y_i = \beta_1 + \beta_2 X_i + \mu_i$$

改写为:

$$Y_i = \beta_1 X_{0i} + \beta_2 X_i + \mu_i \tag{8-16}$$

在式(8-16)中,对于每个 i,$X_{0i} = 1$。

式(8-16)的两边除以 σ_i,得到:

$$\frac{Y_i}{\sigma_i} = \beta_1 \left(\frac{X_{0i}}{\sigma_i}\right) + \beta_2 \left(\frac{X_i}{\sigma_i}\right) + \frac{\mu_i}{\sigma_i} \tag{8-17}$$

式(8-17)可转换成:

$$Y_i^* = \beta_1^* X_{0i}^* + \beta_2^* X_i^* + \mu_i^* \tag{8-18}$$

可以证明:

$$Var(\mu_i^*) = E(\mu_i^*)^2 = E\left(\frac{\mu_i}{\sigma_i}\right)^2 = \frac{1}{\sigma_i^2} E(\mu_i^2) = \frac{1}{\sigma_i^2} \sigma_i^2 = 1$$

即转换模型[式(8-18)]的干扰项 μ_i^* 具有同方差性,所以,转换模型的参数 β_1^* 和 β_2^* 是最优线性无偏估计量(Best Linear Unbiasedness Estimator,BLUE)。

请注意:转换模型没有截距项,所以,有必要利用过原点回归模型去估计 β_1^* 和 β_2^*。过原点回归的 r^2 和带截距模型的 r^2 不可直接相比,报告的 r^2 应考虑有无截距项产生的差异。

在加权最小二乘法中,分配给每一个观察值的权数为 $1/\sigma_i^2$,与它的 σ_i^2

成反比。来自有较大的 σ_i^2 的总体观测值将得到较小的加权,而来自有较小的 σ_i^2 的总体观测值将得到较大的加权,从而可以更好地估计出总体回归函数(PRF)。

8.6.3.3 自相关问题

1) 自相关的定义

经典线性回归模型假定,后一次观测的干扰项都不受任何其他观测的干扰项的影响。比如,一个家庭收入的增加引起其支出的增加,但这种影响不会波及另一个家庭的消费支出;第一季度的产出受罢工的影响而下降,但这一影响不会持续到第二季度。

与上述假定相反,自相关(Autocorrelation)是按时间(如在时间序列数据中)或空间(如在截面数据中)排序的观测值序列成员之间的相关。即:$E(\mu_i \mu_j) \neq 0, i \neq j$。自相关又称为序列相关(Serial Correlation)。

此时,一个家庭消费支出增加,很可能使另一个家庭为了同邻居攀比也随之增大其消费支出;或者,由本季度罢工引起的生产下降会影响下季度的产出。

2) 自相关的影响

在自相关出现时,OLS 估计量仍是线性无偏的和一致性的,但不再是有效的,即不再有最小方差。

如果完全不顾自相关问题,继续使用 $\hat{\beta}_2$ 和 $\text{Var}(\hat{\beta}_2)$,那么,很可能低估真实的 σ^2,很可能高估 r^2,从而使通常的 t 和 F 显著性检验都变成无效。

所以,当自相关出现时,为了建立置信区间并检验假设,要用 GLS 而不用 OLS。

3) 侦察自相关:德宾(Durbin)-沃森(Watson)d 检验(D-W d 统计量)

$$d = \frac{\sum_{t=2}^{n} (\hat{\mu}_t - \hat{\mu}_{t-1})^2}{\sum_{t=2}^{n} \hat{\mu}_t^2} = \frac{\sum \hat{\mu}_t^2 + \sum \hat{\mu}_{t-1}^2 - 2\sum \hat{\mu}_t \hat{\mu}_{t-1}}{\sum \hat{\mu}_t^2}$$

要从 $\hat{\mu}_t$ 算出 d,而 $\hat{\mu}_t$ 又依赖于给定的诸 X。因此,没有唯一的临界值可以据以拒绝或接受虚拟假设:干扰项 $\hat{\mu}_t$ 中无一阶序列相关。

在德宾—沃森 d 统计量表中,可以查出下限 d_L 和上限 d_U,然后根据下述规则进行判断。

表 8-9　　　　　　　　　德宾-沃森 d 检验决策规则

虚拟假设	决　策	前提条件
无正自相关	拒绝	$0 < d < d_L$
无正自相关	无决定	$d_L \leqslant d \leqslant d_U$
无负自相关	拒绝	$4 - d_L < d < d_U$
无负自相关	无决定	$4 - d_L \leqslant d \leqslant 4 - d_U$
无自相关,正或负	不拒绝	$d_U < d < 4 - d_U$

对表 8-9 中的决策规则,作以下说明:

因为 $\sum \hat{\mu}_t^2$ 和 $\sum \hat{\mu}_{t-1}^2$ 只有一次观测之差,所以,可令:$\sum \hat{\mu}_t^2 = \sum \hat{\mu}_{t-1}^2$

那么,$d = 2\left[1 - \dfrac{\sum \hat{\mu}_t \hat{\mu}_{t-1}}{\sum \hat{\mu}_t^2}\right]$

现定义:$\hat{\rho} = \dfrac{\sum \hat{\mu}_t \hat{\mu}_{t-1}}{\sum \hat{\mu}_t^2}$

那么,$d = 2(1 - \hat{\rho})$

因为:$-1 \leqslant \hat{\rho} \leqslant 1$,所以:$0 \leqslant d \leqslant 4$

若 $\hat{\rho} = 0$,则 $d = 2$。也就是说,如果没有序列相关,则预期 d 约为 2。因此,作为一种经验法则,如果 $d = 2$,就表明没有一阶自相关。

若 $\hat{\rho} = 1$,表示有完全的正相关。此时,$d = 0$。因此,d 越接近于 0,正序列相关的迹象越明显。

若 $\hat{\rho} = -1$,表示有完全的负相关。此时,$d = 4$。因此,d 越接近于 4,负序列相关的迹象越明显。

4) 补救措施

第一,补救措施之一:在自相关结构已知的情况下(ρ 已知),采用广义差分回归法。

假定 μ_t 遵循一阶自回归(First-order Autoregressive),即:

$$\mu_t = \rho \mu_{t-1} + \xi_t \tag{8-19}$$

在式(8-19)中,$|\rho| = 1$,ξ_t 满足全部 OLS 假定。ρ 成为滞后一期的自相关系数(Coefficient of Autocorrelation of Lag 1)。

在时刻 t:

$$Y_t = \beta_1 + \beta_2 X_t + \mu_t \tag{8-20}$$

在时刻 $t-1$：

$$Y_{t-1} = \beta_1 + \beta_2 X_{t-1} + \mu_{t-1} \tag{8-21}$$

用 ρ 乘式(8-21)两边,得到：

$$\rho Y_{t-1} = \rho\beta_1 + \rho\beta_2 X_{t-1} + \rho\mu_{t-1} \tag{8-22}$$

用式(8-20)减去式(8-22),得到：

$$\begin{aligned} Y_t - \rho Y_{t-1} &= \beta_1(1-\rho) + \beta_2(X_t - \rho X_{t-1}) + (\mu_t - \rho\mu_{t-1}) \\ &= \beta_1(1-\rho) + \beta_2(X_t - \rho X_{t-1}) + \xi_t \end{aligned} \tag{8-23}$$

令：

$$Y_t^* = Y_t - \rho Y_{t-1},\ \beta_1^* = \beta_1(1-\rho),\ X_t^* = X_t - \rho X_{t-1}$$

则式(8-23)可以写成：

$$Y_t^* = \beta_1^* + \beta_2 X_t^* + \xi_t \tag{8-24}$$

由于 ξ_t 满足全部 OLS 假定,故可直接对式(8-24)中的转换变量 Y^* 和 X^* 应用最小二乘法(OLS),并可获得具有全部最优性质的估计量(BLUE)。

第二,补救措施之二：当 ρ 未知时,采用一次差分法。

第一种情况,当 $\rho = 1$ 时,式(8-23)变成：

$$Y_t - Y_{t-1} = \beta_2(X_t - X_{t-1}) + \xi_t \tag{8-25}$$

式(8-25)也可写成：

$$Y_t = \beta_2 X_t + \xi_t$$

即可构造因变量和自变量的一阶差分,然后用它们作为回归分析中的输入。应注意：没有截距项,须用过原点回归。

第二种情况,当 $\rho = -1$ 时,式(8-23)变成：

$$Y_t + Y_{t-1} = 2\beta_1 + \beta_2(X_t + X_{t-1}) + \xi_t$$

即：

$$\frac{Y_t + Y_{t-1}}{2} = \beta_1 + \beta_2 \frac{X_t + X_{t-1}}{2} + \frac{\xi_t}{2} \tag{8-26}$$

式(8-26)称为移动平均回归(Moving Average Regression)模型,用一个移动平均对另一个移动平均进行回归。

8.6.3.4 多重共线性问题

1) 多重共线性的性质

多重共线性(Multicollinearity)包括以下两种情形:

第一,完全多重共线性。回归模型的解释变量之间存在一种完全或准确的线性关系。即:

$$\lambda_1 X_1 + \lambda_2 X_2 + \lambda_3 X_3 + \cdots + \lambda_k X_k = 0 \quad (8-27)$$

在式(8-27)中,λ_1,λ_2,…,λ_k 为常数,但不同时为零。

第二,欠完全多重共线性。回归模型的解释变量之间有交互相关,但又非完全相关。即:

$$\lambda_1 X_1 + \lambda_2 X_2 + \lambda_3 X_3 + \cdots + \lambda_k X_k + V_i = 0 \quad (8-28)$$

在式(8-28)中,V_i 为随机误差项。

2) 出现完全多重共线性时的估计问题

第一,在完全多重共线性下,回归系数是不确定的,无法得到个别回归系数的唯一解。例如,

$$Y_i = \hat{\beta}_1 + \hat{\beta}_2 X_{2i} + \hat{\beta}_3 X_{3i} + \hat{\mu}_i \quad (8-29)$$

在式(8-29)中,回归系数 $\hat{\beta}_2$ 的意义是:在保持 X_3 不变的情形下,当 X_2 每改变一单位,Y 的平均值的变化率。但如果 X_3 和 X_2 是完全共线性的,$X_{3i} = \lambda X_{2i}$,就没有任何方法能保持 X_3 不变,就没有任何方法能把 X_2 和 X_3 的各自影响分解开来。

第二,在完全多重共线性下,回归系数的个别方差和标准差都是无穷大。这一点,从下面回归系数方差的表达式中很容易看出。

$$\mathrm{Var}(\hat{\beta}_2) = \frac{\sigma^2}{\sum x_{2i}^2 (1 - r_{23}^2)}$$

$$\mathrm{Var}(\hat{\beta}_3) = \frac{\sigma^2}{\sum x_{3i}^2 (1 - r_{23}^2)}$$

3) 高度多重共线性的后果

第一,虽然 OLS 估计量是 BLUE,但有大的方差和协方差,故难以作出准确的估计。

第二,置信区间将要宽得多,以致接受"零虚拟假设"(即真实总体系数为零的假设)更为容易。

第三,一个或多个系数的 t 比率倾向于统计上不显著,但总的拟合优度 R^2 可能非常之高。这是多重共线性的一个信号——不显著的 t 比率却伴有一个高的 R^2,因而有一个显著的 F 值。

第四,OLS 估计量及其标准误对数据的很小变化也会是敏感的。

4) 多重共线性的侦察:一些经验规则

第一,方差膨胀因子(Variance Inflating Factor,VIF)。

方差膨胀因子的定义是:

$$VIF = \frac{1}{1-r_{23}^2}$$

所以,

$$\text{Var}(\hat{\beta}_2) = \frac{\sigma^2}{\sum x_{2i}^2(1-r_{23}^2)} = \frac{\sigma^2}{\sum x_{2i}^2}VIF$$

显然,$\hat{\beta}_2$ 的方差与 VIF 成正比。随着相关系数 r_{23} 趋于 1,即随着共线性增加,估计量的方差也在增加。当 $r_{23}=1$ 时,方差趋于无穷大。所以,VIF 越大,变量的共线性越大。

作为一种经验规则,如果一个变量的 VIF 超过 $10(r^2$ 超过 0.9),那么,该变量是高度共线的。

第二,多重共线性的经典征兆:R^2 值高而显著的 t 比率少。

如果 R^2 值高,比方说,超过 0.8,在大多数情形下,F 检验都会拒绝所有偏斜率系数同时为 0;而显著的 t 比率少表明,没有或很少偏斜率系数在统计上异于 0。这是矛盾的。

第三,一个经验规则:如果两个解释变量的零阶相关系数高,比如超过 0.8,则多重共线性问题是严重的。

应注意:多重共线性是一个程度问题,而不是有无问题。多重共线性是对非随机的解释变量的情况而言的,是一种样本而非总体特征。所以,不做多重共线性检验,可以测度它在任一具体样本中表现的程度。但没有度量多重共线性的唯一方法,只有一些经验规则。

5) 多重共线性的补救措施

第一,横截面数据和时间序列数据并用。但这会引起解释方面的问题,因为无形地假定了横截面估计和时间序列估计是一致的。

第二,剔除共线性诸变量之一。但这会导致模型的设定偏误。

第三,增大样本容量,补充新数据。问题是,补充新数据要花费时间和金钱,而且新数据的产生过程可能与原数据的产生过程不一致。

应注意避免医治比疾病更糟糕。来自于非实验数据的许多解释变量本身就是高度共线性的,这就是生活。所以,有时我们不得不接受这样的事实,即这些非实验数据不能为我们感兴趣的参数提供多少信息。

8.7 预报或预测

根据表 8-1 数据的回归分析结果,可以得到以下三个消费函数。

城镇居民消费函数为:

$$\hat{Y}_i = 368.359 + 0.69 X_i$$

农村居民消费函数为:

$$\hat{Y}_i = 49.228 + 0.746 X_i$$

城乡居民消费函数为:

$$\hat{Y}_i = 424.332 + 0.703 X_i$$

根据上述消费函数,对于给定的收入水平 X,可预测未来的消费支出 Y(均值预测)。

第 9 章

实证会计研究入门向导

学习实证会计的"秘诀"是在干中学,边学边干,边干边学。由简单到复杂,先入门后精通。没有入门之前,有些人认为实证研究方法高深莫测,甚至有点望而生畏,不愿涉足。实际上,实证会计入门是很容易的。本章以"会计信息的价值相关性实证研究"为例,对实证会计研究的基本程序、基本方法,以及注意事项进行说明,为实证会计的初学者提供一个入门向导。作为一个入门向导,重在简单和实用,便于理解和运用,而不追求"高大上"。

9.1 现象与问题

通过对现象的观察,发现问题。可以深入企业或现场直接对现象进行观察,也可以通过企业提供的财务报告,或者电视、报纸、杂志、网络等媒体的报道进行间接的观察。如果观察到的现象不合常理,理论无法解释,就是问题,就有必要进行深入研究。

例如,在完善市场条件下,由于可以随时筹集到所需要的资金,企业没有必要持有现金。因为持有现金会增加管理费用,会失去投资收益,可能被盗窃或滥用,从而给企业造成损失,影响企业的盈利能力。但在每一家企业的资产负债表中,"货币资金"都会有余额,即都会持有现金。而且,1999—2013 年,中国 A 股上市公司"年末货币资金余额/年末资产总额"平均约为 15%,远高于英国、美国等发达市场经济国家上市公司现金持有量占资产总额的比例 8%。2004—2012 年货币资金占资产总额的比例("货币资金/资产总额"),贵州茅台平均约为 49%,苏宁云商平均约为 40%。为什么如此多的资产以货币资金形态存在?主流的公司财务理论难以作出合理的解释。这就给我们提出了一个研究课题。

又如,在有效率的股票市场中,盈利能力决定公司价值,股票价格是盈利能力的函数。盈利能力强的公司,股票价格上升;盈利能力弱的公司,股票价格下降。这也符合常理,因为股票投资的目的就是获利。但通过对中国股市价格的观察可以发现,有的公司盈利能力较强,每股收益较大,但股票价格反而下跌;有的公司盈利能力很弱,每股收益很小,但股票价格反而上涨。这种不符合常理、也不符合有效市场理论的异象,就是问题。比如,中国股票市场是否有效?为什么股票价格不随盈利的增加而上升?投资者是偏好股利还是股票买卖的价差?盈利有多少作为股利分配给了股东?哪些会计数据对股票价格有直接影响?……都是与这一异象有关的问题。对异象的深入研究,是发展理论的一条重要途径。

为什么要对会计信息的价值相关性进行实证研究?"会计信息的价值相关性"是指会计信息与公司价值相关,会计信息影响股票价格。财务会计是一个信息系统,财务会计的目标是为会计信息的使用者提供决策有用信息。投资者(股东)是会计信息的主要使用者,股东需要会计信息,以便作出正确的投资决策,获得预期的投资收益。股票价格的变化,对投资收益具有直接影响。所以,有用的会计信息应该与股票价格具有相关性。但是否相关?以及具有怎样的相关关系?都需要实证检验。

此外,会计信息价值相关性的实证检验,对于资本市场是否有效、激励机制和业绩评价的设计、会计准则的制订、会计信息披露等理论和实际问题,都具有指导意义。

9.2 理论假说

假说是对发现问题的一种尝试性的解释,有待检验和证实。从本质上讲,一切理论都是一种假说,都是真实性与虚假性的统一,都需要不断地进行检验。假说是有待检验的理论,理论是经过检验的假说。

理论假说的提出,必须有理论依据,必须是一个可以检验的命题。其基本要求是:第一,依据已有的理论或已经发现的经验证据,或者自己进行一种演绎推理;第二,清楚地陈述变量之间的相关关系;第三,变量可以度量,数据可以取得。

例如,对于企业现金持有行为,可以依据凯恩斯(John Maynard Keynes)的流动性偏好理论、梅耶斯和迈基里夫(Stewart C. Myers and Nicholas S. Majiuf)的优序融资理论、詹森和麦克林(Michael C. Jensen and William H. Meckling)的代理理论等进行解释。这些理论都倾向于认为不确定性对现金持有量具有直接影响,不确定性程度越大,持有的现金越多。因此,可以提出理论假说:经营活动的不确定性与现金持有量显著正相关,财务活动的不确定性与现金持有量显著正相关。为了提高理论假说的可信性,也可以同时提供一些已经发现的经验证据。

归纳法和演绎法都是提出理论假说的基本逻辑方法,通过演绎推理提出理论假说也未尝不可。理论假说也可以是一种顿悟,一种奇思妙想,也可以源自直觉或灵感。牛顿看到苹果落地后的顿悟,导致了万有引力定律的发现。凯恩斯提出的边际消费倾向递减规律、资本的边际效率递减规律和流动性偏好理论,被称为"心理定律",是基于一种心理动机和业务动机。

也可以先建立理论模型,然后根据理论模型推导出理论假说。这要求研究者具有较强的建模能力,对于初学者有一定的难度,是学习实证会计的一个努力方向。

对于"会计信息的价值相关性实证研究",提出以下理论假说:会计信息与股票价格显著正相关。

会计信息包括资产负债表信息、利润表信息和现金流量表信息,可以用每股净资产代表资产负债表信息,用每股收益代表利润表信息,用每股现金净流量代表现金流量表信息。所以,把上述理论假说具体化为 3 个假说。

假说 1(H_1):每股收益与股票价格显著正相关。

假说 2(H_2):每股净资产与股票价格显著正相关。

假说 3(H_3):每股现金净流量与股票价格显著正相关。

9.3 计量经济学模型

计量经济学模型的设计应遵循"从一般到简单"的原则,模型中应包含对被解释变量产生影响的所有变量,不能省略显著的变量。如果模型中省略了显著的自变量,被省略的自变量对因变量的影响就包括在随机干扰项,从而破坏了"干扰项和解释变量不相关"(经典线性回归模型基本假定之六)的基本假定,会对估计的有效性和推断的准确性产生影响。[①]

设计计量经济学模型的主要工作有:选择变量;确定变量之间的数学关系;拟定模型中待估参数的数值范围。下面分别进行说明。

[①] 李子奈和潘文卿对计量经济学模型的设定问题展开了全面深入的探讨,值得一读。见:李子奈,潘文卿. 计量经济学(第三版). 北京:高等教育出版社,2015:305-350.

9.3.1 选择模型中的变量

在理论上,模型中的变量可以分为因变量和自变量。因变量是被解释变量,自变量是解释变量。比如,在凯恩斯消费函数中,消费支出是因变量,收入是自变量。即收入的变化引起消费支出的变化,"收入的变化"是原因,"消费支出的变化"是结果。因变量和自变量的确定,建立在因果关系的基础上。

在实际应用中,很多回归模型加入了控制变量。比如,在以"公司绩效"为因变量的回归模型中,加入"公司规模""年份""行业"等控制变量,因为这些变量也是导致公司绩效差异的因素。控制变量以外的其他自变量,称为"解释变量",是研究人员重点关注的影响因素。所以,在这种回归模型中,变量包括被解释变量、解释变量和控制变量。解释变量是研究的重点,而控制变量与特定的研究目标无关,但也是一种影响因素,也会影响研究结果,所以需要加入模型中去。实际上,控制变量也是自变量。在统计软件中,控制变量与解释变量的处理方法是一样的。

解释变量和控制变量的选择,应注意以下问题:①正确理解和把握经济现象中隐含的经济理论,根据理论发展的需要进行选择。②要易于计量,要有可靠的数据来源。③变量之间相互独立,这是"解释变量之间没有完全的线性关系"(经典线性回归模型基本假定之十)的技术要求。如果发现解释变量之间具有较强的相关关系,比如相关系数大于 0.8,应予剔除。

9.3.2 确定模型的数学形式

确定模型数学形式的主要依据是经济理论。既要能较好地解释经济行为,又要能够依据过去的数据,较好地反映模型中各变量之间的关系。

可以根据因变量和自变量样本数据,绘制散点图,将散点图中反映出来的函数关系作为模型的数学形式,也可以用各种可能的模型形式进行模拟,选择一种模拟结果较好的模型形式。

回归模型数学形式的确定,贯穿于实证研究的全过程,需要反复修正或优化。

9.3.3 拟定模型中待估参数的数值范围

在设定模型的数学形式之后,要依据经济含义,拟定模型中待估参数的数值范围,以便对模型的估计结果进行检验。比如,在凯恩斯的消费函数"$Y = \beta_1 + \beta_2 X$"中,$\beta_1 > 0, 0 < \beta_2 < 1$。

对于"会计信息的价值相关性实证研究",为了检验9.2提出的3个理论假设,设定以下回归模型:

$$PRICE_{i,t} = \beta_0 + \beta_1 EPS_{i,t} + \beta_2 NA_{i,t} + \beta_3 NCF_{i,t} + \beta_4 \sum YEAR$$
$$+ \beta_5 \sum INDUSTRY + \mu_{i,t} \tag{9-1}$$

在式(9-1)中,$PRICE_{i,t}$ 表示公司 i 第 t 年的股票价格;$EPS_{i,t}$ 表示公司 i 第 t 年的每股收益;$NA_{i,t}$ 表示公司 i 第 t 年的每股净资产;$NCF_{i,t}$ 表示公司 i 第 t 年的每股现金净流量;$\sum year$ 表示年度控制变量;$\sum industry$ 表示行业控制变量;β_0 表示截距项;β_1、β_2、β_3、β_4 和 β_5 表示回归系数。

根据9.2的3个理论假设,β_1、β_2 和 β_3 都应大于0。

模型9-1变量的名称、代码与计算方法,见表9-1。

表9-1 模型9-1变量的名称、代码与计算方法

变量类型和名称		变量代码	预期符号	计算方法
被解释变量	股票价格	PRICE		每股净资产×市净率
解释变量	每股收益	EPS	+	净利润/最新股本
	每股净资产	NA	+	期末所有者权益/期末实收资本
	每股现金净流量	NCF	+	现金及现金等价物净增加额/最新股本
控制变量	年份	year		
	行业	industry		

9.4 样本数据

常用的样本数据有时间序列数据(Time-series data)、截面数据(Cross-sectional data)和混合数据(Panel data)。时间序列数据是按时间先后顺序排列的数据,是一个变量在不同时期或时点上的一组观测结果。比如,某家公司1993—2015年每年的利润总额。截面数据是在同一时间截面上的数据,比如,100家公司2015年的利润总额、100家公司2015年12月31日的资产总额等。混合数据由时间序列数据和截面数据混合而成。比如,100家公司1993—2015年每年的利润总额。混合数据又称为面板数据、平行数据或TS-CS数据(Time Series-Cross Section)。在会计实证研究中,

通常采用的上市公司数据都是面板数据,可以从国泰安数据库(CSMAR)、锐思数据库(RESSET)等数据库中下载。

对于"会计信息的价值相关性实证研究",采用面板数据,包括上证A股2013—2015年电子和电力两个行业上市公司的年度数据,用电子行业代表竞争性行业,用电力行业代表垄断性行业。只选择"上证A股"可以避免股票市场因素的影响,同时选择电子和电力两个行业可以考察行业之间的差异。

样本数据的搜集和处理过程如下:①进入国泰安数据库,在"上市公司研究系列"中选择"中国上市公司财务指标分析数据库"。从"每股指标"中选择"每股收益""每股净资产""每股现金净流量",从"相对价值指标"中选择"市净率"。②点击"代码选择""组合选择"。在"股票市场分类"中选择"上证A股",在"ST或非ST"中选择"非ST";在"证监会行业分类"中选择"制造业",再从中选择"电子",得到电子行业的41家公司。同时,在"证监会行业分类"中选择"电力、煤气及水的生产和供应业",再从中选择"电力、蒸汽、热水的生产和供应业"(简称"电力"),得到电力行业的39家公司。③在"时间设置"的"绝对时间"中,"开始时间"选择"2013年12月31日","结束时间"选择"2015年12月31日"。④在"条件设置"中,"报表类型编码"="A",即合并报表;"截止日期"包含"12-31",即年报数据。⑤下载并保存数据到EXCEL。⑥依据"股票代码"和"截止日期",在EXCEL中把分别从"每股指标"和"相对价值指标"中下载的数据对齐,把不匹配的数据删去。⑦根据"股票价格=每股净资产×市净率",计算得到"股票价格"。⑧把"截止日期"和"行业代码"改成数值,以便用统计软件进行处理。⑨利用STATA 13.0对数据进行5%的Winsor处理。原始数据均保留两位小数。

电子和电力两个行业的样本数据,分别见表9-2和表9-3。

表 9-2　　　　　　　　　电子行业样本数据

股票代码	截止日期	行业代码	每股收益	每股净资产	每股现金净流量	每股市价(元)
600060	2013-12-31	C39	1.24	7.77	1.03	11.54
600060	2014-12-31	C39	1.10	8.50	0.06	11.43
600060	2015-12-31	C39	1.17	9.34	0.21	19.67
600074	2014-12-31	C29	0.03	0.83	0.00	5.83
600074	2015-12-31	C39	0.16	0.63	0.27	16.47
600083	2013-12-31	C39	0.03	0.14	0.05	7.02

(续表)

股票代码	截止日期	行业代码	每股收益	每股净资产	每股现金净流量	每股市价(元)
600083	2014-12-31	C39	0.04	0.20	0.29	10.61
600083	2015-12-31	C39	0.07	0.27	−0.35	22.64
600151	2013-12-31	C39	0.15	3.04	−0.11	8.56
600151	2014-12-31	C39	0.04	3.03	−0.09	9.39
600151	2015-12-31	C39	0.14	3.35	−0.09	12.36
600171	2013-12-31	C39	0.06	2.66	0.01	9.03
600171	2014-12-31	C39	0.06	2.45	−0.21	10.57
600171	2015-12-31	C39	0.08	2.75	1.24	21.19
600183	2013-12-31	C39	0.39	3.20	0.38	4.94
600183	2014-12-31	C39	0.37	3.17	−0.51	7.98
600183	2015-12-31	C39	0.38	3.34	0.19	9.89
600237	2013-12-31	C39	0.03	2.76	0.48	5.20
600237	2014-12-31	C39	−0.15	2.64	−0.23	6.37
600330	2013-12-31	C39	0.02	1.99	0.01	8.69
600330	2014-12-31	C39	0.02	2.35	0.06	9.28
600330	2015-12-31	C39	0.09	4.23	0.97	14.69
600353	2013-12-31	C39	0.32	3.54	0.20	6.67
600353	2014-12-31	C39	0.24	3.68	−0.51	8.36
600353	2015-12-31	C39	0.13	2.12	0.43	9.89
600355	2013-12-31	C39	−0.23	1.67	0.10	5.33
600355	2014-12-31	C39	0.02	1.70	−0.13	6.72
600355	2015-12-31	C39	−0.18	0.81	0.07	8.08
600360	2013-12-31	C39	0.05	2.64	0.35	3.98
600360	2014-12-31	C39	0.04	2.65	0.01	5.00
600360	2015-12-31	C39	0.05	2.69	0.25	9.73
600363	2013-12-31	C39	0.35	4.23	−0.34	7.67
600363	2014-12-31	C39	0.33	4.47	0.18	9.54
600363	2015-12-31	C39	0.34	4.78	0.08	20.45
600366	2013-12-31	C39	0.72	5.99	−0.88	13.76
600366	2014-12-31	C39	0.43	6.22	−1.46	16.15
600366	2015-12-31	C39	0.66	6.51	0.20	21.84
600401	2013-12-31	C39	−0.28	2.54	−0.44	7.84

（续表）

股票代码	截止日期	行业代码	每股收益	每股净资产	每股现金净流量	每股市价(元)
600401	2014-12-31	C39	−0.59	3.07	0.20	6.91
600401	2015-12-31	C39	0.02	1.04	−0.06	3.00
600405	2013-12-31	C39	0.11	2.53	0.49	9.45
600405	2014-12-31	C39	0.11	1.76	−0.23	9.78
600405	2015-12-31	C39	0.11	1.83	0.01	16.74
600435	2013-12-31	C39	0.08	3.31	0.09	13.18
600435	2014-12-31	C39	0.15	3.26	0.22	24.47
600435	2015-12-31	C39	0.14	3.42	0.12	28.70
600460	2013-12-31	C39	0.12	2.37	0.23	6.00
600460	2014-12-31	C39	0.13	1.94	−0.15	5.71
600460	2015-12-31	C39	0.03	1.94	−0.01	8.85
600462	2013-12-31	C22	0.01	0.60	−0.30	5.02
600462	2014-12-31	C22	0.00	0.60	−0.05	6.26
600525	2013-12-31	C39	0.36	3.11	0.14	8.85
600525	2014-12-31	C39	0.45	3.50	−0.03	11.49
600525	2015-12-31	C39	0.47	5.14	0.47	18.83
600552	2013-12-31	C30	0.61	6.81	2.74	18.84
600552	2015-12-31	C30	0.32	6.17	0.44	22.63
600562	2013-12-31	C39	0.72	6.03	1.09	45.09
600562	2014-12-31	C39	0.57	3.43	−0.15	49.86
600562	2015-12-31	C39	0.73	3.99	0.10	62.19
600563	2013-12-31	C39	1.34	7.34	0.45	22.71
600563	2014-12-31	C39	1.44	8.02	−1.50	28.82
600563	2015-12-31	C39	1.52	8.79	0.03	41.61
600584	2013-12-31	C39	0.06	3.09	0.05	6.40
600602	2013-12-31	C39	0.10	2.16	0.03	5.65
600602	2014-12-31	C39	0.11	2.40	0.51	6.97
600602	2015-12-31	C39	0.17	2.70	0.08	12.79
600667	2013-12-31	C39	0.10	1.82	0.38	3.44
600667	2014-12-31	C39	0.09	1.83	0.08	5.27
600667	2015-12-31	C39	0.12	1.93	0.26	11.15
600703	2013-12-31	C39	0.71	4.85	−0.49	24.79

（续表）

股票代码	截止日期	行业代码	每股收益	每股净资产	每股现金净流量	每股市价(元)
600703	2014-12-31	C39	0.63	4.79	1.12	14.22
600703	2015-12-31	C39	0.69	6.27	0.68	24.28
600707	2013-12-31	C39	0.03	2.66	−0.26	8.24
600707	2014-12-31	C39	−1.55	2.14	−0.80	8.31
600707	2015-12-31	C39	0.06	2.34	0.31	10.84
600800	2013-12-31	C39	−0.06	0.10	0.07	5.47
600800	2014-12-31	C39	0.03	0.14	−0.03	6.19
600800	2015-12-31	C39	−0.04	0.10	0.06	11.39
600839	2013-12-31	C39	0.16	4.22	0.05	3.04
600839	2014-12-31	C39	0.06	4.21	0.49	4.66
600839	2015-12-31	C39	−0.37	3.86	−0.53	5.79
600870	2013-12-31	C39	−0.66	0.38	−0.07	4.92
600870	2014-12-31	C39	−0.44	0.01	−0.11	7.46
600870	2015-12-31	C39	0.03	0.04	0.04	8.61
600888	2013-12-31	C39	0.14	5.82	0.08	5.92
600888	2014-12-31	C39	−0.83	4.99	1.46	7.98
600888	2015-12-31	C39	0.04	5.08	−0.19	8.79
600980	2013-12-31	C39	0.10	2.08	0.05	11.26
600980	2014-12-31	C39	−0.22	1.73	0.13	14.60
600980	2015-12-31	C39	0.25	3.16	0.77	23.89
601231	2013-12-31	C39	0.56	3.76	1.12	21.05
601231	2014-12-31	C39	0.64	5.81	1.81	30.03
601231	2015-12-31	C39	0.32	3.13	−0.07	14.46
603005	2014-12-31	C39	0.87	6.94	2.38	42.10
603005	2015-12-31	C39	0.50	7.27	−1.56	50.30
603023	2015-12-31	C39	0.67	3.81	1.29	51.29
603025	2015-12-31	C39	0.41	3.30	0.05	40.91
603118	2015-12-31	C39	0.82	7.53	1.15	47.05
603328	2014-12-31	C39	0.74	8.12	3.06	23.29
603328	2015-12-31	C39	0.96	8.90	0.95	29.51
603678	2015-12-31	C39	0.92	6.83	0.61	85.79
603936	2015-12-31	C39	0.36	5.31	0.99	51.28
603989	2015-12-31	C39	0.76	5.89	0.01	35.69

表 9-3　　　　　　　　　电力行业样本数据

股票代码	截止日期	行业代码	每股收益	每股净资产	每股现金净流量	股票价格(元)
600011	2013-12-31	D44	0.93	5.27	−0.08	5.06
600011	2014-12-31	D44	0.93	5.78	0.20	8.83
600011	2015-12-31	D44	1.15	6.31	−0.36	8.73
600021	2013-12-31	D44	0.81	5.37	−0.12	4.64
600021	2014-12-31	D44	0.91	6.70	0.45	7.81
600021	2015-12-31	D44	1.04	7.36	0.75	14.72
600023	2013-12-31	D44	0.85	4.77	0.29	6.76
600023	2014-12-31	D44	0.60	4.32	0.37	7.17
600023	2015-12-31	D44	0.62	4.70	−0.15	7.49
600027	2013-12-31	D44	0.77	4.55	−0.02	3.02
600027	2014-12-31	D44	0.85	4.88	0.26	7.00
600027	2015-12-31	D44	1.06	5.67	0.35	6.80
600098	2013-12-31	D44	0.54	6.11	−0.07	5.38
600098	2014-12-31	D44	0.63	6.37	−0.19	8.76
600098	2015-12-31	D44	0.67	6.74	0.16	12.63
600101	2013-12-31	D44	0.46	5.45	0.30	8.69
600101	2014-12-31	D44	0.25	5.67	−0.11	9.41
600101	2015-12-31	D44	0.25	5.91	−0.11	14.31
600116	2013-12-31	D44	0.35	4.41	0.86	10.32
600116	2014-12-31	D44	0.47	4.52	−0.47	14.46
600116	2015-12-31	D44	0.55	6.87	0.70	21.70
600131	2013-12-31	D44	−0.33	1.29	−0.01	4.07
600131	2014-12-31	D44	0.30	1.59	−0.01	6.62
600131	2015-12-31	D44	0.25	1.79	−0.02	9.88
600163	2013-12-31	C22	−1.07	0.92	−0.51	3.66
600163	2014-12-31	C22	−0.78	0.15	0.03	5.21
600163	2015-12-31	C22	0.03	1.55	0.12	7.32
600167	2013-12-31	D44	0.66	4.12	1.90	10.17
600167	2014-12-31	D44	0.77	4.70	1.05	13.11
600167	2015-12-31	D44	0.84	5.53	−3.05	20.11

(续表)

股票代码	截止日期	行业代码	每股收益	每股净资产	每股现金净流量	股票价格(元)
600236	2013-12-31	D44	0.15	2.23	0.01	3.13
600236	2014-12-31	D44	0.42	2.55	0.29	4.70
600236	2015-12-31	D44	0.66	2.42	0.28	7.48
600310	2013-12-31	D44	0.25	13.34	0.29	11.09
600310	2014-12-31	D44	−0.02	15.04	2.17	17.65
600310	2015-12-31	D44	0.48	3.67	−0.03	9.50
600396	2013-12-31	D44	1.12	6.57	0.09	7.34
600396	2014-12-31	D44	0.53	3.42	0.01	6.71
600396	2015-12-31	D44	0.34	3.01	0.09	7.06
600452	2013-12-31	D44	0.34	2.68	−0.29	7.94
600452	2014-12-31	D44	0.45	3.28	0.72	15.95
600452	2015-12-31	D44	1.16	4.34	2.18	32.89
600483	2013-12-31	C17	0.08	2.66	−0.05	6.52
600483	2014-12-31	D44	0.23	1.75	0.09	9.41
600483	2015-12-31	D44	0.32	2.00	0.01	17.19
600505	2013-12-31	D44	0.18	2.66	−0.17	9.19
600505	2014-12-31	D44	0.16	2.79	−0.15	10.37
600505	2015-12-31	D44	0.17	3.07	−0.05	10.97
600509	2013-12-31	D44	0.31	4.92	−0.65	8.81
600509	2014-12-31	D44	0.40	5.01	0.03	9.87
600509	2015-12-31	D44	0.35	5.22	−0.11	9.81
600578	2013-12-31	D44	0.62	3.57	0.26	3.63
600578	2014-12-31	D44	0.69	3.89	0.25	6.32
600642	2013-12-31	D45	0.73	6.05	0.10	4.55
600642	2014-12-31	D45	0.60	6.57	0.00	6.46
600642	2015-12-31	D45	0.58	6.78	0.05	7.55
600644	2013-12-31	D44	−2.01	0.98	−0.04	8.07
600644	2014-12-31	D44	−3.41	1.83	1.40	9.44
600644	2015-12-31	D44	0.24	2.06	−1.34	9.12
600674	2013-12-31	D44	0.69	5.26	0.04	11.16

（续表）

股票代码	截止日期	行业代码	每股收益	每股净资产	每股现金净流量	股票价格(元)
600674	2014-12-31	D44	1.60	7.00	0.11	20.73
600674	2015-12-31	D44	0.89	4.22	−0.11	10.76
600719	2013-12-31	D44	0.02	3.55	0.38	7.61
600719	2014-12-31	D44	0.05	3.59	−0.08	8.65
600719	2015-12-31	D44	0.03	1.78	0.11	7.91
600726	2013-12-31	D44	0.03	1.82	0.03	2.45
600726	2014-12-31	D44	0.08	1.93	−0.74	4.53
600726	2015-12-31	D44	0.01	1.95	0.27	6.97
600744	2013-12-31	D44	0.01	2.76	0.12	3.32
600744	2014-12-31	D44	−0.30	1.98	−0.01	4.61
600744	2015-12-31	D44	0.21	2.19	0.01	8.54
600758	2013-12-31	D44	0.08	1.61	−0.32	6.74
600758	2014-12-31	D44	0.06	1.64	0.06	8.32
600758	2015-12-31	D44	−0.35	3.70	1.50	12.99
600780	2013-12-31	D44	0.33	3.40	0.06	5.12
600780	2014-12-31	D44	0.50	3.84	0.08	6.74
600780	2015-12-31	D44	0.31	4.04	0.36	7.09
600795	2013-12-31	D44	0.53	3.41	−0.19	2.35
600795	2014-12-31	D44	0.48	3.49	−0.02	4.63
600795	2015-12-31	D44	0.36	3.54	0.06	3.93
600863	2013-12-31	D44	0.51	3.58	−0.04	3.41
600863	2014-12-31	D44	0.36	2.47	−0.01	4.56
600863	2015-12-31	D44	0.21	2.36	−0.01	4.47
600864	2013-12-31	D44	0.62	5.75	−0.09	9.92
600864	2014-12-31	D44	0.56	8.75	0.40	14.85
600868	2013-12-31	D44	0.01	1.20	0.02	2.36
600868	2014-12-31	D44	−0.03	1.14	−0.02	3.68
600868	2015-12-31	D44	0.01	1.14	0.01	6.24
600886	2013-12-31	D44	0.87	4.97	−0.32	3.93
600886	2014-12-31	D44	1.50	6.29	0.50	11.44

(续表)

股票代码	截止日期	行业代码	每股收益	每股净资产	每股现金净流量	股票价格(元)
600886	2015-12-31	D44	1.49	7.57	−0.18	8.35
600900	2013-12-31	D44	0.55	4.74	0.04	6.32
600900	2014-12-31	D44	0.72	5.22	0.05	10.67
600900	2015-12-31	D44	0.70	5.54	0.04	13.56
600969	2013-12-31	D44	0.79	8.61	0.94	12.25
600969	2014-12-31	D44	0.77	10.56	1.58	17.13
600969	2015-12-31	D44	0.64	12.90	6.45	18.93
600979	2013-12-31	D44	0.10	2.51	−0.02	4.93
600979	2014-12-31	D44	−0.28	2.70	−0.05	6.29
600979	2015-12-31	D44	0.20	2.75	0.07	7.68
600982	2013-12-31	D44	0.94	6.58	0.55	11.40
600982	2014-12-31	D44	0.25	3.35	0.63	7.55
600995	2013-12-31	D44	0.27	2.78	−0.19	5.08
600995	2014-12-31	D44	0.22	2.92	0.38	7.69
601016	2014-12-31	D44	0.13	2.14	0.08	10.25
601016	2015-12-31	D44	0.13	3.32	1.42	15.78
601985	2015-12-31	D44	0.46	4.20	0.51	9.54
601991	2013-12-31	D44	0.43	4.83	0.25	4.24
601991	2014-12-31	D44	0.14	4.74	−0.22	6.88
601991	2015-12-31	D44	0.25	4.76	0.01	5.14

9.5 参数估计和假设检验

利用STATA13.0,分别对电子行业、电力行业,以及电子和电力两个行业合并数据进行描述性统计分析、相关分析和回归分析,结果如下。表9-5和表9-9中数据的右上标"*"表示在5%的水平上显著。所有表中的全部数据都直接来源于STATA13.0的输出结果,数据保留的小数位数不尽相同。由于"四舍五入"的缘故,有些存在等量关系的数据可能并不完全相等,而是有些出入,请读者注意。

9.5.1 电子行业统计分析结果

9.5.1.1 描述性统计分析

电子行业描述性统计分析结果,见表9-4。

表9-4　　　　电子行业描述性统计分析结果　　　　金额单位:元

变量	观测值个数(个)	平均值	标准误	最小值	最大值
PRICE	103	15.818 93	12.849 75	4.920 001	49.860 01
EPS	103	0.257 509 9	0.370 328 9	−0.373 579	1.102 654
NA	103	3.526 162	2.209 686	0.140 149	8.023 218
NCF	103	0.200 346 4	0.486 728 4	−0.532 969	1.292 927

从表9-4中可以发现,2013—2015年上证A股电子行业上市公司股票的平均价格($PRICE$)约为15.82元,每股收益(EPS)约为0.26元,每股净资产(NA)约为3.53元,每股现金净流量(NCF)约为0.20元。每股收益和每股现金净流量的标准误都大于均值,说明样本数据差别较大。

9.5.1.2 相关分析

电子行业相关分析结果,见表9-5。

表9-5　　　　　电子行业相关分析结果

变量		PRICE	EPS	NA	NCF
PRICE	相关系数	1.000 0			
	显著性				
EPS	相关系数	0.633 5*	1.000 0		
	显著性	0.000 0			
NA	相关系数	0.549 8*	0.803 7*	1.000 0	
	显著性	0.000 0	0.000 0		
NCF	相关系数	0.348 5*	0.324 4*	0.348 8*	1.000 0
	显著性	0.001 9	0.005 0	0.001 8	

从表9-5中可以发现,股票价格($PRICE$)与每股收益(EPS)、每股净资产(NA)和每股现金净流量(NCF)的相关系数分别为0.633 5、0.549 8和0.348 5,都在1%水平上显著;每股收益(EPS)与每股净资产(NA)和每股现金净流量(NCF)的相关系数分别为0.803 7和0.324 4,都在1%水平上显著;每股净资产(NA)和每股现金净流量(NCF)的相关系数为

0.348 8,在1%水平上显著。

9.5.1.3 回归分析

电子行业回归分析结果,见表9-6和表9-7。

表9-6　　　　　　　　电子行业回归分析表

变量	系数值	标准误	t值	t的显著性	VIF
截距项	8.769 946	2.079 048	4.22	0.000	
EPS	18.121 8	4.453 442	4.07	0.000	2.842
NA	0.447 274 5	0.753 33	0.59	0.554	2.895
NCF	4.019 4 26	2.151 338	1.87	0.065	1.146
R^2			0.426 2		
调整的R^2			0.408 8		
D-W d统计量			0.893		

表9-7　　　　　　　　电子行业方差分析表

变异来源	平方和(元)	自由度(个)	均方和(元)	观测值个数	F值	F的显著性
源于回归	7 177.802 77	3	2 392.600 92	103	$F(3,99)=$ 24.51	0.000 0
源于剩余	9 664.026 24	99	97.616 426 7			
总和	16 841.829	102	165.115 971			

从表9-6和表9-7中可以发现,R^2为0.426 2,说明模型具有较强的解释能力;F值为24.51,且在1%水平上显著,说明模型通过了F检验;D-W d统计量为0.893,有一种存在正序列相关的迹象;每股收益(EPS)、每股净资产(NA)和每股现金净流量(NCF)的 VIF 分别为2.842、2.895和1.146,都比较小,说明不存在严重的共线性问题。

从表9-6和9-7中还可以发现:①每股收益(EPS)的回归系数约为18.12,大于0,且在1%水平上显著。所以,假说1(H_1)"每股收益与股票价格显著正相关"通过了 t 检验;②每股净资产(NA)的回归系数约为0.45,但 t 的显著性水平为0.554,即不显著。所以,假说2(H_2)"每股净资产与股票价格显著正相关"没有通过 t 检验;③每股现金净流量(NCF)的回归系数约为4.02,但 t 的显著性水平为0.065,大于5%,即在5%水平上不显著。所以,假说3(H_3)"每股现金净流量与股票价格显著正相关"没有通过 t 检验。如果把显著性水平放宽到10%,假设3可以通过 t 检验。

9.5.2 电力行业统计分析结果

9.5.2.1 描述性统计分析

电力行业描述性统计分析结果,见表9-8。

表9-8　　　　　电力行业描述性统计分析结果　　　　金额单位:元

变量	观测值个数(个)	平均值	标准误	最小值	最大值
PRICE	110	8.540 081	3.935 699	3.319 914	17.649 84
EPS	110	0.411 108 3	0.373 243 2	−0.330 935	1.116 223
NA	110	4.135 94	2.001 747	1.200 335	8.609 735
NCF	110	0.178 534 5	0.464 994 7	−0.467 239	1.499 533

从表9-8中可以发现,2013—2015年上证A股电力行业上市公司股票的平均价格(PRICE)约为8.54元,每股收益(EPS)约为0.41元,每股净资产(NA)约为4.14元,每股现金净流量(NCF)约为0.18元。每股现金净流量的标准误大于均值,说明样本数据差别较大。

9.5.2.2 相关分析

电力行业相关分析结果,见表9-9。

表9-9　　　　　　　电力行业相关分析结果

变量		PRICE	EPS	NA	NCF
PRICE	相关系数	1.000 0			
	显著性				
EPS	相关系数	0.268 3*	1.000 0		
	显著性	0.027 2			
NA	相关系数	0.488 0*	0.676 0*	1.000 0	
	显著性	0.000 0	0.000 0		
NCF	相关系数	0.499 2*	0.093 2	0.304 1*	1.000 0
	显著性	0.000 0	0.911 8	0.007 4	

从表9-9中可以发现,股票价格(PRICE)与每股收益(EPS)、每股净资产(NA)和每股现金净流量(NCF)的相关系数分别为0.268 3、0.488 0和0.499 2,都在5%水平上显著;每股收益(EPS)与每股净资产(NA)的相关系数为0.676 0,在1%水平上显著;每股收益(EPS)和每股现金净流量(NCF)的相关系数为0.093 2,不显著;每股净资产(NA)和每股现金净流

量(NCF)的相关系数为 0.304 1,在 1%水平上显著。

9.5.2.3 回归分析

电力行业回归分析结果,见表 9-10 和表 9-11。

表 9-10　　　　　　　电力行业回归分析表

变量	系数值	标准误	t 值	t 的显著性	VIF
截距项	4.899 546	0.710 754 9	6.89	0.000	
EPS	−0.361 009 2	1.113 598	−0.32	0.746	1.890
NA	0.776 415 1	0.217 012 6	3.58	0.001	2.064
NCF	3.236 033	0.691 469 8	4.68	0.000	1.131
R^2	0.374 4				
调整的 R^2	0.356 7				
D-W d 统计量	1.344				

表 9-11　　　　　　　电力行业方差分析表

变异来源	平方和(元)	自由度(个)	均方和(元)	观测值个数	F 值	F 的显著性
源于回归	632.118 695	3	210.706 232	110	$F(3,106)=$ 21.15	0.000 0
源于剩余	1 056.261 8	106	9.964 733 98			
总和	1 688.380 5	109	15.489 729 3			

从表 9-10 和 9-11 中可以发现,R^2 为 0.374 4,说明模型具有较强的解释能力;F 值为 21.15,且在 1%水平上显著,说明模型通过了 F 检验;D-W d 统计量为 1.344,有一种存在正序列相关的迹象;每股收益(EPS)、每股净资产(NA)和每股现金净流量(NCF)的 VIF 分别为 1.890,2.064 和 1.131,都比较小,说明不存在严重的共线性问题。

从表 9-10 和 9-11 中还可以发现:①每股收益(EPS)的回归系数约为 −0.36,小于 0,且不显著。所以,假说 1(H_1)"每股收益与股票价格显著正相关"没有通过 t 检验;②每股净资产(NA)的回归系数约为 0.78,大于 0,且在 1%水平上显著。所以,假说 2(H_2)"每股净资产与股票价格显著正相关"通过了 t 检验;③每股现金净流量(NCF)的回归系数约为 3.24,大于 0,且在 1%水平上显著。所以,假说 3(H_3)"每股现金净流量与股票价格显著正相关"通过了 t 检验。

9.5.3 电子和电力两个行业合并数据的统计分析结果

9.5.3.1 描述性统计分析

电子和电力两个行业合并数据的描述性统计分析结果,见表9-12。

表9-12 电子和电力两个行业合并数据的描述性统计分析结果

变量	观测值个数	平均值	标准误	最小值	最大值
$PRICE$	213	11.859 01	9.111 341	3.629 999	40.909 97
EPS	213	0.337 519 9	0.378 803 3	0.347 061	1.116 223
NA	213	3.840 871	2.075 674	0.596 303	8.116 946
NCF	213	0.191 599 1	0.482 209 4	−0.511 26	1.462 152

从表9-12中可以发现,2013—2015年上证A股电子和电力行业上市公司股票的平均价格($PRICE$)约为11.86元,每股收益(EPS)约为0.34元,每股净资产(NA)约为3.84元,每股现金净流量(NCF)约为0.19元。每股现金净流量的标准误大于均值,说明样本数据差别较大。

9.5.3.2 相关分析

电子和电力两个行业合并数据的相关分析结果,见表9-13。

表9-13 电子和电力两个行业合并数据的相关分析结果

变量		$PRICE$	EPS	NA	NCF
$PRICE$	相关系数	1.000 0			
	显著性				
EPS	相关系数	0.393 8*	1.000 0		
	显著性	0.000 0			
NA	相关系数	0.425 8*	0.759 0*	1.000 0	
	显著性	0.000 0	0.000 0		
NCF	相关系数	0.366 0*	0.197 3*	0.320 2*	1.000 0
	显著性	0.000 0	0.022 9	0.000 0	

从表9-13中可以发现,股票价格($PRICE$)与每股收益(EPS)、每股净资产(NA)和每股现金净流量(NCF)的相关系数分别为0.393 8、0.425 8和0.366 0,都在1%水平上显著;每股收益(EPS)与每股净资产(NA)和每股现金净流量(NCF)的相关系数分别为0.759 0和0.197 3,都在5%水平上显著;每股净资产(NA)和每股现金净流量(NCF)的相关系数为

0.320 2,在 1%水平上显著。

9.5.3.3 回归分析

电子和电力两个行业合并数据的回归分析结果,见表 9-14 和表 9-15。

表 9-14 电子和电力两个行业合并数据的回归分析表

变量	系数值	标准误	t 值	t 的显著性	VIF
截距项	6.492 99	1.247 418	5.21	0.000	
EPS	6.372 364	1.832 193	3.48	0.001	2.372
NA	0.827 564 6	0.340 564 9	2.43	0.016	2.540
NCF	3.944 707	0.978 662 1	4.03	0.000	1.120
R^2	0.512 8				
调整的 R^2	0.498 6				
D-W d 统计量	0.734				
YEAR	控制				
INDUSTRY	控制				

表 9-15 电子和电力两个行业合并数据的方差分析表

变异来源	平方和(元)	自由度(个)	均方和(元)	观测值个数	F 值	F 的显著性
源于回归	9 025.709 08	6	1 504.284 85	213	$F(6,206)=$ 36.14	0.000 0
源于剩余	8 573.795 46	206	41.620 366 3			
总和	17 599.504 5	212	83.016 530 9			

从表 9-14 和表 9-15 中可以发现,R^2 为 0.512 8,说明模型具有较强的解释能力;F 值为 36.14,且在 1%水平上显著,说明模型通过了 F 检验;D-W d 统计量为 0.734,有一种存在正序列相关的迹象;每股收益(EPS)、每股净资产(NA)和每股现金净流量(NCF)的 VIF 分别为 2.372、2.540 和 1.120,都比较小,说明不存在严重的共线性问题。

从表 9-14 和表 9-15 中还可以发现:①每股收益(EPS)的回归系数约为 6.37,大于 0,且在 1%水平上显著。所以,假设 1(H_1)"每股收益与股票价格显著正相关"通过了 t 检验。②每股净资产(NA)的回归系数约为 0.83,大于 0,且在 5%水平上显著。所以,假设 2(H_2)"每股净资产与股票价格显著正相关"通过了 t 检验。③每股现金净流量(NCF)的回归系数约为 3.94,大于 0,且在 1%水平上显著。所以,假设 3(H_3)"每股现金净流量与股票价格显著正相关"通过了 t 检验。

9.6 研究结论

利用上证 A 股电子行业和电力行业 2013—2015 年的年度数据,对会计信息的价值相关性进行实证检验。①电子行业和电力行业合并数据的统计分析结果表明,假说 1、假说 2 和假说 3 都成立,即每股收益与股票价格显著正相关,每股净资产与股票价格显著正相关,每股现金净流量与股票价格显著正相关,每股收益、每股净资产和每股现金净流量分别代表的资产负债表信息、利润表信息和现金流量表信息都具有价值相关性。但分别用电子行业数据和电力行业数据进行的统计分析结果表明,上述结论并不全部成立。②用电子行业数据进行的统计分析发现,只有假设 1 成立,即每股收益与股票价格显著正相关;假设 2 和假设 3 都不成立。③用电力行业数据进行的统计分析发现,假说 1 不成立,假说 2 和假说 3 成立。即每股净资产与股票价格显著正相关,每股现金净流量与股票价格显著正相关。

9.7 实证会计论文写作有关注意事项

实证会计论文一般包括研究的背景和意义、文献综述、理论假说、实证研究、研究结论与政策建议等内容。写好这些内容的一条重要途径是,从国内外权威期刊上下载有关论文,认真阅读、学习、借鉴、模仿。本节针对初学者写作中容易出现的问题,对有关注意事项进行简要说明。读者也可以通过本书第 3 篇中的专题研究来学习和体会。

9.7.1 研究的背景和意义

"研究的背景"要把论文与现实联系起来,与需要联系起来,与国家社会经济发展和企业的经营管理实践联系起来。突出论文的问题导向,凸显论文的现实感和必要性。可以从现实问题、争论或案例出发,引导出论题。

"研究的意义"包括理论意义和实际意义,应分开写。理论意义是指创造知识,发现规律,探索真理;实际意义是指改进工作,提高工作质量和效率。会计实证研究可以为会计现象提供理论解释,为会计理论提供经验证据,推动会计理论发展和创新;也可以为会计准则的制定和完善,以及会计实务的改进提供依据。

9.7.2 文献综述

介绍国内外研究动态，对理论进展、研究内容、研究方法等进行总结和评论。通过总结和评论，我们一方面要了解国内外已经做了哪些相关研究？是如何做的？取得了哪些研究成果？另一方面，要搞清楚国内外相关研究存在哪些缺陷或问题？应该如何改进？文献综述是研究的基础和起点，既可以避免简单重复性研究，又可以反映出论文的创新点和学术价值。

文献综述的叙述方式灵活多样，没有固定的模式。可以分成国内研究动态和国外研究动态分别叙述；可以按年代、按时间先后顺序叙述；可以按问题、按不同观点叙述；可以划分成几个发展阶段分别叙述；或者上述方式的组合，比如，先分成国内研究动态和国外研究动态，再分成几个问题或观点，每一个问题按时间先后顺序叙述。要把理论形成和发展的脉络清晰地展现出来。

不论采用哪种方式，文献综述都应包括每一篇文献的研究对象、研究内容、研究方法和研究结论。所以，要找到所有文献的原文，认真阅读。如果受主客观条件的限制，不能通读全文，可以从原文的摘要或结论部分获取上述内容。

所有文献都应与论题直接相关，与后文的理论假说、实证研究等直接相关，避免为综述而综述，把文献综述与前后文割裂开来。

好的文献综述应像一部好的电视剧，有冲突，有故事性，有思想，能够引人入胜。

9.7.3 理论假说

在实证会计研究中采用的统计方法、计量经济学方法都是"死"的技术，实证会计的"源头活水"是发展理论假说。"问渠哪得清如许？为有源头活水来"。发展理论假说是实证研究的生命，是区分实证研究好坏的重要标准，也是实证会计研究的重点和难点。发展理论假说需要扎实的理论功底，以及对现象的敏锐观察和深入洞察。

初学者往往不具备提出好的理论假说所需要具备的知识和能力。在这种情况下，提出理论假说时至少应做到两点：第一，要进行必要的理论分析，要有比较充分的理论依据；第二，要提供一些经验证据，包括文献综述部分的研究成果。把文献综述部分的研究成果作为提出理论假说的经验证据,也可以把这两部分联系起来,避免前后文的割裂问题。

可以先构建理论模型,然后依据理论模型提出理论假说。建立在数学模型基础上的理论假说具有更强的逻辑性和说服力。

9.7.4 实证研究

9.7.4.1 关于回归模型

如前所述,模型的设计应遵循"从一般到简单"的原则。为了避免遗漏显著的变量,试算时模型中的变量可以尽量多一些。

一般首先选择多元线性回归模型,回归模型中要有三类变量,即被解释变量、解释变量和控制变量。主要解释变量的二次项、滞后被解释变量等都可以加入模型中进行试算。如果显著,就保留下来;如果不显著,可以删去。一般都应有年度和行业两个控制变量。在 STATA 中,要有"YEAR"和"INDUSTRY"两列变量,把从数据库中下载的"截止日期"和"行业代码"改成数值就行了,不需要另外赋值。控制年份和行业的回归命令是:reg y x i.YEAR i.INDUSTRY。

回归模型中的变量一般应是相对数。如果有的变量是绝对数,有的变量是相对数,那么回归系数可能非常大,或者非常小,接近于 0。所有变量的类型、名称、代码、预期符号、计算方法等都要列表反映,主要变量应详细说明。表中变量的顺序应与模型中变量的顺序一致,以便于阅读。

9.7.4.2 关于样本数据

上述电子行业和电力行业回归分析结果的差异,说明了样本选择的重要性。样本不同,得出的结论也可能不一样。

对原始数据进行处理同样重要。所有结果都来源于数据,数据像原材料,统计结果像产成品,没有优质的原材料,不可能生产出优质的产品。就像从集贸市场买回菜之后,既不理,又不洗,就放进锅里炒,怎么能做出美味佳肴呢?

如前所述,大数定律和中心极限定理是抽样统计的理论基础,经典线性回归模型要满足十个前提条件。数据处理就是要更好地满足统计学和计量经济学的要求。一般的做法是:把缺失值补齐,或者把存在缺失值的样本删去;通过缩尾或截尾处理减少或消除异常值。

实证研究一般都假定时间序列数据是平稳的,即均值和方差在时间上没有系统的变化;假定时间序列数据不存在序列相关;假定截面数据的同方差性。但是,时间序列数据存在非平稳性和序列相关性问题,截面数据存在异方差问题,对此,也要进行识别和处理。对于时间序列的非平稳性问题,要进行单位根检验和协整检验;对于截面数据的异方差问题,要参照本书"8.6.3.2 异方差问题"的介绍进行侦察和补救。

要把取得样本数据的步骤和方法写得清清楚楚,以便于有兴趣的读者进行验证。样本、原始数据、处理后的数据等资料要长期妥善保管,以便教育行政主管部门、杂志社、读者等有关单位或个人索取。

9.7.4.3 关于描述性统计分析、相关分析和回归分析

描述性统计、相关分析和回归分析可以用 SPSS、STATA 等软件完成,并输出统计结果。

描述性统计一般应包括观测值个数、平均值、标准误、最小值、最大值等统计量。这些统计量可以在一定程度上反映出数据质量的好坏,以及是否对数据进行了适当的处理。比如,标准误比均值大,说明数据质量不够理想。

相关分析包括相关系数及其显著性,回归分析一般包括系数值、标准误、t 值及其显著性、F 值及其显著性、R^2、调整的 R^2、VIF、D-W d 统计量等。

由于统计软件输出的表格与写论文要求的表格可能不一致,所以,最好自己制作统计表。但表中的数据不宜自己输入,而应从统计软件输出的表中复制粘贴,以免出错。

还要注意很多细节问题:①描述性统计分析表、相关分析表和回归分析表中变量排列的顺序要与回归模型保持一致,以便于阅读。②把统计软件输出结果中统计量的英文改为中文。比如,"Variable"改为"变量","Obs"改为"观测值个数","Mean"改为"平均值","Std. Dev."改为"标准误","Min"改为"最小值","Max"改为"最大值"。③把统计软件输出结果中小数点前缺失的"0"补上。比如,把". 257 509 9"改为"0. 257 509 9"。④统计量的小数位数要适当,一般保留 2~4 为小数。⑤和原始数据一样,统计软件输出的统计结果,要长期妥善保管,以备验证或索取。⑥相关系数右上角的"*"要与其下面的显著性水平保持一致。⑦在表的下面对表中的数据进行简要说明。对于初学者,应多一些描述性介绍,少一些结论性语句。文中的数据要始终与表中的数据保持一致。

9.7.4.4 关于稳健性检验

实证研究一般都是抽样统计,研究结论可能因样本、变量及其计量方法、回归方法等的不同而变化。稳健性检验就是要看改变样本、变量及其

计量方法或回归方法之后,主要解释变量回归系数的符号和显著性是否发生变化,研究结论是否仍然成立。

稳健性检验的方法有以下几种:①改变样本或增加样本容量。比如,用电力行业样本替换电子行业样本,或者从电子行业样本改变为包括电子和电力两个行业的样本。②改变主要解释变量及其计量方法。比如,公司绩效指标从每股收益(EPS)改为净资产收益率(ROE),公司规模的计量方法从总收入的自然对数改为总资产的自然对数。③改变回归方法。比如,从普通最小二乘法(OLS)改为广义最小二乘法(GLS)或加权最小二乘法(WLS)。

9.7.5　研究结论与政策建议

研究结论来自于实证研究的发现,即从描述性统计分析、相关分析和回归分析中,可以得出哪些结论。重点是理论假说是否成立,应对所有理论假说逐一进行说明和讨论。

在得出研究结论之前,要写清楚研究的对象和样本数据。比如"采用上证 A 股 2013—2015 年电子和电力两个行业上市公司的年度数据"。研究的对象和样本数据决定了研究结论的适用范围。

要联系前文的研究背景、研究意义,以及理论分析,讲清楚研究结论在推动理论发展中的作用,以及在制定政策、改进实际工作方面的指导性和建设性。

第 3 篇 专题篇

本篇介绍实证会计理论与方法的应用，共7章。内容包括资本市场效率、公司现金持有现象、公司信用行为、客户集中度的财务效应、债务融资的资产替代效应、会计信息质量、会计信息利用等方面的经验研究。

第10章第2～6节介绍国内外早期有关资本市场效率的研究成果。其中，鲍尔和布朗开创的异常收益分析法成为实证会计研究中经常采用的经典方法。

第10章第7节、第11章至第16章都是我指导的会计学硕士研究生尝试性地运用实证研究方法取得的成果，独立成篇，自成一体，甚至写作的体例也不强求一致。尽管其中的大部分内容都已经在学术期刊上发表，但作为初学者的习作，肯定是不够完美的。供同样是初学者的读者在批评中学习，在质疑中提高。

第 10 章

资本市场效率理论专题研究

10.1 实证会计研究的信息观与计价观

10.1.1 信息观

10.1.1.1 信息观的内容

信息观(Information Perspective)主要研究会计信息与股票价格之间的关系,包括以下内容:①会计盈余是否与股票价格相关?②盈利报告是否具有信息含量?盈利公布是否会引起股票价格的变化?③会计程序的变化与股票价格之间的关系;④信息披露管制理论。政府进行信息披露管制是否可取?

信息观建立在有效市场假说的基础上,不考虑市场是怎样把信息转换到股价中去的,认为市场会自动地、及时地、无偏见地将所有信息反映到证券价格中去。

10.1.1.2 信息观的研究方法

信息观采用的研究方法有价格模型(Price Model)和报酬模型(Return Model)。

1) 价格模型

以股票价格为因变量,以盈利水平为自变量进行回归分析,验证两者之间的关系。即:

$$P_t = \alpha + \beta \cdot E_t + \varepsilon_t \tag{10-1}$$

在式(10-1)中,P 表示股票价格;t 表示时期或时点;E 表示盈利水平(每股收益);ε 表示随机误差项。

2) 报酬模型

在价格模型中,P_t 是全部收益,包括正常收益和超常收益。E_t 是全部盈利,包括两部分:一是预期的盈利变动(Expected Changes in Earnings, ECE),二是未预期的盈利变动(Unexpected Changes in Earnings, UCE)。

在信息观下，因为假定市场是有效的，意味着已预期的盈利变动（ECE）已经在股票价格中得到了反映。当盈利信息公布时，股票价格波动反映的是未预期的盈利变动（UCE），投资者只能根据未预期的盈利变动（UCE）获得超额收益或非正常收益（Abnormal Return，AR）。

报酬模型主要研究未预期盈利与投资者超额报酬之间的关系。即：

$$AR_t = \alpha + \beta \cdot UCE_t + \varepsilon_t \tag{10-2}$$

10.1.2 计价观

10.1.2.1 计价观的内容

20 世纪 80 年代末 90 年代初，人们发现股票价格不仅反映了信息，还反映了噪音（noise），股票市场存在过度反应等异常现象，股票市场可能并没有假设的那么有效。

对有效市场假说的怀疑，使人们开始重视股票内在价值的研究。计价观（Valuation Perspective）主要研究会计信息在股票定价中的作用。会计信息是如何影响股票价格的？会计数据能在多大程度上传递股票价值信息？

通过股票内在价值与实际市场价格的比较，可以发现股票价格是高估了还是低估了，进而判断股票市场是否有效。

10.1.2.2 计价观的研究方法

计价观通过股票估价模型说明会计信息如何影响股票价格，包括资本资产定价模型（Capital Asset Pricing Model，CAPM）、市值/账面净值估价模型（Market-to-Book Value Model）等。

1）资本资产定价模型中的会计信息

资本资产定价模型如下：

$$E(r_i) = r_f + \beta_i [E(r_m) - r_f] \tag{10-3}$$

在式（10-3）中，$E(r_i)$ 是 β_i 的函数，而 β_i 与会计信息直接相关。

$$\beta_i = \frac{COV_{im}}{\sigma_m^2} = r_{im} \left(\frac{\sigma_i}{\sigma_m} \right) \tag{10-4}$$

在式（10-4）中，r_{im} 是证券 i 的收益率和市场 m 收益率的相关系数；σ_m 是市场 m 收益率的标准差；σ_i 是证券 i 的收益率的标准差。计算 r_{im}，σ_m 和 σ_i 都要用到会计收益数据。

根据式（10-3）得到的资本资产价格 $E(r_i)$，可以作为评估股票 i 市场价值的贴现率。股票的市场价值(V)等于各期股利(D)的现值之和。如果假定：每期股利相同,都是D;每期贴现率不变,都是$E(r_i)$;永久持有股票,那么,$V = D/E(r_i)$。如果把会计盈余作为股利(D)的替代,那么,"$V = D/E(r_i)$"反映了会计盈余与股票价格之间的关系。

2) 市值/账面净值估价模型中会计信息

奥尔森(Ohlson)提出的市值/账面净值估价模型认为,股票的内在价值应等于股东权益账面净值加上未来净资产收益扣除股东权益资本成本后的现值之和。即：

$$M_0 = BV_0 + \sum_{t=1}^{n} \frac{(ROE_t - r) \cdot BV_t}{(1+r)^t} \tag{10-5}$$

在式(10-5)中,M_0表示估计日股票的内在价值(或公允价值);BV_0表示估计日每股账面净值(Book Value);ROE_t表示预计的未来各期的净资产收益率(Return on Equity, ROE);r表示股东权益资本成本;BV_t表示预计的未来各期的每股账面净值。

在式(10-5)中,BV_0,ROE_t,r和BV_t都是会计数据。市值/账面净值估价模型具有重要意义：第一,直接地、清楚地反映出会计数据在股票估价中的作用。第二,提供了一个评价实际股价是否适当的依据。如果实际股价偏离其内在价值较大,则说明实际股价定价不合理,市场效率不高。在一个相对比较成熟的证券市场中,计价模型所估算出来的各期股票价值(M_t)应与实际股票价格(P_t)相差无几,即"M_t/P_t"应趋近于1。第三,对盈利信息与股价之间的关系进行了重新认识。在传统的证券市场研究中,往往过分偏重每股收益(E)与股价(P)之间的关系,即市盈率P/E。这容易过分强调某一年度盈利信息的作用,也容易使股价发生大幅度波动。而市值/账面净值估价模型既考虑了过去累积的盈利能力(已包括在BV_0中),又考虑了未来盈利能力(即预期的ROE_t)。第四,在盈利计量时运用稳健原则不会影响股票的内在价值。因为盈利计量较为稳健的公司,前期盈利水平和股东权益账面净值会有所下降,但前期下降额在后期能够转回,不会影响估价的结果。

10.2 上市公司盈利信息报告与股价变动关系研究

10.2.1 鲍尔和布朗的研究

1968年,《会计研究杂志》(Journal of Accounting Research)第6卷第

2期发表了鲍尔和布朗(Ray Ball and Philip Brown)的论文《会计收益数据的经验评价》(An Empirical Evaluation of Accounting Income Numbers),对盈利信息报告与股价变动的关系进行了实证检验。这是第一篇实证会计论文,开创了实证会计研究的先河。

10.2.1.1 研究方法

(1) 以个股收益变动为因变量,以市场上所有公司收益的平均变动为自变量,建立线性回归模型。

$$\Delta I_{j,t-\tau} = \hat{a}_{1jt} + \hat{a}_{2jt} \Delta M_{j,t-\tau} + \hat{\mu}_{j,t-\tau} \quad (10\text{-}6)$$

在式(10-6)中,j 表示公司;t 表示年份;τ 表示在 t 之前的年数,$\tau = 1$, $2, \cdots, t-1$;ΔI 表示个股收益变动;ΔM 表示市场收益变动;$\hat{\mu}$ 表示未预期的收益变动(unexpected income change),即收益预测偏误(income forecast error);$\hat{a}$ 表示待估参数。

在鲍尔和布朗的论文中,还讨论了另外一个线性回归模型。

$$(PR_{jm} - 1) = \hat{b}_{1j} + \hat{b}_{2j}(L_m - 1) + \hat{v}_{jm} \quad (10\text{-}7)$$

在式(10-7)中,j 表示公司;m 表示月份;PR 表示个股价格指数;L 表示市场价格指数;$\hat{b}$ 表示待估参数;$\hat{v}$ 是未预期收益。"$PR-1$" 得到的是个股收益率,"$L-1$" 得到的是市场收益率。

(2) 利用以前的数据,采用普通最小二乘法估计式(10-6)和式(10-7)中的参数。

(3) 利用第二步估计的参数,计算个股收益变动的估计值。计算公式如下:

$$\Delta \hat{I}_{jt} = \hat{a}_{1jt} + \hat{a}_{2jt} \Delta M_{jt} \quad (10\text{-}8)$$

式(10-8)中字母的含义,与式(10-6)相同。

(4) 计算未预期收益变动,即收益预测偏误或异常收益。未预期收益变动是收益变动的实际值减去估计值,即:

$$\hat{\mu}_{jt} = \Delta I_{jt} - \Delta \hat{I}_{jt} \quad (10\text{-}9)$$

在式(10-9)中,$\hat{\mu}$ 表示收益预测偏误。若 $\hat{\mu} > 0$,称为"正预测偏误";若 $\hat{\mu} < 0$,称为"负预测偏误"。

(5) 按收益预测偏误把全部样本分成两组,第一组是正预测偏误的样本公司,第二组是负预测偏误的样本公司。分别计算每月的异常收益指数,或异常绩效指数(Abnormal Performance Index，API)。计算公式如下：

$$API_M = \frac{1}{N} \sum_{n}^{N} \prod_{m=-11}^{T} (1+v_{nm}) \tag{10-10}$$

在式(10-10)中，n 表示公司，$n=1,2,\cdots,N$；m 表示持有股票的月数，$m=-11,-10,\cdots,0,+1,\cdots,+T$。年度收益报告公布月为"0"，"—"表示收益报告公布之前，"+"表示收益报告公布之后。"$m=-11$"意味着在年度收益报告公布月之前，已经持有股票11个月；v_{nm} 表示持有公司 n 股票 m 个月的异常收益，$(1+v_{nm})$ 是异常收益指数；"$\prod$"表示"求乘积"。

在鲍尔和布朗的论文中，式(10-10)中的"T"等于6。式(10-10)的算法是：先求乘积"$(1+v_{-11})(1+v_{-10})\cdots(1+v_0)(1+v_1)\cdots(1+v_6)$"，得到每家公司的异常收益指数；再计算异常收益指数的简单平均数。

10.2.1.2 数据来源

1946—1966 年的收益数据来源于标准普尔的 Compustat 数据库；年度收益报告公布日期数据来源于华尔街日报(Wall Street Journal)；股票价格数据来源于 CRSP[①]，采用纽约证券交易所(New York Stock Exchange) 1946 年 1 月到 1966 年 6 月的月度收盘价(Monthly Closing Prices)。

样本公司同时满足以下条件：①1946—1966 年每年的收益数据可以从 Compustat 数据库获得；②财务报告的截止日期是 12 月 31 日；③至少可以从 CRSP 数据库中获得 100 个月的股票价格数据；④年度报告公布日期可以从华尔街日报获得。

10.2.1.3 计算结果

在鲍尔和布朗的论文中，分别用净收益(Net Income)和每股收益(EPS)计算 API，得出了同样的结论。用净收益计算的 API 的结果，见表 10-1。

表 10-1　　　　　　　　　　基于净收益的 API

m	正预测偏误组	负预测偏误组	全部样本
−11	1.006	0.992	1
−10	1.014	0.983	0.999
−9	1.017	0.977	0.998

---

① CRSP 是美国芝加哥大学证券价格研究中心(the Center for Research in Security Prices at the University of Chicago)创建的数据库，一般称为"美国股市资料库"。

(续表)

m	正预测偏误组	负预测偏误组	全部样本
−8	1.021	0.971	0.998
−7	1.026	0.960	0.995
−6	1.033	0.949	0.993
−5	1.038	0.941	0.992
−4	1.05	0.930	0.993
−3	1.059	0.924	0.995
−2	1.057	0.921	0.992
−1	1.060	0.914	0.991
0	1.071	0.907	0.993
1	1.075	0.901	0.992
2	1.076	0.899	0.992
3	1.078	0.896	0.991
4	1.078	0.893	0.990
5	1.075	0.893	0.989
6	1.072	0.892	0.987

根据表 10-1 中的数据，可以绘制图 10-1。

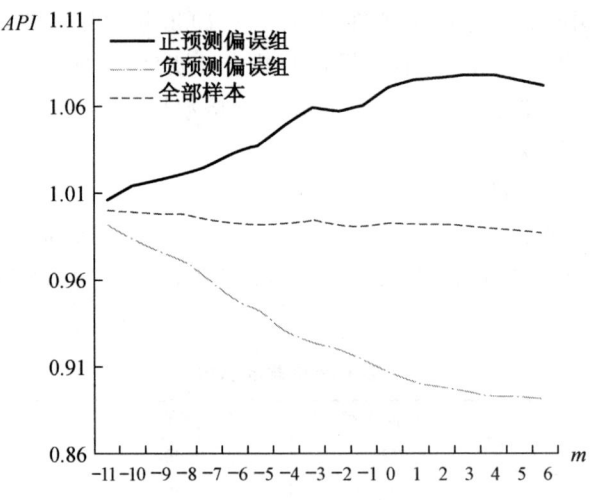

图 10-1　API 的变动趋势

10.2.1.4　研究发现

如果股市具有半强型效率，股价已经及时地做出相应的调整。因此，在新的盈亏信息公布后,异常收益应不复存在。即在"0"点之后,API 应趋于一条与横坐标平行的直线。其理论图形应如图 10-2 所示。

把图 10-1 与图 10-2 进行对照,不难发现,在"0"点之后,图 10-1 中 API 的变化趋势接近一条直线,与图 10-2 基本一致,表明纽约证交所达到了半强型效率。

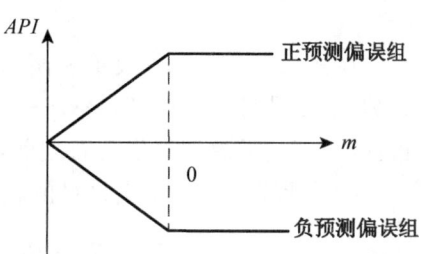

图 10-2 API 变动的理论图形

10.2.2 吴世农和黄志功的研究

吴世农和黄志功在《会计研究》1997 年第 4 期上发表的论文《上市公司盈利信息报告、股价变动与股市效率的实证研究》中,以在上海证券交易所上市的 30 家公司为样本,对盈利信息报告与股价变动的关系进行了实证检验。

10.2.2.1 研究样本

以在上海证券交易所上市的 30 家公司为样本,样本时限为 1996 年 1 月 2 日至 5 月 31 日,共 75 个交易日。根据 1996 年 4 月份公布的 1995 年财务报表的盈亏情况,把样本公司分为 A 和 B 两组。A 组定义为"亏损组",包括每股收益在 0.1 元以下的 15 家企业;B 组定义为"盈利组",包括每股收益在 0.1 元以上的 15 家企业。

10.2.2.2 研究方法:累计超常收益分析法

(1) 计算 30 家公司在样本期间的日收益率 R_{it} 和市场日收益率 R_{mt}。

$$R_{it} = \frac{P_{it} - P_{i(t-1)} + D_{it}}{P_{i(t-1)}} \tag{10-11}$$

$$R_{mt} = \frac{P_{mt} - P_{m(t-1)}}{P_{m(t-1)}} \tag{10-12}$$

在式(10-11)中,P_{it} 是第 i 种股票在第 t 日的收盘价;$P_{i(t-1)}$ 是第 i 种股票在第 $(t-1)$ 日的收盘价;D_{it} 是第 i 种股票在第 t 日的每股分红派息。

在式(10-12)中,P_{mt} 是上证指数在第 t 日的收盘价(收盘指数);$P_{m(t-1)}$ 是上证指数在第 $(t-1)$ 日的收盘价(收盘指数)。

(2) 估计夏普模型,并计算 30 家公司在样本期间日收益率的估计值。

$$\hat{R}_{it} = \hat{\alpha}_i + \hat{\beta}_i R_{mt} \qquad (10\text{-}13)$$

在式(10-13)中，i 表示公司，共 30 家，$i=1,2,\cdots,30$；t 表示交易日，共 75 个交易日，$t=-53,\cdots,-1,0,+1,\cdots,+21$。"0"表示盈利报告公布日，"一"表示盈利报告公布之前，"+"表示盈利报告公布之后。

(3) 计算股票每个交易日的超常收益率 E_{it}。

$$E_{it} = R_{it} - \hat{R}_{it} = R_{it} - (\hat{\alpha}_i + \hat{\beta}_i R_{mt}) \qquad (10\text{-}14)$$

(4) 分别计算盈利信息公布日前后各 1 个月期间(各有 21 个交易日) A 组和 B 组股票的平均日超常收益率 $AR(A)$ 和 $AR(B)$，以及累计的平均日超常收益率 $CAR(A)$ 和 $CAR(B)$。

$$AR_t = \frac{1}{N}\sum_{i=1}^{15} E_{it} \qquad (10\text{-}15)$$

$$CAR = \sum_{t=-21}^{T} AR_t \qquad (10\text{-}16)$$

在式(10-15)中，$t=-21,\cdots,-1,0,+1,\cdots,+21$；$N$ 是交易日数。在式(10-16)中，$T=-21,\cdots,-1,0,+1,\cdots,+21$。

10.2.2.3 统计结果

A 组和 B 组的累计平均日超常收益率 $CAR(A)$ 和 $CAR(B)$ 的统计结果，见表 10-2 和图 10-3。

表 10-2　　　　$CAR(A)$ 和 $CAR(B)$ 的统计结果

t	$CAR(A)$	$CAR(B)$
−21	0.005 923	0.001 178
−20	0.012 624	0.000 656
−19	0.018 021	0.003 679
−18	0.012 447	−0.000 699
−17	0.015 801	−0.001 857
−16	0.016 083	−0.003 501
−15	0.015 723	−0.006 157
−14	0.019 181	−0.007 494
−13	0.018 69	−0.012 578
−12	0.016 549	−0.011 144

(续表)

t	$CAR(A)$	$CAR(B)$
−11	0.013 573	−0.017 907
−10	0.014 586	−0.012 725
−9	0.020 893	−0.016 241
−8	0.023 964	−0.017 813
−7	0.021 464	−0.016 85
−6	0.023 517	−0.020 038
−5	0.025 198	0.004 181
−4	0.040 924	0.001 782
−3	0.043 117	0.009 602
−2	0.039 726	0.019 32
−1	0.029 335	0.011 708
0	0.017 02	0.021 352
+1	0.014 137	0.009 765
+2	0.018 052	0.021 118
+3	0.003 486	0.015 23
+4	0.007 011	0.021 765
+5	0.005 619	0.023 045
+6	0.007 177	0.020 118
+7	0.011 407	0.018 142
+8	0.006 715	0.024 511
+9	0.005 996	0.023 419
+10	−0.003 165	0.022 573
+11	0.000 124	0.023 85
+12	−0.007 752	0.020 768
+13	−0.020 968	0.030 958
+14	−0.020 433	0.035 966
+15	−0.016 526	0.038 16
+16	−0.013 575	0.037 774
+17	−0.017 837	0.041 241
+18	−0.013 455	0.038 744
+19	−0.008 789	0.036 073
+20	−0.009 038	0.040 644
+21	−0.006 306	0.046 246

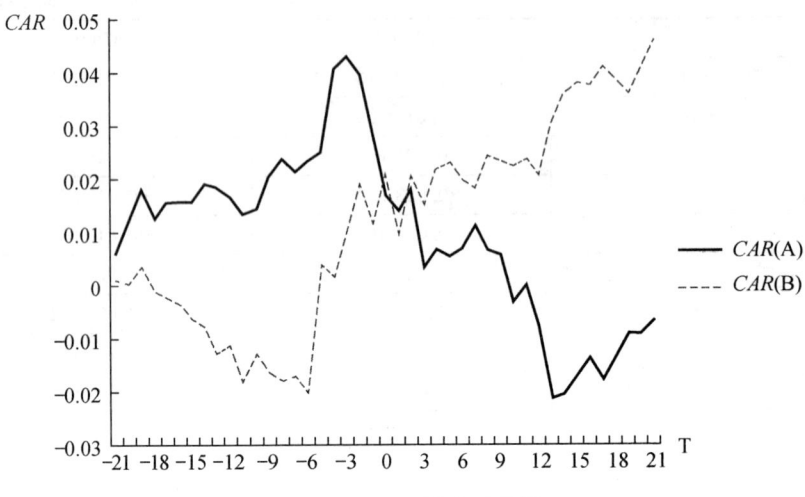

图 10-3 CAR 的变动趋势

10.2.2.4 研究发现

第一,在年度盈利信息公布的 3 天前或 5 天前,"亏损组"的 $CAR(A)$ 就开始急剧下跌,而"盈利组"的 $CAR(B)$ 开始快速上升。这表明,投资者在盈利信息公布前就已经知道了公司的盈利状况,并在股价中反映出来。

第二,在盈利信息公布后,CAR 呈现显著的变动规律,"盈利组"的 $CAR(B)$ 上升,"亏损组"的 $CAR(A)$ 下降。这表明,在盈亏信息公布后,投资者仍可利用公布的盈亏信息在交易中获得超常收益,因此,沪市还没有达到半强型效率。

10.3 收益报告的信息含量研究

1968 年,比弗(William H. Beaver)的论文《年度收益报告的信息含量》(The Information Content of Annual Earnings Announcements)刊发在《会计中的经验研究:论文选》(Empirical Research in Accounting:Selected Studies)中。比弗分别采用股票交易量模型和股票交易价格模型对年度收益报告信息含量进行检验。

由于比弗论文中的股票交易量模型和股票交易价格模型类似,下面只介绍股票交易价格模型。在比弗的论文中,样本公司有 143 家,公布的年度收益报告共 506 份,样本时限共 17 周。样本公司用 i 表示,$i=1,2,\cdots,$

143;年度收益报告用 j 表示,$j=1,2,\cdots,506$;样本时间用 t 表示,$t=-8$, $-7,\cdots,0,+1,\cdots,+8$,其中,"0"表示年度收益报告公布周,其他数字表示年度收益报告公布之前或之后几周,"−"表示年度收益报告公布之前,"+"表示年度收益报告公布之后。

10.3.1 研究方法:股价反映程度分析法

(1) 建立回归模型:夏普模型(Sharpe Model)。

$$R_{i,t} = a_i + b_i R_{m,t} + u_{i,t} \tag{10-17}$$

在式(10-17)中,R_{it} 表示公司 i 第 t 周的收益率;R_{mt} 表示第 t 周的市场收益率;u_{it} 表示公司 i 第 t 周的未预期收益率;a_i 和 b_i 是公司 i 的待估参数。其中:

$$R_{i,t} = \mathrm{Ln}\left(\frac{D_{i,t} + P_{i,t}}{P'_{i,t-1}}\right) \tag{10-18}$$

$$R_{m,t} = \mathrm{Ln}\left[\frac{(SP)_t}{(SP)_{t-1}}\right] \tag{10-19}$$

在式(10-18)中,D_{it} 表示公司 i 在第 t 周支付的现金股利;P_{it} 表示公司 i 的股票在第 t 周末的收盘价;$P'_{i,t-1}$ 表示对股票分割和股票股利等进行调整之后的公司 i 的股票在第 $(t-1)$ 周末的收盘价。

在式(10-19)中,$(SP)_t$ 表示第 t 周末的标准普尔股价指数;$(SP)_{t-1}$ 表示第 $(t-1)$ 周末的标准普尔股价指数。

(2) 估计夏普模型的参数 a_i 和 b_i,并计算公司 i 第 t 周收益率的估计值。

$$\hat{R}_{i,t} = \hat{a}_i + \hat{b}_i R_{m,t} \tag{10-20}$$

在式(10-20)中,$\hat{R}_{i,t}$ 表示公司 i 第 t 周收益率的估计值;$\hat{a}_i$ 和 $\hat{b}_i$ 是根据公司 i 的历史资料,采用普通最小二乘法估算得到的式(10-17)的参数。

(3) 计算每家公司每年的未预期收益率(Price Residual)。

$$u_{j,t} = R_{j,t} - \hat{R}_{j,t} \tag{10-21}$$

在式(10-21)中,下标 j 表示年度收益报告,共 506 份,$j=1,2,\cdots,506$。每份年度收益报告中都有一个实际收益率,可以据此计算出一个未预期收益率。

(4) 计算未预期收益($u_{j,t}$)与其方差(s_i^2)的比率,得到$U_{j,t}$,一般称为"股价反映程度"。

$$U_{j,t} = \frac{u_{j,t}^2}{s_i^2} \qquad (10-22)$$

10.3.2 数据来源

研究样本是 1961—1965 年发布年度盈利报告的 143 家公司。样本公司同时满足以下六个条件:①在标准普尔的 Compustat 数据库中;②是纽约证券交易所(NYSE)的成员;③年报的截止日期不是 12 月 31 日;④在盈利公布周没有宣告发放股利;⑤在盈利报告公布前后的 17 周内没有进行股票分割;⑥每年出现在华尔街日报中的新闻公告少于 20 条。筛选的过程和结果,见表 10-3。

表 10-3　　　　比弗论文中样本公司的筛选结果

筛选标准和步骤	公司数
(1) Compustat 数据库中的公司	896
减:截止日期为 12 月 31 日的公司	599
(2) 截止日期不是 12 月 31 日的公司	297
减:非 NYSE 成员	55
(3) 截止日期不是 12 月 31 日,且是 NYSE 成员的公司	242
减:每年在华尔街日报中的新闻公告超过 20 条的公司	48
在盈利公布周宣告发放股利的公司	39
在盈利报告公布前后的 17 周内进行股票分割的公司	7
其他(比如盈利没有在华尔街日报公布的公司)	5
(4) 样本公司	143

10.3.3 计算结果

平均股价反映程度($U_{j,t}/506$)的统计结果,见表 10-4。

表 10-4　　　　平均股价反映程度统计结果

周数(t)	平均股价反映程度($U_{j,t}/506$)
−8	0.001 83
−7	−0.001 05
−6	−0.000 29

(续表)

周数（t）	平均股价反映程度（$U_{j,t}/506$）
−5	−0.000 64
−4	−0.000 96
−3	0.000 19
−2	−0.000 47
−1	0.002 29
0	0.005 00
+1	0.002 04
+2	0.001 63
+3	0.001 20
+4	0.001 09
+5	0.003 54
+6	−0.000 40
+7	0.002 57
+8	0.003 43

根据表 10-4 中的数据，可以绘制出图 10-4。

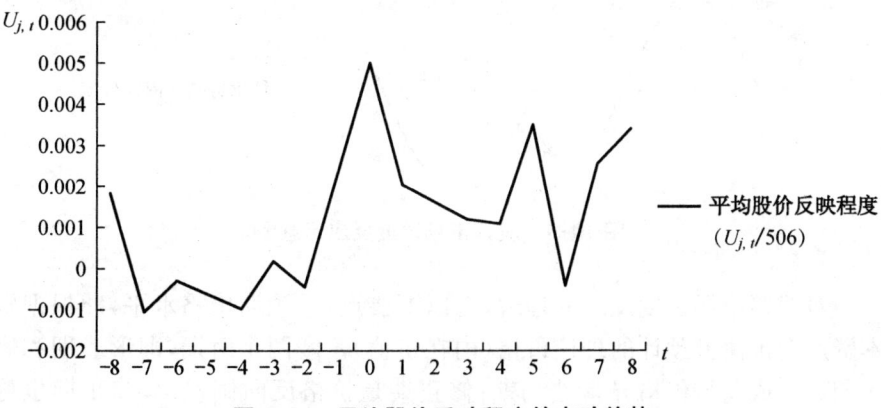

图 10-4　平均股价反映程度的变动趋势

10.3.4　研究发现

从表 10-4 和图 10-4 中可以发现，收益报告公布周（"0"）的未预期收益最大，比其他周的均值大 67%。比弗还发现，在收益报告公布周，异常交易量（Residual Volume，实际交易量与估计交易量之差）和异常价格（Price Residual，实际交易价格与估计交易价格之差）都急剧上升。这表明，收益报告公布之前发布的各种信息并不能完全取代收益报告中的盈利信息,在收益报告公布之前,其中的信息并没有在股票价格中全部反映出来。也就是说,收益报告的公布,为市场和投资者提供了新的信息,年度收益报告具有信息含量,股票市场没有达到半强型效率。

10.4 证券市场过度反应实证研究

10.4.1 理论基础

10.4.1.1 股票市场过度反应(Overreact)的内涵

股票市场过度反应是指某一事件引起股票价格剧烈波动,超过预期的理论水平,然后再以反向修正的方式向理论价格回归。即股票价格的异常波动将会伴随价格的反方向运动,超涨的股票在修正中超跌,超跌的股票在修正中超涨;股票价格的异常波动幅度越大,在反向修正中调整的幅度也越大,如图10-5所示。

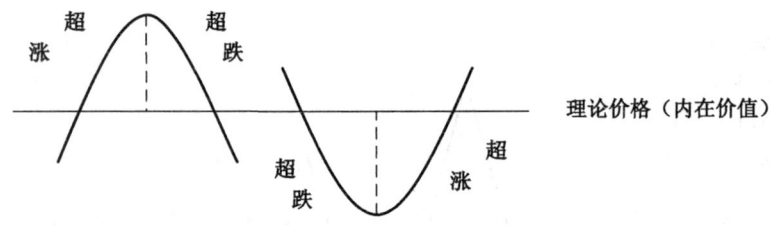

图10-5 股票市场过度反应示意图

对股票市场过度反应的理解,有以下要点:①预期价格水平,即根据资本资产定价模型预计的理论价格(内在价值)。②两个时期,即形成期和修正期。形成期是价格异常波动期;修正期是价格反向调整期,修正期也称为"调整期"或"检验期"。③反向运动,即超涨伴随超跌,超跌伴随超涨。价格围绕价值波动,"强者变弱,弱者变强"。

过度反应与过度投机一样,都表现为股票价格脱离了其内在价值,股价过高或过低。但过度投机仅表现为超涨或超跌,而在过度反应中,超涨伴随超跌,超跌伴随超涨。

10.4.1.2 过度反应与市场有效性

超涨或超跌产生了异常报酬,即异常报酬率不等于0。所以,若存在过度反应,市场就不是有效的。

一个过度反应的市场不能被认定为是一个有效市场。如果股票价格系统性地反应过度,那么,从过去收益率数据就可以预测将来的反转,并据此投资获利。这不符合有效市场假说。

在调整前,异常报酬率大于 0 的称为赢家,异常报酬率小于 0 的称为输家。在进行反向修正的"调整期"或"检验期",超涨股票异常报酬率的期望值为负,超跌股票异常报酬率的期望值为正。

10.4.2 张人骥、朱平方和王怀芳的研究

张人骥、朱平方和王怀芳发表在《经济研究》1998 年第 5 期上的《上海证券市场过度反应的实证检验》,以 1993 年 6 月以前在上海证券交易所上市的 48 家公司为研究对象,对沪市是否过度反应进行实证研究。结果发现,"强者不强,弱者恒弱",不支持过度反应假说。

10.4.2.1 研究方法

(1) 依据经典线性回归模型的同方差假设,确定异方差点。从 1993 年 6 月 14 日到 1996 年 4 月 30 日共 722 个交易日中,沪市股价的异方差点是 1993 年 8 月 16 日、1993 年 10 月 27 日、1994 年 7 月 29 日和 1994 年 10 月 26 日。

(2) 根据股价异方差点把样本期间划分为五段:第一段,从 1993 年 6 月 14 日到 1993 年 8 月 16 日;第二段,从 1993 年 8 月 17 日到 1993 年 10 月 27 日;第三段,从 1993 年 10 月 28 日到 1994 年 7 月 29 日;第四段,1994 年 7 月 30 日到 1994 年 10 月 26 日;第五段,1994 年 10 月 27 日到 1996 年 4 月 30 日。

(3) 按照 A 股走势的形状,将五大时间段划分为 15 个子区间;并假定检验期与形成期相等,据此确定每个子区间的形成期间和检验期间。

(4) 计算个股收益率的估计值(理论报酬率)。

$$\hat{R}_{jnt} = \hat{\alpha}_{jn} + \hat{\beta}_{jn} R_{mnt} \tag{10-23}$$

在式(10-23)中,$\hat{R}_{jnt}$ 为第 j 种股票在第 n 个子区间第 t 个交易日的理论报酬率;R_{mnt} 为上海 A 股综合平均收益率。

根据以前个股收益率与沪市 A 股市场收益率数据,采取普通最小二乘法估算式(10-23)的参数 α 和 β。

个股收益率的计算公式是:$(P_t - P_{t-1})/P_{t-1}$。其中,P_t 表示第 t 个交易

日的股票价格。

上证 A 股综合平均收益率计算公式是：$(I_t - I_{t-1})/I_{t-1}$。其中，I_t 表示第 t 个交易日的上海 A 股综合价格指数。

(5) 计算每种股票每个交易日的异常报酬率（AR_{jnt}）和整个形成期的累积异常报酬率（CAR_{jnm}）。

$$AR_{jnt} = R_{jnt} - \hat{R}_{jnt}$$
$$CAR_{jnm} = \sum AR_{jnt}$$

(6) 把累积异常报酬率（CAR_{jnm}）按大小排序，并分成 3 等份；取最大的 1/3 构成赢家组合，取最小的 1/3 构成输家组合；采用简单平均法分别计算形成期赢家组合与输家组合的平均累积异常报酬率 CAR_{wnm} 和 CAR_{lnm}。

(7) 重复上述方法，分别计算检验期赢家组合与输家组合的平均累积异常报酬率 CAR_{wnf} 和 CAR_{lnf}。

(8) 分别对 CAR_{wnf} 与 CAR_{wnm}，CAR_{lnf} 与 CAR_{lnm} 进行相关分析和回归分析。如果存在过度反应，相关系数和回归系数都应显著为负，即"强者变弱，弱者变强"。

10.4.2.2 统计结果

形成期和检验期赢家组合与输家组合的平均累积异常报酬率的统计结果，见表 10-5。在表 10-5 中，第七个子样本区间的四个数据都很异常。

表 10-5　　　　　　平均累积异常报酬率的统计结果

子样本区间	赢家组合		输家组合	
	CAR_{wnm}	CAR_{wnf}	CAR_{lnm}	CAR_{lnf}
1	0.354 165	−0.039 91	−0.182 21	0.552 21
2	0.097 265	0.096 535 5	−0.092 2	−0.067 45
3	0.139 778	−0.024 55	−0.106 32	−0.003 61
4	0.080 370 9	−0.006 08	−0.041 29	−0.061 47
5	0.130 058	−0.079 85	−0.206 18	−0.153 25
6	0.215 063	−0.201 825	−0.139 61	0.019 18
7	0	−2.277 24	0	−2.214 78
8	0.025 28	−0.020 32	−0.027 33	0.014 401
9	0.062 778	0.044 529	−0.028 85	0.020 353
10	0.120 270 5	0.061 083	−0.094 41	−0.004 53

(续表)

子样本区间	赢家组合		输家组合	
	CAR_{wnm}	CAR_{wnf}	CAR_{lnm}	CAR_{lnf}
11	0.054 135	−0.002 14	−0.073 72	−0.102 22
12	0.037 458	−0.042 62	−0.066	0.007 337
13	0.112 615	0.013 713	−0.023 74	−0.001 41
14	0.004 81	−0.039 34	−0.137 81	−0.020 02
15	0.097 973	−0.010 24	−0.014 36	0.019 776

10.4.2.3 研究发现

赢家组合 CAR_{wnf} 对 CAR_{wnm} 的回归系数为 −0.251 2，输家组合 CAR_{lnf} 对 CAR_{lnm} 的回归系数为 0.302 24。①从整体来看，表现为"强者不强，弱者恒弱"。所以，在整个观察期内都不支持过度反应假说。

10.5 股票投资的"惯性策略"和"反转策略"实证研究

10.5.1 "惯性策略"和"反转策略"的含义

（短期）惯性投资策略是购买过去几个月中表现良好的股票，卖出过去几个月中表现糟糕的股票。（长期）反转投资策略是购买过去 2~5 年中表现糟糕的股票，并卖出表现出色的股票。

不管是运用惯性投资策略还是反转投资策略，都可以获得超额收益。"惯性"说明市场对信息反应不足，"反转"说明市场对信息反应过度。"反应不足"和"反应过度"都不符合有效市场假说，都是市场缺乏效率的表现。

10.5.2 "惯性策略"和"反转策略"的实证检验方法

对于"惯性策略"和"反转策略"进行实证检验的一般方法如下：

（1）将一段时间分成排序期（组合形成期）和检验期。

（2）在每一个排序期中，计算每种股票每个交易日的超常收益率和整个排序期的累计超常收益率；并按累计超常收益率的大小排序，确定赢者

---

① 回归系数的值分别在原文实证结果部分的两个回归方程中。提醒读者注意原文采用的回归方法、回归系数的显著性，以及根据回归结果得出的结论等问题。

组合和输者组合。"赢者组合"是表现好、累计超常收益率高的股票组合;"输者组合"是表现不好、累计超常收益率低的股票组合。

(3) 在相应的检验期中,分别计算赢者组合和输者组合的累计平均超常收益率。

(4) 对累计平均超常收益率进行分析,确定是否存在"惯性"或"反转"。

"惯性策略"的判断。买入过去赢者并卖出过去输者,看检验期累计平均超常收益率是正数还是负数?是上升还是下降?如果是正数或上升,则存在收益惯性;如果为负数或下降,则没有表现出收益惯性。

"反转策略"的判断。买入过去输者并卖出过去赢者,看检验期累计平均超常收益率是正数还是负数?如果为负数,说明发生了"反转"。

10.5.3 王永宏和赵学军的研究

王永宏和赵学军在 2001 年第 6 期《经济研究》发表的《中国股市"惯性策略"和"反转策略"的实证分析》,以 1993 年以前上市的全部 A 股为研究对象,以 1993—2000 年为样本时限,对惯性投资策略和反转投资策略进行了实证检验。

10.5.3.1 研究方法

(1) 计算个股收益率(R_{jt})和市场收益率(R_{mt})。其中,市场收益采用上证指数收益。

(2) 计算超常收益(AR_{jt})。对于股票 j 和月份 t,$AR_{jt} = R_{jt} - R_{mt}$。

(3) 计算累计超常收益(CAR_{jn})。股票 j 在 n 个月中的累计超常收益 CAR_{jn} 是股票 j 在 n 个月中超常收益的简单加总。

(4) 按累计超常收益率排序,并确定赢者组合和输者组合。在排序期中,采用初始 n 个月的累计超常收益率进行排序。累计超常收益最高的 5 种、10 种、20 种股票定义为赢者组合;最低的 5 种、10 种、20 种股票定义为输者组合。

(5) 计算排序期赢者组合和输者组合中所有股票的平均累计超常收益(CAR_n)。

(6) 重复上述方法,计算赢者组合和输者组合在随后检验期中的累计超常收益。

为了检验短期惯性策略,买入过去赢者并卖出过去输者。排序期长度取值分别为 1 个月、3 个月、6 个月、9 个月和 12 个月,检验期长度取值分别为 1 个月、3 个月、6 个月、9 个月和 12 个月,形成了 25 种投资策略,得到了排序期为 3 个月的 24 个赢者和输者组合,排序期为 6 个月的 12 个赢者和输者组合,排序期为 9 个月的 9 个赢者和输者组合,排序期为 12 个月的 6 个赢者和输者组合。

为了检验长期反转策略,买入过去输者并卖出过去赢者。从 1996 年到 1998 年,采用重叠抽样方法构造基于 1 年、2 年、3 年排序期的赢者和输者组合,排序期的起点均为月初。对于每一个组合,随后的 5 年为检验期。

10.5.3.2 统计结果

短期惯性策略的统计结果见表 10-6,长期反转策略的统计结果见表 10-7。

表 10-6　　　　　　　短期惯性策略的统计结果

排序期	策略	CAR_1	CAR_3	CAR_6	CAR_9	CAR_{12}
1 个月期	10W	−0.014 61	−0.024 59	−0.017 16	−0.023 03	−0.015
	10L	0.007 67	0.018 97	0.015 93	0.016 39	0.012 36
	10W−10L	−0.022 28	−0.043 57	−0.033 09	−0.039 41	−0.027 36
3 个月期	10W	−0.007 08	−0.006 1	0.001 69	−0.002 62	−0.002 34
	10L	0.020 69	0.021 52	0.153 17	0.020 11	0.021 5
	10W−10L	−0.027 77	−0.027 62	−0.009 97	−0.022 73	−0.023 84
6 个月期	10W	−0.010 31	−0.001 79	−0.020 26	−0.033 74	−0.030 89
	10L	0.029 8	0.033 79	0.021 25	0.028 53	0.020 14
	10W−10L	−0.040 12	−0.035 57	−0.041 51	−0.062 27	−0.051 03
9 个月期	10W	0.026 63	−0.001 43	−0.009 69	−0.016 05	−0.015 69
	10L	0.016 44	0.040 67	0.052 61	0.059 02	0.103 41
	10W−10L	0.010 2	−0.042 1	−0.062 3	−0.075 07	−0.119 1
12 个月期	10W	0.011 34	0.023 8	−0.027 74	−0.074 52	−0.052 88
	10L	−0.003 06	0.020 17	−0.053 27	0.041 62	0.065 42
	10W−10L	0.014 41	0.003 62	0.025 53	−0.116 14	−0.118 3

表 10-7　　　　　　　长期反转策略的统计结果

排序期	策略	CAR_{12}	CAR_{24}	CAR_{36}	CAR_{48}	CAR_{60}
1 年期	10W	−0.041 43	−0.126 29	−0.123 03	−0.001 21	0.095
	10L	0.096 12	0.221 44	0.259 31	0.175 09	0.124 07
	10W−10L	−0.137 54	−0.347 72	−0.382 33	−0.176 29	−0.029 07

(续表)

排序期	策略	CAR_{12}	CAR_{24}	CAR_{36}	CAR_{48}	CAR_{60}
2年期	10W	−0.088 18	−0.138 92	−0.081 05	0.075 62	0.245 51
	10L	0.194 89	0.296 88	0.316 87	0.251 13	0.343 77
	10W−10L	−0.283 07	−0.435 8	−0.397 92	−0.175 51	−0.098 26
3年期	10W	−0.051 24	−0.094 54	−0.004 79	0.254 48	0.273 04
	10L	0.178 33	0.202 26	0.270 3	0.284 62	0.451 96
	10W−10L	−0.229 57	−0.296 81	−0.275 09	−0.030 14	−0.178 92

10.5.3.3 研究发现

从表10-6中可以发现，赢者和输者组合都没有表现出相应的收益惯性，而表现出一定程度的反转。一方面，排序期为1个月、3个月和6个月的惯性策略组合(赢者组合—输者组合，10W-10L)在其后各检验期内的累计平均超常收益均为负值；另一方面，随着检验期延长，排序期为9个月和12个月的惯性策略组合的累计平均超常收益逐步降低。比如，策略(12,12)的累计平均超常收益为−11.83%。

从表10-7中可以发现，赢者和输者组合都表现出相当程度的反转。反转策略投资者购买过去1年、2年和3年的输者并卖出同期赢者，包含20种股票的策略组合，在2年检验期内分别获得平均34.77%，43.58%和29.681%的超常收益，在3年检验期内分别获得平均约为38.23%，39.79%和27.51%的超常收益。超常收益主要由过去的输者决定，过去赢者的表现与市场表现大体相当。

10.6 股票市场的规模效应和时间效应实证研究

10.6.1 理论基础

10.6.1.1 "规模效应"和"时间效应"的含义

"规模效应"是指股票投资收益率随公司相对规模的上升而下降。市值较小公司股票的投资收益率超过市场平均水平，称为"小公司效应"(Small-firm Effect)。

"时间效应"是指股票市场会在某些特定的时间段中有规律地呈现异常的走势，包括"周内效应"和"月份效应"。

"周内效应"是指一周内某一天股票的收益率显著地高于或低于其他几天的股票收益率,或一周平均的股票收益率。比如"星期一效应",即星期一的平均收益率比一周内其他任何一天的平均收益率低得多,而且在统计上显著。

"月份效应"是指某月股票的收益率显著地高于或低于其他月份的股票收益率,或一年平均的股票收益率。比如"1月份效应",即股票价格在1月份呈上涨趋势,1月份股票投资的收益率较高。

不管是"规模效应"还是"时间效应",都很难用资本资产定价模型和市场有效性理论加以解释,是一种市场异象(Market Anomalies),表明股票市场缺乏效率。

10.6.1.2 产生"规模效应"和"时间效应"的原因

(1)"被遗忘效应"(The Neglected-Firm Effect)。Arbel 和 Strebel(1983)认为,产生"小公司效应"的主要原因是小公司容易被集团投资者忽略。集团投资者重视引人注目的大公司,而不愿研究小公司,市场参与者对小公司也知之甚少,从而导致小公司股票的投资风险远大于大公司股票,小公司股票的投资者期望获取超额收益,对投资风险加以补偿。

(2)"纳税效应"(Tax-Loss Selling)。Ritter(1988)认为,为了避免缴纳资本利得税,投资者通常在年底前抛售那些已跌价的股票,造成资本损失;然后在下年年初将抛售股票收回的资金用于再投资,从而引起下年年初买入股票增加,股价上升,形成"1月份效应"。

(3)"流动性效应"。Yakov Amihud 和 Haim Mendelson(1986)认为,小公司股票的流动性不如大公司股票,小公司股票的流动性风险大于大公司股票。为了弥补可能出现的变现损失,补偿流动性风险,投资者期望获取超额收益。"小公司效应"是流动性风险在股票价格中的体现。

10.6.2 汪炜和周宇的研究

汪炜和周宇在《经济研究》2002年第10期上发表的《中国股市的"规模效应"和"时间效应"的实证分析——以上海股票市场为例》,以1996年12月31日以前在上海证券交易所上市的287家公司为研究对象,对"小公司1月份效应"进行了实证检验。

10.6.2.1 研究方法

(1)建立小公司股票组合。分别按1996年12月31日和2001年12月31日A股平均流通市值对样本公司进行排序,选择平均流通市值最小的50家上市公司,构成小公司股票组合。

(2) 计算个股收益率(R_{it})。根据第t期的开盘价和收盘价计算,计算公式如下:

$$R_{it} = \frac{p_{it}^* - p_{it}}{p_{it}} \quad (10-24)$$

在式(10-24)中,R_{it}表示股票i第t期的收益率;p_{it}是股票i第t期的开盘价;p_{it}^*是股票i第t期的收盘价。

(3) 计算市场收益率(R_{mt})。根据第t期的开盘指数和收盘指数计算,计算公式如下:

$$R_{mt} = \frac{m_t^* - m_t}{m_t} \quad (10-25)$$

在式(10-25)中,R_{mt}表示沪市第t期的收益率;m_t是沪市第t期的开盘指数;m_t^*是沪市第t时期的收盘指数。

(4) 计算个股相对收益率(ER_{it})。相对收益率反映某只股票价格走势相对于市场的强弱,是个股收益率与市场收益率之差。

$$ER_{it} = R_{it} - R_{mt}$$

(5) 计算股票组合的相对收益率(ERp_t)。对个股相对收益率进行加权平均,权数(W_i)是个股流通市值占股票组合总流通市值的比例。

$$ERp_t = \sum W_i \cdot ER_{it}$$

(6) 计算股票组合的月平均相对收益率($MERp_m$)。

(7) 计算回报与波动性比率(Reward-to-Variability Ratio),又称为夏普测度(Sharpe's Measure)。

$$RV_m = \frac{MERp_m}{\delta p_m} \quad (10-26)$$

在式(10-26)中,RV_m表示回报与波动性比率;$MERp_m$表示股票组合的月平均相对收益率;δp_m是股票组合月平均相对收益率的标准差(风险)。RV_m反映在股票组合中,每一单位的标准差所得到的收益补偿,是每单位风险的超额收益。

10.6.2.2 统计结果

小公司股票组合月平均相对收益率的统计结果,见表10-8。

表 10-8　　　　　　　月平均相对收益率的统计结果

月份	$MERp_m$	δp_m	RV_m
1	−0.002	0.025	−0.086
2	0.016	0.032	0.489
3	0.080	0.062	1.285
4	−0.012	0.069	−0.17
5	0.019	0.051	0.362
6	0.023	0.074	0.305
7	0.033	0.026	1.263
8	0.043	0.042	1.027
9	0.004	0.057	0.065
10	0.024	0.037	0.654
11	0.01	0.028	0.379
12	−0.004	0.022	−0.183

10.6.2.3　研究发现

(1) 除了 1 月、4 月和 12 月之外，其余 9 个月的 $MERp_m$ 是正数，意味着这 9 个月的平均相对收益率大于市场收益率。从总体上看，存在小公司超额收益，即存在"规模效应"。

(2) 在 1 月份，小公司股票组合的相对收益率为负，说明不存在"小公司 1 月份效应"。

10.7　基于股票内在价值的证券市场效率指数研究

10.7.1　编制证券市场效率指数的意义

证券市场效率不是一个有无的问题，而是一个程度问题，即在多大程度上具有效率。这就像商品价格，总是有涨有跌，重要的是上涨或者下跌了多少。这是由人的有限理性，以及社会经济环境的复杂性、不确定性所决定的。

然而，国内外有关证券市场效率的研究，关注的却是"有无问题"，而不是"程度问题"。主要集中在以下两个方面：①证券市场是否有效？尽管罗伯特·希勒长期致力于市场非理性研究，认为股市繁荣是非理性的，但却与有效市场假说的创立者尤金·法玛一起荣获2013年度诺贝尔经济学奖。这似乎表明,证券市场有效或无效,就像一枚硬币的正面和反面一样。②如果证券市场有效,那么是弱型、半强型还是强型?鲍尔和布朗(Ball & Brown,1968)对证券市场有效性进行了开创性的实证检验。结果发现,纽约证券交易所达到了半强型效率。沈艺峰(1996)、吴世农和黄志功(1997)、陈小悦、陈晓和顾斌(1997)等借鉴鲍尔和布朗的研究方法,率先对中国股市效率进行了实证研究。沈艺峰(1996)发现,中国股票市场不具有半强式有效性。吴世农和黄志功(1997)也发现,沪市还没有达到半强型效率。陈小悦、陈晓和顾斌(1997)发现,中国股市总体上已经达到弱型效率。

无论是弱型、半强型还是强型,都是对证券市场效率的一种定性,就像给学生论文的评价"优秀、良好、及格或不及格"一样,就像对物价是上涨还是下跌所作的判断一样。本文试图编制证券市场效率指数,反映证券市场效率及其变化,就像编制物价指数反映物价涨跌一样,就像把对学生论文的评价从等级改为分数一样。这种尝试既有较大的理论价值,又有较大的实践意义。其理论价值表现在,为证券市场效率计量研究提供了一种新的思路,可以推动证券市场效率计量研究的发展;其实践意义表现在,可以为投资者进行投资决策提供一种新的参考或依据,就像股票价格指数或市盈率指标可以作为投资决策的参考一样。

10.7.2 编制证券市场效率指数的理论依据

市场有效意味着:①投资者不能获得超常收益。这里的"超常收益"是指超过"按风险调整的市场平均回报率"的那部分收益,"不能获得超常收益"意味着只能获得"按风险调整的市场平均回报率"。简森(Jensen,1978)认为,如果根据一组信息从事交易无法赚取经济利润,那么资本市场是有效率的。"经济利润"是指按风险调整的市场平均回报率。②股票价格的非相关性意味着市场有效性。随机变化的价格,不仅不是市场非理性的证据,而正是众多理性投资者开发有关信息,并对其作出反应的结果。1953年,英国统计学家肯德尔发现,股市价格遵循随机行走(Random Walk)规律,没有任何规律可寻,就像一个醉汉走路一样,"机会之魔每周扔出一个随机数字,把它加在目前的价格上,以此决定下一周的价格"。所以,难以预测股票价格的变化。③证券价格充分地反映了其内在价值,证券价格与其内在价值的比率趋近于1。如果证券价格偏离其内在价值,则说明证券市场缺乏效率。证券价格与其内在价值偏离程度越大,证券价格越不合理,市场效率越低。

上述证券价格与其内在价值之间的关系,为评价证券市场效率提供了一种新的方法,为编制证券市场效率指数提供了一种新的思路。

10.7.3 证券市场效率指数的编制方法

证券市场效率指数是证券价格与其内在价值的比率。首先计算每只股票的效率指数,然后加权平均得到行业效率指数和市场效率指数。

编制证券市场效率指数的步骤和方法如下。

10.7.3.1 确定每一只股票的市场价格(P_{it})

股票的市场价格可以采用上海证券交易所和深圳证券交易所公布的每只股票每年年末的收盘价。

10.7.3.2 估计每一只股票的理论价值或内在价值(V_{it})

根据主流财务理论,股票的理论价值或内在价值可以采用市盈率模型、市净率模型、股利贴现模型、贴现的现金流量模型等进行估算。

(1) 市盈率(P/E)模型。

根据本年度的每股收益和上年度的市盈率,估算本年度股票的理论价值或内在价值(V_{it})。即:

$$V_{it} = EPS_{it} \times PE_{i(t-1)} \tag{10-27}$$

在式(10-27)中,V_{it} 表示第 i 只股票第 t 年的理论价值或内在价值;EPS_{it} 表示第 i 只股票第 t 年的每股收益;$PE_{i(t-1)}$ 表示第 i 只股票第 $(t-1)$ 年的市盈率。

(2) 市净率(P/B)模型。

根据本年度的每股净资产和上年度的市净率,估算本年股票的理论价值或内在价值(V_{it})。即:

$$V_{it} = APS_{it} \times PB_{i(t-1)} \tag{10-28}$$

在式(10-28)中,V_{it} 表示第 i 只股票第 t 年的理论价值或内在价值;APS_{it} 表示第 i 只股票第 t 年的每股净资产;$PB_{i(t-1)}$ 表示第 i 只股票第 $(t-1)$ 年的市净率。

(3) 股利贴现模型(DDM)。

如果假定投资者购买股票之后不出售,那么股票的理论价值或内在价值就是各期股利的现值之和。即:

$$V_{it} = \sum_{t=1}^{n} \frac{D_{it}}{(1+R_{it})^t} \qquad (10\text{-}29)$$

在式(10-29)中,V_{it} 表示第 i 只股票第 t 年的理论价值或内在价值;D_{it} 表示第 i 只股票第 t 年的每股现金股利;R_{it} 表示第 i 只股票第 t 年的贴现率。R_{it} 可以根据资本资产定价模型进行估算,即:

$$R_{it} = r_t + \beta_{it}(r_{mt} - r_t) \qquad (10\text{-}30)$$

在式(10-30)中,R_{it} 表示第 i 只股票第 t 年的贴现率;r_t 表示第 t 年的无风险收益率,采用第 t 年财政部发行国债的利率;r_{mt} 表示第 t 年的市场平均收益率;β_{it} 表示第 i 只股票第 t 年的 β 系数。

(4) 自由现金流贴现(DCF)模型。

如果假定企业生产经营活动持续不断地进行下去,未来产生的自由现金流体现了企业的真实收益,那么股票的理论价值或内在价值就是各期自由现金流量的现值之和。即:

$$V_{it} = \sum_{t=1}^{n} \frac{FCF_{it}}{(1+R_{it})^t} \qquad (10\text{-}31)$$

在式(10-31)中,FCF_{it} 表示第 i 只股票第 t 年的自由现金流量,在本文中,用每股现金净流量代替;其余变量的含义和计算方法与式(10-29)相同。

10.7.3.3 计算每只股票的效率指数(EI_g)

每只股票效率指数(EI_g)的计算公式如下:

$$EI_g = \frac{P_{it}}{V_{it}} \times 100\% \qquad (10\text{-}32)$$

10.7.3.4 计算行业效率指数(EI_h)

以每只股票的市值为权数(W_{ig}),对行业内所有股票的效率指数进行加权平均。即:

$$EI_h = \frac{\sum EI_g \times W_{ig}}{\sum W_{ig}} \times 100\% \qquad (10\text{-}33)$$

10.7.3.5 计算市场效率指数(EI_s)

以每个行业所有股票的市值总额为权数(W_{hg}),对所有行业效率指数进行加权平均。即:

$$EI_s = \frac{\sum EI_h \times W_{hg}}{\sum W_{hg}} \times 100\% \qquad (10-34)$$

10.7.4 证券市场效率指数编制方法的应用

10.7.4.1 数据来源和数据处理方法

采用1993—2014年中国深圳证券交易所和上海证券交易所上市公司数据,利用锐思数据库(RESSET)和国泰安数据库(CAMAR)进行原始数据搜集和样本公司的筛选。初选样本公司同时满足以下条件:①"金融行业标识"选择"非金融行业",即剔除了金融保险类上市公司;②"主板三板标识"选择"主板",即不包括"创业板、三板";③"股票类型"选择"A股",即不包括B股;④"当前状态"选择"正常上市",即不包括"ST、*ST,暂停上市、退市、三板市场";⑤行业分类采用2012年中国证券监督管理委员会行业分类。

先从数据库中导出原始数据,再把存在异常值和缺失值的样本,从初选样本中删去。最终得到样本数据17 441条。利用Excel 2003计算效率指数。

10.7.4.2 基于四种估价模型的深市和沪市效率指数

分别采用市盈率(P/E)模型、市净率(P/B)模型、股利贴现模型(DDM)和自由现金流贴现(DCF)模型对1994—2014年深圳证券交易所和上海证券交易所的效率指数进行了估算,结果见表10-9。

表10-9　基于四种估价模型的深市和沪市效率指数表

年份	市盈率模型(%)		市净率模型(%)		股利贴现模型(%)		自由现金流贴现模型(%)	
	深市	沪市	深市	沪市	深市	沪市	深市	沪市
1994	85	145	47	83	1 112	1 751	432	647
1995	170	152	67	75	718	1 407	299	524
1996	436	254	223	119	1 535	2 008	917	722
1997	179	197	103	113	1 983	1 946	962	767
1998	160	156	82	94	1 778	1 680	757	700
1999	196	212	105	106	1 782	1 767	755	719
2000	256	274	143	146	3 439	3 270	1 142	1 111
2001	121	123	67	71	2 275	2 327	800	838

(续表)

年份	市盈率模型(%)		市净率模型(%)		股利贴现模型(%)		自由现金流贴现模型(%)	
	深市	沪市	深市	沪市	深市	沪市	深市	沪市
2002	110	104	74	74	1 557	1 673	597	646
2003	78	89	80	79	1 307	1 492	481	518
2004	68	75	79	79	1 388	1 283	398	391
2005	77	85	77	79	1 089	1 062	311	312
2006	119	139	153	154	2 024	1 807	492	480
2007	141	171	217	214	5 435	4 354	1 241	1 119
2008	39	39	39	38	2 323	1 784	621	473
2009	205	180	208	195	5 320	3 781	1 332	1 045
2010	80	57	104	97	6 851	4 283	1 551	1 148
2011	62	57	55	61	5 375	3 340	1 437	859
2012	101	102	90	82	6 529	4 561	1 502	977
2013	115	99	104	100	12 958	8 725	1 488	2 226
2014	128	120	107	120				

根据10.7.2的理论分析,指数越接近100,市场效率越高。如果指数大于100,说明证券市场价格大于其内在价值;如果指数小于100,说明证券市场价格小于其内在价值。这都是市场缺乏效率的表现。

从表10-9中可以发现,接近100的效率指数很少,说明不管是深市还是沪市,总体上都缺乏效率。基于股利贴现模型(DDM)和自由现金流贴现(DCF)模型的效率指数都很大,可能意味着股利贴现模型(DDM)和自由现金流贴现(DCF)模型并不适用于估算中国上市公司的内在价值。也就是说,股利或自由现金流都不能反映中国上市公司的内在价值。

从表10-9中也可以发现:①从基于市盈率(P/E)模型的效率指数来看,深市2012年效率指数为101,接近100,因而效率较高;而1996年效率指数为436,2008年效率指数为39,都与100有较大的偏离,因而效率较低。沪市2002年、2012年和2013年的效率指数分别为104、102和99,都接近100,因而都具有较高的效率;而2000年效率指数为274,2008年效率指数为39,都与100有较大的偏离,因而效率较低。②从基于市净率(P/B)模型的效率指数来看,深市1997年效率指数为103,1999年效率指数为105,2010年和2013年效率指数都是104,都比较接近100,因而效率较高;而1996年效率指数为223,2008年效率指数为39,都与100有较大的偏离,因而效率较低。沪市 2013 年的效率指数正好是 100,因而具有很高的效率;而 2007 年效率指数为 214,2008 年效率指数为 38,都与 100 有较大的偏离,因而效率较低。

10.7.5 进一步的统计分析

10.7.5.1 效率指数的描述性统计分析

对表 10-9 中的数据进行描述性统计,结果见表 10-10。

表 10-10　　　　效率指数描述性统计分析表

变量		指数个数(个)	最小值(%)	最大值(%)	平均值(%)	标准差(%)	标准差系数(%)
市盈率模型	深市	21	39	436	139	87	62
	沪市	21	39	274	135	64	47
市净率模型	深市	21	39	223	106	54	51
	沪市	21	38	214	104	43	42
股利贴现模型	深市	20	718	12 958	3 339	2 986	89
	沪市	20	1 062	8 725	2 715	1 789	66
自由现金流贴现模型	深市	20	299	1 551	876	430	49
	沪市	20	312	2 226	811	416	51

从表 10-10 中可以发现:采用四种模型估算的深市和沪市效率指数的标准差以及标准差系数都较大。其中,采用股利贴现模型估算的深市和沪市效率指数的标准差系数都最大。从总体上看,不同年份效率指数差别较大。

10.7.5.2 效率指数的相关性分析

对表 10-9 中的数据进行相关性分析,结果见表 10-11。

表 10-11　　　　效率指数相关性分析表

项目			市盈率模型		市净率模型		股利贴现模型		现金流贴现模型	
			深市	沪市	深市	沪市	深市	沪市	深市	沪市
市盈率模型	深市	相关系数	1							
		显著性								
	沪市	相关系数	0.866**	1						
		显著性	0.000							

(续表)

项目			市盈率模型		市净率模型		股利贴现模型		现金流贴现模型	
			深市	沪市	深市	沪市	深市	沪市	深市	沪市
市净率模型	深市	相关系数	0.693**	0.625**	1					
		显著性	0.000	0.002						
	沪市	相关系数	0.433*	0.580**	0.885**	1				
		显著性	0.050	0.006	0.000					
股利贴现模型	深市	相关系数	−0.127	−0.201	0.191	0.214	1			
		显著性	0.594	0.396	0.419	0.364				
	沪市	相关系数	−0.031	−0.079	0.252	0.276	0.985**	1		
		显著性	0.897	0.741	0.284	0.240	0.000			
现金流贴现模型	深市	相关系数	0.121	0.044	0.360	0.335	0.825**	0.803**	1	
		显著性	0.610	0.855	0.119	0.149	0.000	0.000		
	沪市	相关系数	0.106	0.092	0.272	0.302	0.924**	0.963**	0.775**	1
		显著性	0.656	0.701	0.245	0.196	0.000	0.000	0.000	

注：①"相关系数"是 Pearson 相关系数。②"＊＊"表示相关系数在 1% 的水平上显著（双尾），"＊"相关系数在 5% 的水平上显著（双尾）。

从表 10-11 中可以发现：①采用市盈率模型估算的深市和沪市效率指数的相关系数为 0.866，且在 1% 水平上显著；采用市盈率模型估算的效率指数与采用市净率模型估算的效率指数显著正相关。其中，采用市盈率模型估算的深市效率指数与采用市净率模型估算的深市和沪市效率指数的相关系数分别是 0.693 和 0.433，分别在 1% 和 5% 水平上显著；采用市盈率模型估算的沪市效率指数与采用市净率模型估算的深市和沪市效率指数的相关系数分别是 0.625 和 0.58，且都在 1% 水平上显著；采用市盈率模型估算的效率指数与采用股利贴现模型估算的效率指数负相关，但不显著；采用市盈率模型估算的效率指数与采用现金流贴现模型估算的效率指数正相关，但不显著。②采用市净率模型估算的深市和沪市效率指数的相关系数为 0.885，且在 1% 水平上显著；采用市净率模型估算的效率指数与采用股利贴现模型估算的效率指数和现金流贴现模型估算的效率指数都正相关，但不够显著。③采用股利贴现模型估算的深市和沪市效率指数的相关系数为 0.985，且在 1% 水平上显著；采用股利贴现模型估算的深市效率指数与采用现金流贴现模型估算的深市和沪市效率指数的相关系数分别是 0.825 和 0.924,且都在 1% 水平上显著;采用股利贴现模型估算的沪市效率指数与采用现金流贴现模型估算的深市和沪市效率指数的相关系数分别是 0.803 和 0.963,且都在 1% 水平上显著。④采用现金流贴现模型估算的深市和沪市效率指数的相关系数为 0.775,且在 1% 水平上显著。

10.7.5.3 效率指数变化趋势比较分析

1) 基于市盈率(P/E)模型效率指数的变化趋势

如图 10-6 所示,深市和沪市基于市盈率(P/E)模型效率指数的变化趋势是一致的。1996 年,深市和沪市的效率指数差别较大。除了 1996 年之外,其余年份深市和沪市的效率指数都比较接近。

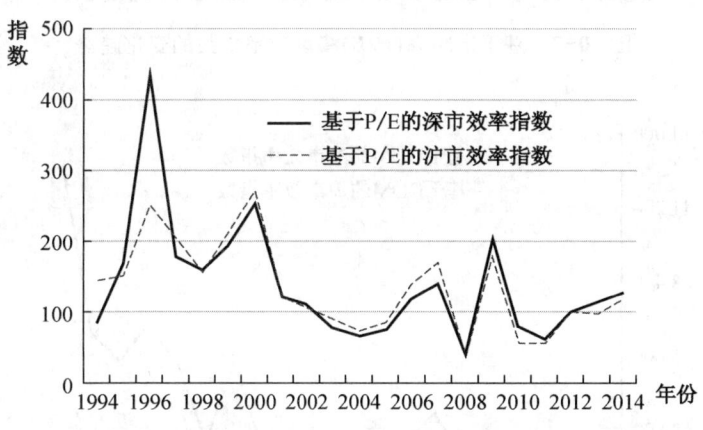

图 10-6 基于市盈率(P/E)模型效率指数的变化趋势

2) 基于市净率(P/B)模型效率指数的变化趋势

基于市净率(P/B)模型效率指数的变化趋势,如图 10-7 所示。1999—2014 年,深市和沪市的效率指数曲线几近重合,变化趋势高度一致。1994—1998 年,深市和沪市的效率指数虽存在一些差别,但变化趋势比较一致。1996 年,深市和沪市效率指数差别最大。

3) 基于股利贴现模型(DDM)效率指数的变化趋势

基于股利贴现模型(DDM)效率指数的变化趋势,如图 10-8 所示。1994—2008 年,深市和沪市效率指数差别不大,变化趋势比较一致。2009—2013 年,深市和沪市效率指数存在较大差别,但变化趋势仍比较一致。

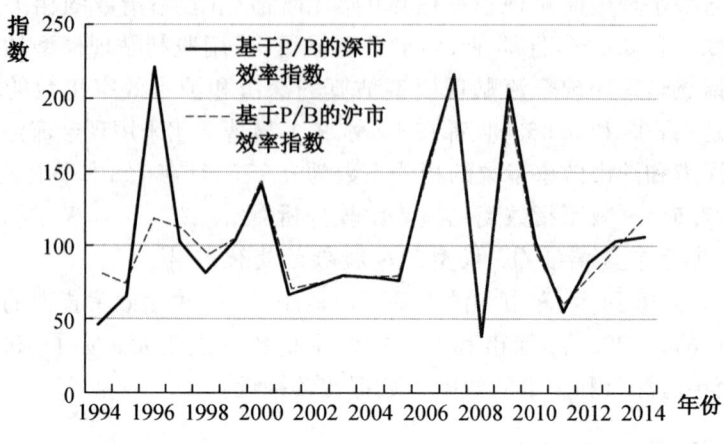

图 10-7　基于市净率（P/B）模型效率指数的变化趋势

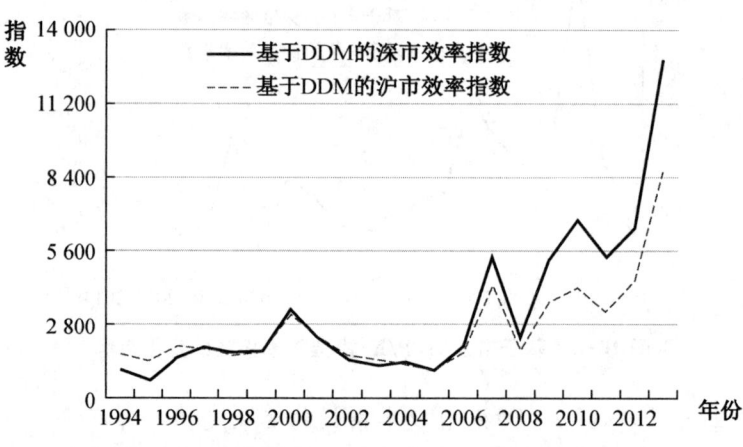

图 10-8　基于股利贴现模型（DDM）效率指数的变化趋势

4）基于自由现金流贴现（DCF）模型效率指数的变化趋势

基于自由现金流贴现（DCF）模型效率指数的变化趋势，如图 10-9 所示。1998—2007 年，深市和沪市效率指数差别不大，变化趋势比较一致。1994—1997 年，深市和沪市效率指数差别较大，但变化趋势仍比较一致。2008—2013 年，深市和沪市效率指数差别较大，变化趋势也不够一致。特别是 2012 年和 2013 年，深市和沪市效率指数差异很大。

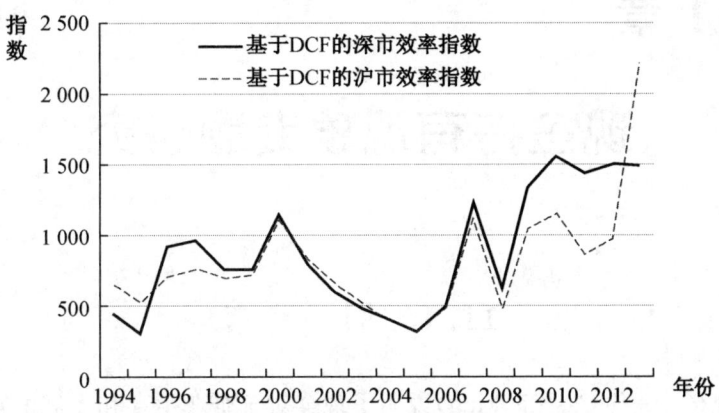

图 10-9 基于自由现金流贴现(DCF)模型效率指数的变化趋势

10.7.6　研究结论

利用 1993—2014 年深圳证券交易所和上海证券交易所 A 股非金融业上市公司数据,分别采用市盈率模型、市净率模型、股利贴现模型和贴现的现金流量模型对股票的理论价值或内在价值进行估算,并以股票的内在价值为基础计算股市效率指数。结果发现:①不管是深市还是沪市,总体上都缺乏效率。②采用四种模型估算的深市和沪市效率指数的标准差以及标准差系数都较大。从总体上看,不同年份效率指数的差别较大。③采用市盈率模型和市净率模型估算的效率指数显著正相关;采用股利贴现模型和现金流贴现模型估算的效率指数显著正相关。而采用市盈率模型、市净率模型估算的效率指数与采用股利贴现模型、现金流贴现模型估算的效率指数之间,均没有显著的相关关系。④采用四种模型估算的深市和沪市效率指数都显著正相关,深市和沪市效率指数的变化趋势比较一致。

第 11 章

现金持有现象专题研究

11.1 引 言

"现金为王"(Cash is king)说明了现金对于企业生存和发展的重要性。但在完善市场条件下,由于可以随时筹集到所需要的资金,企业没有必要持有现金。因为持有现金会增加管理费用,会失去投资收益,可能被盗窃或滥用,从而给企业造成损失,影响企业的盈利能力。所以,企业现金持有行为引起了国内外学术界的持续关注,现金持有现象是观察宏观经济环境、市场竞争、公司治理,以及企业财务状况的一面镜子,是流动性偏好理论、优序融资理论、代理理论等主流财务理论的试金石。

在中国的上市公司中,高额现金持有现象十分普遍。1999—2013 年,中国 A 股上市公司"年末货币资金余额/年末资产总额"平均约为 15%,远高于英国、美国等发达市场经济国家上市公司现金持有量占资产总额的比例 8%。根据 A. Ozkan 和 N. Ozkan 的调查,英国公司现金及现金等价物占资产总额的比例平均为 9.9%。而且,中国上市公司年末货币资金余额总体上呈上升趋势,1999—2012 年年均增长率即"(年末货币资金余额−年初货币资金余额)/年末资产总额"约为 2%。从具体上市公司来看,尽管贵州茅台和苏宁云商在地理位置、经济性质、主营业务、盈利能力、市场表现等方面都存在巨大差异,但现金持有行为却惊人地相似。2004—2012 年货币资金占资产总额的比例("货币资金/资产总额"),贵州茅台平均约为 49%,苏宁云商平均约为 40%。为什么如此多的资产以货币资金形态存在?主流的公司财务理论难以作出合理的解释。

为此,首先分年度对中国上市公司现金持有行为进行统计分析,以便对上市公司现金持有行为及其发展趋势有一个基本的了解和判断;然后,对国内外各种有关上市公司现金持有行为的理论和实证研究发现进行介绍和评论。在此基础上,对中国上市公司现金持有行为进行实证检验。

本研究主要有以下两个方面的学术贡献：①通过对现金持有水平及其变化趋势分年度的统计分析，为中国上市公司高额现金持有现象提供了更充分的证据；②通过对现金持有水平影响因素的实证检验，发现了一些与流动性偏好理论、优序融资理论、代理理论等主流财务理论的预期不一致的异常现象，并对这些异象作出了一些解释。

11.2 中国上市公司现金持有量及其变化趋势

11.2.1 上市公司现金持有行为的计量

学术界采用的计量公司现金持有行为的方法主要有三种：一是采用"现金及现金等价物/资产总额"计量；二是采用"现金及现金等价物/销售收入"计量；三是采用"现金及现金等价物/(资产总额－现金及现金等价物)"计量。在上述三种计量方法中，"资产总额""销售收入""现金及现金等价物"等数据分别来源于资产负债表、利润表和现金流量表。

为了便于进行数据处理，本文采用"年末货币资金余额/年末资产总额"计量公司的现金持有量，同时采用"(年末货币资金余额－年初货币资金余额)/年末资产总额"反映公司现金持有量的变化趋势（增长率）。其中，"年末资产总额""年初货币资金余额""年末货币资金余额"等数据都来源于资产负债表。

11.2.2 样本选择和数据处理

利用锐思（RESSET）数据库，进行样本公司的筛选和原始数据搜集。初选样本公司同时满足以下条件：①"所属地区"：选择"全部"，即包括大陆所有上市公司；②"交易所标识"：选择"全部"，即包括在上海证券交易所和深圳证券交易所上市的公司；③"股票类型"：选择"A股"，即不包括B股；④"当前状态"：选择"正常上市"，即不包括"ST、*ST、暂停上市、退市、三板市场"；⑤"上市标识"：选择"A"，即不包括"AB、ABH、AH、AHN、AN、B"；⑥"主板三板标识"：选择"主板"，即不包括"创业板、三板"；⑦"金融行业标识"：选择"非金融行业"，即不包括"金融行业"；⑧"所属行业"：选择"证监会行业分类 2012 年版"中除金融业之外的其他所有行业；⑨样本时限：从 1998 年到 2013 年。

从数据库中导出"年末资产总额""年初货币资金余额""年末货币资金

余额"等原始数据后,再利用 SPSS19.0 对数据进行处理。发现异常值,并把含有异常值的样本,从初选样本中删除;把含有缺失值的样本,从初选样本中删除。

进行上述数据处理之后,利用 EXCEL 计算"年末货币资金余额/年末资产总额""(年末货币资金余额－年初货币资金余额)/年末资产总额"。

11.2.3 上市公司现金持有行为的基本特征

全部样本公司现金持有水平及其变化趋势,如表 11-1 和图 11-1 所示。

表 11-1　　　　全部样本公司现金持有水平及其增长率

年份	年末货币资金余额/年末资产总额	(年末货币资金余额－年初货币资金余额)/年末资产总额
1999	0.118 0	0.020 9
2000	0.140 6	0.030 6
2001	0.161 3	0.017 1
2002	0.152 5	－0.001 3
2003	0.141 2	0.005 4
2004	0.134 6	0.006 6
2005	0.126 1	0.001 3
2006	0.136 0	0.031 4
2007	0.135 3	0.032 6
2008	0.150 5	0.021 8
2009	0.161 1	0.050 8
2010	0.176 4	0.050 7
2011	0.164 4	0.018 1
2012	0.154 7	0.010 0
2013	0.140 7	0.002 6
年平均	0.146 2	0.020 0

从表 11-1 和图 11-1 可以发现:①上市公司现金持有水平较高,且总体上持续增长。1999—2013 年,"年末货币资金余额/年末资产总额"平均为 0.146 2,"(年末货币资金余额－年初货币资金余额)/年末资产总额"平均为 0.02。②从 1999 年到 2013 年,现金持有水平的变化趋势呈"M"形。

即从 1999 年到 2001 年呈上升趋势,从 2001 年到 2005 年呈下降趋势,从 2005 年到 2010 年呈上升趋势,从 2010 年到 2013 年呈下降趋势。③从现金持有水平来看,1999 年最低,为 0.118 0;2010 年最高,为 0.176 4。④从增长率来看,除了 2002 年为负增长之外,其他年份的增长率都为正数。其中,2009 年增长率最大,为 0.050 8。

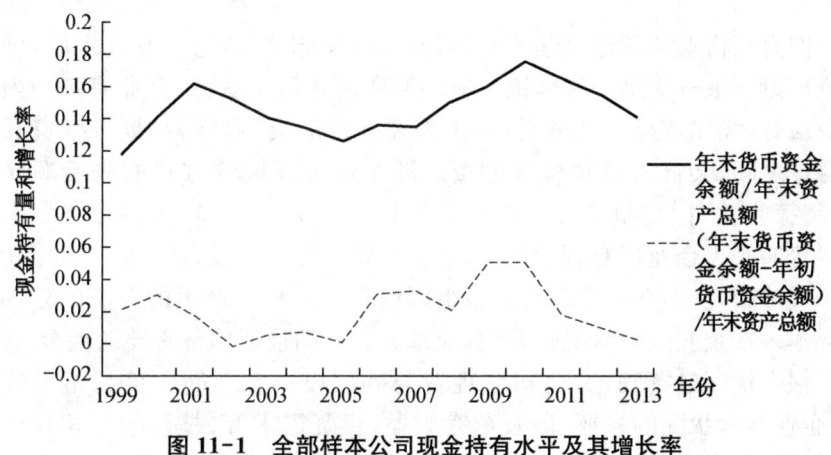

图 11-1　全部样本公司现金持有水平及其增长率

11.3　上市公司现金持有行为的理论解释

11.3.1　凯恩斯的流动性偏好理论

根据凯恩斯提出的"流动性偏好的心理动机和业务动机"学说,持有现金的理由有收入动机、业务动机、谨慎动机和投机动机。收入动机是指持有现金以备在两次收入之间用于支付;业务动机是指持有现金以备在进货之后、销货之前用于支付;谨慎动机是指持有现金以备在偶然事件发生之后或意外的购买机会出现之后用于支付,或者用于偿还债务;投机动机是指持有现金以便在银行存款利率、债券利息率或股票价格发生变动的情况下投资获利。

收入动机的强弱程度取决于收入的多少,以及取得两次收入之间的时间间隔;业务动机的强弱程度取决于业务量的大小,以及进货和销货之间的时间间隔;谨慎动机的强弱程度取决于债务规模、债务期限,以及外部环境的不确定性;投机动机的强弱程度主要取决于金融市场环境的不确定性，以及对这种不确定性的预期。

11.3.2 梅耶斯和迈基里夫的优序融资理论

1961年，唐纳森（Donaldson）率先提出了优序融资理论的思想，认为管理者具有一种强烈的融资偏好，即把企业内部产生的资金作为一种新的资金来源。

但直到梅耶斯和迈基里夫（Myers and Majluf）的论文发表之后，优序融资理论才被看成是一种理论。梅耶斯和迈基里夫认为，企业有一种内部融资偏好，优先选择内部融资；如果需要外部融资，那么，在债务融资和股权融资之间，会优先选择债务融资。即企业选择融资方式的先后顺序如下：留存收益（内部资金）—安全性债务（债券）—风险较大的债务—优先股—普通股。企业持有现金的目的是在留存收益和投资需求之间建立起一个缓冲带，从而在一定程度上减少因信息不对称而产生的较高的外部融资成本。在企业经营状况较好时，应该为后期的投资储备必要的现金。

根据优序融资理论，公司管理者与外部投资者之间的信息不对称程度、企业经营状况的好坏，以及留存收益、投资需求等，是影响公司现金持有量的主要因素。

11.3.3 简森和麦克林的代理理论

优序融资理论建立在股东价值最大化假设之上。但简森和麦克林（Jensen and Meckling）提出的代理理论认为，由于股东和经营者的目标函数不一致，以及信息不对称，经营者可能为了自身的利益而损害股东的利益，从而难以实现股东价值最大化目标。

在代理理论基础上，简森（Jensen）进一步提出了自由现金流量假说。简森认为，为了实现股东价值最大化目标，自由现金流量应该作为股利支付给股东，但管理者不愿意这样做。一方面，把自由现金流量支付给股东会减少管理者所能支配的资源，影响公司的成长，从而影响到与公司成长联系在一起的管理者报酬；另一方面，把自由现金流量留下来，可以满足将来的资金需要，以免以后通过负债或发行股票筹集资金。相反，管理者更倾向于持有较多的现金。持有较多的现金更容易谋取个人私利，比如在职消费、增加福利、非效率性投资，以及通过捐赠获取好的声誉等；持有较多的现金也可以保证在遇到突发事件的时候有足够的支付能力，避免陷入财务危机。

在自由现金流量的使用上，股东和管理者存在激烈冲突。因此，需要建立一系列激励约束机制,比如公司治理结构、产品市场竞争、经理人市场竞争,以及兼并和收购等。

11.3.4 对上述理论的简要总结

根据上述理论,影响公司现金持有行为的主要因素大致上可以分为三类:一是公司治理结构。良好的公司治理结构可以对经营者的行为实施有效的约束或制衡,从而减少或避免持有超过企业实际需要的现金,抑制在职消费的提高和代理成本的上升。二是不确定性,包括企业外部环境的不确定性、企业经营活动的不确定性,以及企业财务活动的不确定性等。三是公司的财务状况,包括盈利能力、融资能力、规模(资产规模、负债规模、收入规模等)、成长性等。

11.4 国内外有关公司现金持有行为的实证研究发现

11.4.1 国外实证研究发现

11.4.1.1 有关现金持有量与公司治理结构之间的关系

A. Ozkan 和 N. Ozkan(2004)对英国公司的现金持有行为进行了详细的实证分析,结果发现,现金持有量与管理层持股比例之间的关系是非线性的,呈倒"S"型。同时发现,公司成长机会越大,现金持有量越多。

Kalcheva 等(2007)以 31 个国家近 5 000 家上市公司为研究对象,分析了公司治理水平对现金持有量的影响。研究发现,现金持有量与公司治理水平成反比。在外部投资者受到较好保护的国家,公司内部治理较好,公司持有现金水平较低。

Harford、Mansi 和 Maxwell(2008)以美国上市公司为样本,研究了公司治理结构对现金持有量的影响。结果发现,现金持有量与股权集中度呈反比。即在股东控制权集中的公司,股东能够很好地保护自己的利益,公司的现金持有量较少。公司治理能力越强,监管越有效,现金持有量越少。

11.4.1.2 有关现金持有量与外部环境及其不确定性之间的关系

Baum 等(2006)对宏观经济如何影响公司的现金持有量进行了实证分析。结果发现,管理者的现金持有决策受宏观经济不确定性的影响,宏观经济波动会影响公司现金持有比例。

Haushalter、Klasa 和 Maxwell(2007)对行业竞争如何影响公司的现

金持有量进行了实证研究。结果发现,不同行业之间存在巨大的掠夺风险,不同产品市场的掠夺风险也不尽相同;持有现金不仅可以避免陷入市场掠夺风险,而且还可以对市场份额进行掠夺;在市场环境恶化、行业投资低迷的时期,持有现金显得尤为重要。

11.4.1.3 有关现金持有量与公司财务状况之间的关系

Kim,Mauer 和 Sherman(1998)对美国工业类上市公司的实证研究发现,现金持有量与成长机会、负债水平、公司规模等之间存在相关关系。Opler 等(1999)在 Kim 等(1998)研究的基础上,对美国1971—1994年上市公司现金持有情况进行了进一步的研究。结果发现,规模较大、信用程度较高的公司,现金持有量较低;信息不对称程度越大,现金持有量越多。

Almeida,Campello 和 Weisbach(2004)对美国制造业的现金持有问题进行实证研究。结果发现,财务管理严格、现金流向约束强的公司,持有的现金较多。

Ferreira 和 Vilela (2004)以欧盟国家的上市公司为样本,研究发现,现金持有水平与企业投资机会、现金流量等显著正相关,而与财务杠杆、企业规模显著负相关。

Han 和 Qiu(2007)以美国上市公司为研究对象,把上市公司分为融资约束公司和非融资约束公司,结果发现,融资约束性强的公司,更愿意持有较多的现金。

11.4.2 国内实证研究发现

11.4.2.1 有关现金持有量与公司治理结构之间的关系

胡国柳、刘宝劲和马庆仁(2006)对股权结构与现金持有决策的关系进行了实证研究。结果发现,股权集中度和法人股比例与现金持有量显著负相关;经理人员持股比例与现金持有量显著正相关;第一大股东持股比例与现金持有量正相关,但不显著。

周建、孟圆圆和刘小元(2009)研究发现,第一大股东性质对公司现金持有量的影响因行业而不同。在具有大量高回报投资机会的 IT 行业,第一大股东性质与现金持有水平显著正相关;在非 IT 行业,第一大股东性质与现金持有水平显著负相关;前五大股东持股比例与 IT 行业和非 IT 行业上市公司现金持有的关系都不显著。

徐光伟、刘星和谭瑾(2012)研究发现,国家控股上市公司的现金持有比例明显要低于民营上市公司;国家控股上市公司大多不存在控制权与现金流权分离现象;民营上市公司中普遍存在控制权与现金流权分离现象,而且分离程度越大,现金持有比例越低。

杨景岩、鲍睿和卢闯(2012)研究发现,高管权力越大的公司,现金持有水平越高,现金持有的价值越低。由于公司治理机制弱化,以及管理层与股东的代理冲突激化,现金使用效率会下降,从而导致现金持有价值降低。

11.4.2.2 有关现金持有量与外部环境及其不确定性之间的关系

连君玉、常亮和苏治(2009)从市场供需不确定性角度对中国上市公司现金持有行为进行实证研究。结果发现,公司现金持有水平与市场不确定性显著负相关,市场不确定性越大,公司现金持有量越少。

杨兴全和吴昊旻(2009)研究发现,不同行业上市公司的现金持有量差别很大;产品市场竞争性越强,产品越具有独特性,公司现金持有量越大。公司持有更多的现金以保证其产品在市场中的竞争地位,避免可能发生的经营风险。

刘博研和韩立岩(2010)研究发现,综合治理水平越低的企业,现金持有水平越高;高治理效率的公司会对不确定性作出积极反应,具有预防性动机;而低治理效率公司持有现金基于代理动机。

孙杰(2013)对外部宏观经济波动如何影响上市公司现金持有量进行了实证研究。结果发现,在经济景气时,经济快速增长,货币供应充足,现金流转迅速,企业持有现金量较少;当经济不景气时,经济增长速度放缓,货币供给紧张,现金流转缓慢,企业会持有较多的现金;宏观经济波动越大,融资约束型公司现金持有量受到的影响越大。

万良勇和饶静(2013)研究发现,公司现金持有价值会随着市场不确定性的提高而提高;在不确定性程度较高的行业和企业中,高额现金持有政策更有助于减缓金融危机带来的负面冲击。

11.4.2.3 有关现金持有量与公司财务状况之间的关系

辛宇和徐莉萍(2006)研究发现,规模越大的公司,现金持有比例越低;财务杠杆与现金持有量显著正相关;现金持有量随着支付股利的增加,以及融资需求和资产周转率的提高而增长。

杨兴全和孙杰(2007)对企业现金持有量的影响因素进行了理论分析和实证研究。结果发现,在权衡理论下,现金持有量和财务杠杆的关系不明确;在优序融资理论下,现金持有量和财务杠杆呈负相关关系;现金持有量与企业规模和债务结构的关系不是很明显。

罗进辉和万迪昉(2008)研究发现,公司现金持有量与负债水平非线性相关,呈正"U"形;与短期负债显著正相关,与长期负债显著负相关,说明负债期限结构会影响上公司的现金持有行为;现金持有量也受银行借款和商业信用的影响。

高克智、王辉和刘娜(2011)研究发现,现金持有水平与公司资产负债率和公司到期债务率显著正相关;公司利润越稳定,现金持有量越大。

11.4.3 对国内外实证研究发现的总结和评论

上述国内外实证研究发现,有相同点,也有差异;达成了一些共识,也存在一些分歧。

在现金持有量与公司治理结构的关系方面,达成的共识是治理水平高、治理能力强、股权集中的公司,现金持有量较少;存在的分歧比如,在管理层持股对公司现金持有量的影响方面,A. Ozkan 和 N. Ozkan(2004)与胡国柳、刘宝劲和马庆仁(2006)的研究结论不尽相同。

在现金持有量与外部环境及其不确定性的关系方面,国内外的研究都倾向于认为,宏观经济环境波动越大,市场竞争越强,公司持有的现金越多。但连君玉、常亮和苏治(2009)的研究结果,却正好相反。

在现金持有量与公司财务状况之间的关系方面,国内外的研究都倾向于认为,规模大的公司,持有的现金较少;融资约束强、信息不对称程度大的公司,持有的现金较多。但在财务杠杆(资产负债率、长期负债比率)与现金持有量的关系上,存在较大差异。Ferreira 和 Vilela(2004)、罗进辉和万迪昉(2008)等发现两者显著负相关;辛宇和徐莉萍(2006)、高克智、王辉和刘娜(2011)等发现两者显著正相关;杨兴全和孙杰(2007)则认为,财务杠杆与现金持有量的关系具有不确定性。

上述差异或分歧的存在,一方面说明了研究结果受研究视角、研究对象、研究方法的影响较大;另一方面也说明了现金持有量影响因素的复杂性和多样性,以及进一步研讨的必要性。

11.5　中国上市公司现金持有行为的实证检验

11.5.1　理论假说

11.5.1.1　有关公司治理结构与现金持有量关系的理论假说

代理理论认为,由于经营者(代理人)与股东(委托人)的目标函数不一致,以及信息不对称,经营者在作出财务决策和经营决策的时候,可能为了自身的利益而损害股东的利益,从而产生代理成本,包括委托人的监控支出、代理人的管束支出,以及剩余损失。持有较多的现金为经营者谋取在职消费等私利提供了便利。因此,提出理论假说 1(H_1)。

假说 1(H_1):代理成本与现金持有量显著正相关,管理层在职消费与现金持有量显著正相关。

为了降低代理成本,减少管理层在职消费给股东造成的损害,需要建立良好的公司治理结构,加强对管理层的监督。Shleifer 和 Vishny(1986)指出,相对于股权分散型公司,股权集中型公司的控股股东有更大的动力去收集信息,能够更有效地监督经营层,以避免在股权分散情况下容易出现的"搭便车"现象。股权集中能抑制代理成本和在职消费,股权集中度高的公司,持有的现金较少。

另外,尽管股权集中缓解了股东和管理层之间的代理问题,但却产生了大股东和中小股东之间的代理问题,可能加剧大股东和中小股东之间的利益冲突。因为大股东或控股股东可能把上市公司当成提款机,为了自身的私利而"掏空"公司,而持有现金有利于大股东进行这种利益输送。所以,随着股权集中度的进一步提高,公司持有的现金会相应地增加。

基于以上分析,现金持有量与股权集中度之间的关系不是一种线性关系。因此,提出假说 2(H_2)。

假说 2(H_2):股权集中度与现金持有量呈正"U"形关系。

为了避免大股东或控股股东进行利益输送或"掏空"公司,需要建立一种包括股权制衡在内的约束机制。在股权制衡度较低、对大股东制衡能力较弱的情况下,中小股东缺乏参与公司决策和监督的积极性,大股东易于进行利益输送或"掏空"公司,公司会持有较多的现金。随着股权制衡度的提高,一方面,股东之间形成了一种相互约束、相互监督的机制;另一方面,股东有更大的积极性参与公司的经营管理,对管理层的约束和监督会更有效,从而可以抑制大股东或管理层通过持有较多的现金而谋取私利。

然而,当股权制衡度提高到一定程度之后,势均力敌的股东之间容易产生利益冲突或权力斗争,从而导致公司决策不当,效率低下,使得公司需要储备更多的资金来预防各种意外事件的发生。而且,股权制衡度过高也意味着控股股东持有股份的比例下降,控股股东可能丧失工作激情,不愿勤勉尽责,从而导致管理层对公司的超强控制,加剧股东与管理层之间的代理问题,增加代理成本,引起现金持有量上升。

基于以上分析,现金持有量与股权制衡度之间的关系不是一种线性关系。因此,提出理论假说 3(H_3)。

假说 3(H_3):股权制衡度与现金持有量成正"U"型关系。

11.5.1.2　有关不确定性与现金持有量关系的理论假设

上述凯恩斯的流动性偏好理论表明,不确定性对现金持有量具有直接影响,不确定性程度越大,持有的现金越多。在梅耶斯和迈基里夫的优序融资理论以及简森和麦克林的代理理论中,也隐含着同样的观点。

上述国内外实证研究的结论也大都倾向于认为,宏观经济环境、市场竞争等方面的不确定性,是影响公司现金持有量的重要因素,现金持有量与不确定性程度显著正相关。

本文着眼于企业内部活动而不是企业外部环境,把不确定性划分为经营活动的不确定和财务活动的不确定性,提出理论假说 4(H_4)。

假说 4(H_4):经营活动的不确定性与现金持有量显著正相关,财务活动的不确定性与现金持有量显著正相关。

11.5.1.3　有关公司财务特征与现金持有量关系的理论假说

持有现金是有成本的,包括机会成本、管理成本等。所以,持有现金的增加会引起盈利能力的下降。代理理论认为,持有现金会引起代理成本的上升和在职消费的增加,有利于大股东进行利益输送或"掏空"公司,这都会影响公司的盈利能力。因此,提出理论假说 5(H_5)。

假说(H_5):盈利能力与现金持有量显著负相关。

根据优序融资理论,留存收益(内部资金)是企业首选的融资方式,只有在留存收益(内部资金)不能满足需要时,才会选择负债融资。这意味着,留存收益(内部资金)多,负债就少。另一方面,如果企业有较强的融资能力,能够随时筹集到资金,也就没有必要持有过多的现金。因此,提出理论假说 6(H_6)。

假说 6(H_6):负债融资与现金持有量显著负相关。

11.5.2　回归模型

为了检验上述理论假说,建立以下回归模型。

$$\begin{aligned} NCH_{i,t} = & \alpha_0 + \alpha_1 ECR_{i,t} + \alpha_2 ECR_{i,t}^2 + \alpha_3 ERR_{i,t} + \alpha_4 ERR_{i,t}^2 + \alpha_5 Per_{i,t} \\ & + \alpha_6 AC_{i,t} + \alpha_7 DOL_{i,t} + \alpha_8 DFL_{i,t} + \alpha_9 ROE_{i,t} + \alpha_{10} LEV_{i,t} \\ & + \alpha_{11} Size_{i,t} + \alpha_{12} Growth_{i,t} + \varepsilon_{i,t} \end{aligned}$$

(11-1)

模型(11-1)中变量的名称、代码、定义,以及预计符号等,见表11-2。

表 11-2　　　　　　　　变量的名称、代码与定义

变量类型和名称		变量代码	预期符号	变量的定义或取值方法
因变量	现金持有量			
	狭义现金持有量	NCH		年末货币资金/年末资产总额
	广义现金持有量	GCH		(年末货币资金＋年末短期投资或交易性金融资产)/年末资产总额
解释变量	治理结构变量			
	股权集中度	ECR	—	第一大股东持股比例
	股权集中度的二次项	ECR^2	＋	第一大股东持股比例的平方
	股权制衡度	ERR	—	第二、第三大股东持股比例之和/第一大股东持股比例
	股权制衡度的二次项	ERR^2	＋	"第二、第三大股东持股比例之和/第一大股东持股比例"的平方
	在职消费	Per	＋	管理费用/资产总额
	代理成本	AC	＋	总资产周转率
	不确定性变量			
	经营活动不确定性	DOL	＋	经营杠杆系数
	财务活动不确定性	DFL	＋	财务杠杆系数
	财务特征变量			
	盈利能力	ROE	—	净资产收益率
	负债融资	LEV	＋	资产负债率
控制变量	公司规模			
	年末资产总额	Size	＋	年末总资产的自然对数
	成长性			
	主营业务收入增长率	Growth	＋	(本期主营业务收入－上期主营业务收入)/上期主营业务收入

11.5.3　样本选择和数据处理

为了避免2007年开始实施新企业会计准则对财务数据和研究结论的影响,保持财务数据的可比性,选择2007—2013年为样本时限。

样本选择和数据处理的其他做法,与前文述及的一样。首先,从锐思(RESSET)数据库导出原始数据,然后利用Excel进行计算和数据处理。最后,得到有效观测值10 404个。

由于数据处理方法不同,所以,这部分的统计结果与前文表11-1中的数据有些差异。这种差异也受到样本期间的不同以及从数据库中导出的原始数据可能存在问题的影响。

采用SPSS 19.0进行描述性统计分析、相关分析和回归分析。

11.5.4 模型(11-1)各变量的描述性统计分析

模型(11-1)各变量的描述性统计结果,见表11-3。

从表11-3可以发现:①狭义现金持有量(NCH)的均值为16.18%,与表11-1中的统计结果14.62%有一点差别,主要是因为对异常值和缺失值的不同处理而导致的。但不管是表11-3中的均值16.18%,还是表11-1中的均值14.62%,都远高于西方发达市场经济国家的均值8%,说明中国上市公司存在高额现金持有现象。②广义现金持有量(GCH)的均值为16.37%,与狭义现金持有量(NCH)的均值16.18%差别很小。这说明,中国上市公司作为现金替代的短期投资或交易性金融资产较少,将现金转化为短期投资或交易性金融资产获取收益的动机不强。③狭义现金持有量(NCH)的标准差为13.46%,标准离差率为83.19%(13.46%÷16.18%);广义现金持有量(GCH)的标准差为13.61%,标准离差率为83.14%(13.61%÷16.37%),都比较大。说明中国上市公司现金持有量的差别较大。

表 11-3　　模型(11-1)各变量的描述性统计分析表

变量	有效观测值	最小值	最大值	平均值	标准差
NCH	10 404	0.000 9	0.899 0	0.161 8	0.134 6
GCH	10 404	0.000 9	0.899 0	0.163 7	0.136 1
ECR	10 404	0.022 0	0.894 1	0.362 9	0.156 4
ECR^2	10 404	0.000 5	0.799 4	0.156 2	0.127 8
ERR	10 404	0.002 8	2.000 0	0.423 4	0.407 1
ERR^2	10 404	0.000 0	4.000 0	0.345 0	0.582 1
PER	10 404	0.000 7	0.734 4	0.047 2	0.033 2
AC	10 404	0.000 7	8.500 9	0.760 2	0.609 7
DOL	10 404	−87.444 6	46.777 4	1.396 8	2.693 2
DFL	10 404	−60.053 3	78.280 1	1.526 2	2.585 0
ROE	10 404	−4.492 7	4.743 0	0.076 9	0.208 8
LEV	10 404	0.007 1	0.998 1	0.477 2	0.205 6
$SIZE$	10 404	15.577 3	27.387 4	21.740 3	1.177 8
$GROWTH$	10 404	−0.996 1	9.943 7	0.219 6	0.646 2

11.5.5 模型(11-1)各变量的相关性分析

模型(11-1)各变量的相关系数及其显著性,见表11-4。

表 11-4　模型(11-1)变量的相关系数及其显著性

变量	NCH	GCH	ECR	ECR²	ERR	ERR²	PER	AC	DOL	DFL	ROE	LEV	SIZE	GROWTH
NCH	1													
GCH	0.996**	1												
	0.000													
ECR	0.027**	0.022*	1											
	0.007	0.022												
ECR²	0.02*	0.016	0.974**	1										
	0.038	0.095	0.000											
ERR	0.098**	0.099**	−0.602**	−0.546**	1									
	0.000	0.000	0.000	0.000										
ERR²	0.083**	0.083**	−0.504**	−0.433**	0.941**	1								
	0.000	0.000	0.000	0.000	0.000									
PER	0.163**	0.167**	−0.129**	−0.128**	0.097**	0.084**	1							
	0.000	0.000	0.000	0.000	0.000	0.000								
AC	0.073**	0.073**	0.071**	0.062*	−0.022*	−0.026**	0.218**	1						
	0.000	0.000	0.000	0.000	0.024	0.007	0.000							

（续表）

变量	NCH	GCH	ECR	ECR²	ERR	ERR²	PER	AC	DOL	DFL	ROE	LEV	SIZE	GROWTH
DOL	−0.02*	−0.019	0.015	0.015	−0.008	−0.008	−0.008	−0.002	1					
	0.039	0.051	0.118	0.117	0.429	0.435	0.431	0.8						
DFL	−0.121**	−0.121**	−0.024*	−0.023*	−0.002	0.004	−0.058**	−0.018	0.061**	1				
	0.000	0.000	0.013	0.02	0.841	0.667	0.000	0.072	0.000					
ROE	0.115**	0.116**	0.088**	0.088**	0.001	−0.003	−0.069**	0.119**	0.034*	−0.02*	1			
	0.000	0.000	0.000	0.000	0.937	0.791	0.000	0.000	0.001	0.037				
LEV	−0.404**	−0.408**	0.015	0.018	−0.118**	−0.098**	−0.184**	0.103**	−0.017	0.15**	−0.107**	1		
	0.000	0.000	0.129	0.073	0.000	0.000	0.000	0.000	0.087	0.000	0.000			
SIZE	−0.143**	−0.146**	0.284**	0.3**	−0.18**	−0.132**	0.322**	0.073**	0.022	0.046**	0.136**	0.379**	1	
	0.000	0.000	0.000	0.000	0.000	0.000	0.000	0.000	0.023	0.000	0.000	0.000		
GROWTH	−0.004	−0.005	0.073**	0.076**	−0.007	−0.007	−0.052**	0.111**	0.000	−0.02*	0.169**	0.068**	0.063**	1
	0.714	0.596	0.000	0.000	0.494	0.496	0.000	0.000	0.979	0.043	0.000	0.000	0.000	

** 表示相关系数在 0.01 水平上是显著的（双尾检验）。
* 表示相关系数在 0.05 水平上是显著的（双尾检验）。

从表 11-4 可以发现：①现金持有量(NCH)与股权集中度(ERC)正相关，且在 1% 水平上显著；与股权制衡度(ERR)正相关，且在 1% 水平上显著；与在职消费(Per)正相关，且在 1% 水平上显著；与代理成本(AC)正相关，且在 1% 水平上显著。②现金持有量(NCH)与经营活动不确定性(DOL)负相关，且在 5% 水平上显著；与财务活动不确定性(DFL)负相关，且在 1% 水平上显著。③现金持有量(NCH)与盈利能力(ROE)正相关，且在 1% 水平上显著；与负债融资(LEV)负相关，在 1% 水平上显著。④现金持有量(NCH)与公司规模($SIZE$)负相关，且在 1% 水平上显著；与成长性($Growth$)负相关，但并不具有统计上的显著性。

11.5.6 模型(11-1)的回归分析

模型(11-1)的回归分析结果，见表 11-5。

表 11-5　　模型(11-1)的回归分析结果

项目	非标准化系数 B	标准误	标准系数 Beta	T 值	P 值
截距项	0.169	0.027		6.298	0.000
ECR	0.209	0.037	0.243	5.707	0.000
ECR^2	−0.152	0.043	−0.144	−3.509	0.000
ERR	0.059	0.010	0.178	6.086	0.000
ERR^2	−0.015	0.006	−0.065	−2.364	0.018
Per	0.336	0.039	0.083	8.520	0.000
AC	0.017	0.002	0.078	8.394	0.000
DOL	−0.001	0.000	−0.025	−2.878	0.004
DFL	−0.003	0.000	−0.053	−5.939	0.000
ROE	0.039	0.006	0.061	6.586	0.000
LEV	−0.245	0.007	−0.374	−37.254	0.000
$Size$	0.001	0.001	0.013	1.277	0.220
$Growth$	0.000	0.002	−0.001	−0.067	0.946
R^2	0.198				
调整的 R^2	0.197				
Durbin-Watson	1.857				
F 值	213.405				
F 的显著性	0.000				

从表 11-5 中可以发现:①模型(11-1)的 R^2 为 0.198,调整的 R^2 为 0.197,说明模型具有较强的解释能力。②F 值为 213.405,且在 1% 水平上显著,说明模型(11-1)通过了 F 检验。

从表 11-5 中还可以发现:①在职消费(Per)和代理成本(AC)的系数均为正,且都在 1% 水平上显著,说明在职消费(Per)和代理成本(AC)与现金持有量显著正相关,与假说 1 一致。②股权集中度(ERC)的系数为正,且在 1% 水平上显著,说明随着股权集中度提高,现金持有量增加;股权集中度(ERC)的二次项(ECR^2)的系数为负,且在 1% 水平上显著。这意味着,当股权集中度提高到一定程度之后,股权集中度的进一步提高会引起现金持有量的下降。也就是说,股权集中度与现金持有量之间存在显著的倒"U"形关系,与假说 2 不符。③股权制衡度(ERR)的系数为正,且在 1% 水平上显著,说明随着股权制衡度提高,现金持有量增加;股权集中度(ERR)的二次项(ERR^2)的系数为负,且在 1% 水平上显著。这意味着,当股权制衡度提高到一定程度之后,股权制衡度的进一步提高会引起现金持有量的下降。也就是说,股权制衡度度与现金持有量之间存在显著的倒"U"型关系,与假设 3 不符。④经营活动不确定性(DOL)和财务活动不确定性(DFL)的系数均为负数,且都在 1% 水平上显著,说明经营活动不确定性(DOL)和财务活动不确定性(DFL)与现金持有量显著负相关,与假说 4 相反。⑤盈利能力(ROE)的系数为正,且在 1% 水平上显著,说明盈利能力与现金持有量显著正相关,与假说 5 相反。⑥负债融资(LEV)的系数为负数,且在 1% 水平上显著,说明负债融资与现金持有量显著负相关,与假说 6 一致。

也就是说,除了假说 1 和假说 6 得到了证实之外,假说 2、假说 3、假说 4 和假说 5 都没有得到经验证据的支持。

11.5.7 模型(11-1)的稳健性检验

用广义现金持有量(GCH)替换狭义现金持有量(NCH)对模型(11-1)进行稳健性检验,结果见表 11-6。

表 11-6　　　模型 11-1 的稳健性检验结果

项目	非标准化系数		标准系数	T 值	P 值
	B	标准误	Beta		
截距项	0.172	0.027		6.352	0.000
ECR	0.201	0.037	0.231	5.443	0.000

(续表)

项 目	非标准化系数		标准系数	T 值	P 值
	B	标准误	Beta		
ECR^2	−0.147	0.044	−0.138	−3.364	0.001
ERR	0.060	0.010	0.179	6.128	0.000
ERR^2	−0.016	0.006	−0.069	−2.533	0.011
Per	0.357	0.040	0.087	8.963	0.000
AC	0.017	0.002	0.078	8.341	0.000
DOL	−0.001	0.000	−0.024	−2.771	0.006
DFL	−0.003	0.000	−0.052	−5.884	0.000
ROE	0.040	0.006	0.062	6.679	0.000
LEV	−0.250	0.007	−0.378	−37.723	0.000
$Size$	0.002	0.001	0.014	1.309	0.191
$Growth$	0.000	0.002	−0.001	−0.163	0.870
R^2	0.201				
调整的 R^2	0.200				
Durbin-Watson	1.864				
F 值	217.847				
F 的显著性	0.000				

通过把表 11-6 与表 11-5 进行对照,可以发现,主要自变量的系数符号和显著性水平都没有变化。所以,模型(11-1)是稳健的。

11.6 现金持有异象及其解读

11.6.1 现金持有异象

上述实证研究提供了现金持有异象的经验证据,包括以下三个方面:①股权集中度和股权制衡度都与现金持有量之间存在显著的倒"U"形关系,与假说 2 和假说 3 正好相反,与代理理论的预期不符。②经营活动不确定性和财务活动不确定性与现金持有量显著负相关,与假说 4 正好相反,与流动性偏好理论、优序融资理论、代理理论等主流财务理论的预期都不一致。③盈利能力与现金持有量显著正相关,与假说5正好相反,与代理理论的预期不符。这些异象值得关注和进一步地讨论。

11.6.2 对现金持有异象的解读

中国的制度环境以及公司治理问题具有特殊性,比如,公有制为主体、国有企业高管的"准"政府官员身份、偏重短期的激励机制、普遍存在的融资约束,以及兼并或收购等外部市场机制在公司治理中发挥的作用有限等。在研究中国企业的财务行为,包括现金持有行为的时候,必须考虑这些特殊性。

11.6.2.1 有关股权集中度和股权制衡度的治理作用

假说1、假说2和假说3都建立在代理理论的基础之上,而代理理论产生于西方发达的市场经济国家,不一定适用于中国的社会主义市场经济环境。

在中国A股主板市场中,很多上市公司是政府控制的国有企业。作为控制者的政府部门与企业的经营管理者一样,从本质上讲都是代理人。所以,较低的股权集中无助于缓解了股东和管理层之间的代理问题,较低的股权制衡也难以发挥积极作用。在这种情况下,不仅代理成本大,在职消费高,而且持有现金多。持有较多的现金更有利于在职消费。但是,如果股权集中度很高,股权制衡度也很高,控股股东对管理层的监督作用,以及中小股东对大股东的制约作用就会充分发挥出来,从而使在职消费减少,现金持有量下降。

把狭义的现金持有量(NCH)与股权集中度(ECR)和股权集中度的二次项(ECR^2)进行回归,得到的回归方程如下:

$$NCH = 0.158 + 0.113ECR - 0.113ECR^2 \qquad (11\text{-}2)$$

式(11-2)是一条开口向下的抛物线,即倒"U"形曲线,其顶点坐标是(0.500,0.186)。如图11-2所示。

也就是说,在股权集中度小于50%的情况下,随着股权集中度的提高,现金持有量增加;当股权集中度大于50%之后,随着股权集中度的提高,现金持有量下降。即当第一大股东拥有绝对控制权时,现金持有量会下降。

把狭义的现金持有量(NCH)与股权制衡度(ERR)和股权制衡度的二次项(ERR^2)进行回归,得到的回归方程如下:

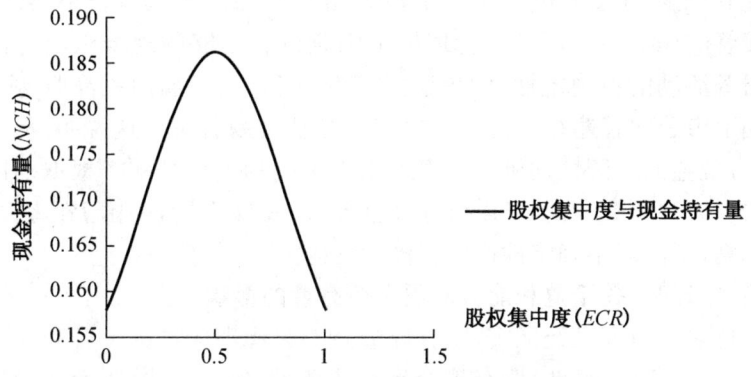

图 11-2 股权集中度与现金持有量的关系

$$NCH = 0.164 + 0.059ERR - 0.019ERR^2 \qquad (11-3)$$

式(11-3)是一条开口向下的抛物线,即倒"U"型曲线,其顶点坐标是(1.553,0.211)。如图 11-3 所示。

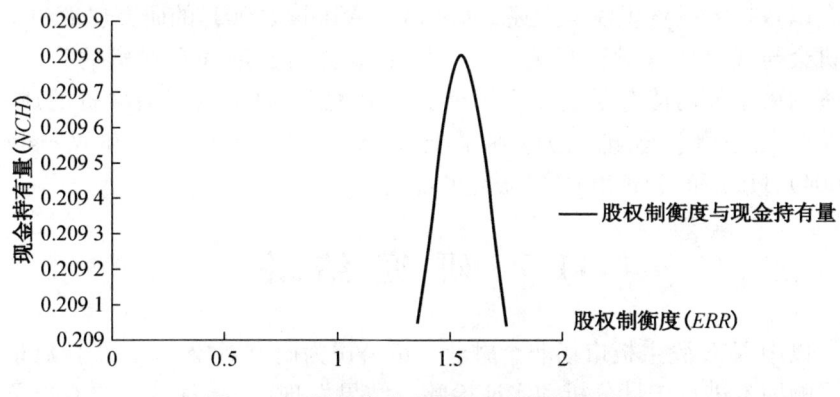

图 11-3 股权集中度与现金持有量的关系

也就是说,在股权制衡度小于 1.55 的情况下,随着股权制衡度的提高,现金持有量增加;当股权制衡度大于 1.55 之后,随着股权制衡度的提高,现金持有量下降。

11.6.2.2 关于不确定性对现金持有量的影响

经营活动不确定性和财务活动不确定性都与现金持有量显著负相关,这不仅不符合流动性偏好理论,而且与国内外大多数实证研究的发现相悖,只与连君玉、常亮和苏治(2009)的发现类似。

究其原因，主要是因为中国上市公司面临的破产风险较小，公司被兼并或接管的压力不大，所以，管理层不愿意持有足够的现金以应对经营活动和财务活动的不确定性，而更愿意花钱逐利，在短期内提高收益。这也与中国上市公司普遍存在的偏重短期的激励机制有关。这说明，从总体上看，持有现金的预防性动机假说不适用于中国的上市公司。根据刘博研和韩立岩(2010)研究发现，可以合理地推断，从总体上看，中国上市公司治理水平不高，不能对不确定性作出积极的反应。

11.6.2.3 关于盈利能力对现金持有量的影响

上述实证研究已经证实，持有现金会引起代理成本的上升和在职消费的增加（假说1）。而且，持有现金还会丧失投资收益，增加管理费用。所以，从理论上讲，持有现金应该会导致盈利能力的下降。但上述实证研究的发现却与此正好相反，这是为什么呢？

本文认为，可以从三个方面来理解：①持有现金具有较强的逐利动机。从总体上讲，持有现金的收益大于成本，现金持有量是公司在权衡利弊之后的理性选择。②盈利能力强的公司有较多的投资机会，因而持有较多的现金以备扩大投资规模。上述Ferreira和Vilela (2004)的研究也证明了投资机会与现金持有量正相关。③中国上市公司普遍存在融资约束问题。融资约束型公司持有现金而不用于股利分配，可以降低以后融资的成本。这符合优序融资理论，也得到了上述Almeida，Campello和Weisbach (2004)、Han和Qiu(2007)等研究的证实。

11.7 研究结论

以中国A股主板市场非金融业上市公司为研究对象，对现金持有量及其影响因素进行统计分析和实证检验。结果发现：①高额现金持有现象在中国上市公司中普遍存在。1999—2013年，货币资金占资产总额的比例年均约为15%，货币资金的年均增长率约为2%。②在职消费和代理成本与现金持有量显著正相关。③股权集中度与现金持有量之间存在显著的倒"U"形关系。④股权制衡度与现金持有量之间存在显著的倒"U"形关系。⑤经营活动不确定性和财务活动不确定性与现金持有量显著负相关。⑥盈利能力与现金持有量显著正相关。⑥负债融资与现金持有量显著负相关。

在上述研究发现中，③～⑤都与理论假说不一致，与主流财务理论不符,是一种现金持有异象。这些现金持有异象表明,中国上市公司的制度环境和治理结构具有特殊性。产生于西方市场经济环境的流动性偏好理论、优序融资理论,以及代理理论,不一定适用于中国的上市公司。在对中国上市公司的财务行为进行解释时,应该充分考虑这些特殊性。

第 12 章

公司信用行为专题研究

12.1 引　　言

　　信用行为不仅历史悠久,而且十分普遍和流行。在中国,先秦时期就出现了赊销。在欧洲的集市交易中,中世纪就出现了赊购。这种早期的赊销或赊购,发生在商家与消费者之间,是一种消费信用。随着商品经济的发展,以及企业和银行的产生和发展,出现了商业信用和银行信用。在现代市场经济中,商业信用和银行信用是两种最主要的信用形式。

　　上市公司的信用行为包括商业信用的供给、商业信用的需求,以及银行信用的需求等。商业信用的供给是指赊销商品,延期收款,或者预付购货款,在资产负债表中表现为"应收账款""应收票据"和"预付账款";商业信用的需求是指赊购商品,延期付款,或者预收销货款,在资产负债表中表现为"应付账款""应付票据"和"预收账款";银行信用需求是指从银行取得的借款,在资产负债表中表现为"短期借款"和"长期借款"。

　　在世界各国企业的资产负债表中,应收款项、应付款项和银行借款都占据着十分重要的地位。由于商业信用和银行信用的供求,不仅影响企业的经营活动、投融资活动,以及企业之间的经济关系,而且与宏观经济的运行密切相关,所以,从 20 世纪 60 年代开始,国内外大量专家学者对此展开了持久、深入的探讨,针对商业信用存在和发展的原因、影响因素,以及商业信用与银行信用的关系、商业信用对银行信贷政策实施效果的影响等问题,提出了很多理论假说和经验证据。但是,至今没有作出统一的解释,也没有得出一致的结论,仍有许多待解之谜:①为什么在"正规"的银行信用出现之后,"非正规"的商业信用仍能长期存在和发展?为什么无论是在发展中国家还是发达国家,大量的交易都采用赊购或赊销?②为什么企业在接受商业信用的同时,也提供商业信用?商业信用的供给和商业信用的需求之间存在什么关系?③银行信用与商业信用之间的关系是互补还是替代？银行信贷对经济运行的调节作用会被商业信用所抵销吗？④经济周期对企业的信用行为有什么影响？企业的信用行为会随着经济周期的变化而变化吗？⑤所有制形式或实际控制人的经济性质会影响企业的信用行为吗？国有企业是否比非国有企业获得更多的银行信用和商业信用，而提供较少的商业信用？国有企业是否会把银行信用转化为商业信用？

为此，本文试图利用中国上市公司的数据，集中研究以下问题：①中国上市公司信用行为的演进过程和基本特征；②中国上市公司商业信用供给、商业信用需求和银行信用需求相互之间的关系；③中国资本市场对上市公司信用行为的反应。同时，也对宏观经济周期、企业的经济性质、企业的规模、资本结构、成长性等因素对商业信用行为的影响进行概略性分析。

本研究与以往研究的区别表现在：①样本的时间跨度长，从1993年到2012年，涵盖了中国经济"紧缩—过渡—扩张"的周期性变化，更有助于发现公司信用行为发展变化的规律；②样本容量大，有效观测值多。样本包括1993—2012年在上海证券交易所和深圳证券交易所主板市场交易的所有非金融企业，初选样本的有效观测值共16 525个，更有助于消除偶然因素的影响，得出具有必然性的结论；③除了对公司信用行为进行探讨外，还试图对上市公司信用行为的市场反应进行实证研究，即商业信用供给、商业信用需求，以及银行信用需求对股票价格或公司价值会产生怎样的影响？这方面的研究国内外都比较少见。

12.2 文献述评

12.2.1 国外文献综述

12.2.1.1 关于商业信用的动因

对于商业信用的动因，国外学者从不同的角度提出了很多理论解释。总体来讲，可以分为经营性动机理论、融资性动机理论和投资性动机理论。其中，很多学者从信息不对称的角度对商业信用的供求进行解释。

Schwartz(1974)分析了提供商业信用的两种动机，即交易性动机和融资性动机。一方面，卖方提供商业信用可以使买方受益。买方按照信用条件定期付款，既省钱又省事，可以简化现金流管理。另一方面，卖方延期收取货款相当于给买方融资。容易获得资金的企业，或者可以以较低的成本获得资金的企业，愿意利用自己的融资能力，为那些有好的生产性投资机会但缺乏资金的公司提供商业信用。Schwartz认为,规模较大、有较多融资担保财物的公司会向那些规模小、融资担保财物少的公司提供商业信用。

Ferris(1981)把商业信用作为一种促进商品交易、节省交易费用的手段。交货时间的不确定性产生了持有商品和现金的需要,商业信用可以作为商品交易和预防性现金需要之间的一种替代。提供商业信用可以减少预防性现金持有量,更有效地管理现金流。

Emery(1984)认为,卖方信用政策的调整是一种应对市场需求波动的有效方式。Emery假定市场需求不变,纯粹从财务角度对商业信用的存在性,以及信用条件的价值作出了一种新的理论解释。由于金融市场不完善,卖方必须拥有一定的流动性储备,并且期望持有的流动资金能够获得高额的收益,这是卖方提供商业信用的财务动机。最优的商业信用规模是商业信用的边际收益等于边际成本时的应收账款持有量。

Brick和Fung(1984)从税负的角度解释商业信用行为,认为税收引导商业信用的供求,商业信用的供求取决于边际税率在买方和卖方之间的分布,商业信用是买卖双方套取税收利差行为。

J. K. Smith(1987),Lee和Stowe(1993),以及Long,Malitz和Ravid(1993)等从信息不对称角度对商业信用行为作出了不同解释。Smith(1987)认为,商业信用隐含的高利率是买方违约风险的一面镜子,通过提供商业信用,卖方可以更快地识别买方未来的违约情况。如果卖方在买方有不可收回的投资,为了保护这些投资,卖方会给买方提供比较优惠的信用条件。Lee和Stowe(1993)认为,在信息不对称的情况下,现金折扣可以传递出产品质量信息。Long,Malitz和Ravid(1993)认为,提供商业信用是一种质量保证,商业信用给买方提供了一种产品质量信号。由于信息不对称,产品质量好的公司提供商业信用,以便买方能够在付款之前鉴别产品质量,而产品质量差的公司会现金销售。无法建立质量声誉的公司,比如小公司、产品质量需要长时间评估的公司会提供较多的商业信用。

Deloof和Jegers(1996)的研究部分地支持了Long,Malitz和Ravid(1993)提出的质量保证或质量信号理论。此外,Deloof和Jegers(1996)还发现,商业信用是公司之间再分配资金的一种工具。现金短缺的公司在应收账款上的投资会减少,现金过剩则不会影响商业信用政策。

Emery和Nayar(1998)认为,企业制订信用政策时主要考虑节约修理费用和产品质量。当买卖双方对于产品质量拥有同样多的信息时,付款政策取决于是卖方的维修费用低还是买方的维修费用低。如果卖方的维修费用低,就延期收款;如果买方的维修费用低,就立即付款。在信息不对称的情况下,卖方的信用政策是一种传递产品质量的信号。

Cook(1999)的实证研究发现,商业信用是一种信号,接受商业信用的公司更容易获得银行贷款。在金融市场不完善的情况下,提供商业信用的供货商起到了一个金融中介的作用,可以减轻信息不对称造成的消极影响。

Ng,J. K. Smith 和 R. L. Smith(1999)认为,信息不对称会对商业信用条件的选择产生影响。一方面,如果声誉不够好,卖方可以把提供延期支付作为一种有效的信誉保证;另一方面,在特定信用条件下,买方的付款行为可以揭示其信用的好坏。提供延期支付是产品质量的一种保证,商业信用是获取买方商誉信息的一种手段,商业信用也是在与供应商和客户关系,以及企业声誉等方面的特殊投资。此外,扩大商业信用可以实现规模经济;由于市场的不确定性,企业可以通过调整信用条件来应对需求波动;商业信用还可以作为对客户施行价格歧视的一种手段。

12.2.1.2 关于商业信用的影响因素

通过构建理论模型和实证研究,国外学者提出了许多影响商业信用的因素,包括需求波动、融资能力、交易成本、价格歧视、规模大小、盈利能力、创造现金的能力、货币政策、经营前景、生产效率、产品特征、市场结构、风险态度等。

Long,Malitz 和 Ravid(1993)发现,市场需求变动大的公司比市场需求稳定的公司提供更多的商业信用。

Petersen 和 Rajan(1997)发现,那些不能从金融机构获得贷款的企业,对商业信用的需求比较大;容易获得金融机构贷款的公司,会提供较多的商业信用。提供短期商业信用可以使交易成本最小化,可以比较便宜地获得客户的信息。提供商业信用的公司具有较强的变卖商品的能力,可以在客户长期生存方面下更大的赌注。提供商业信用可以作为一种价格歧视的手段。边际利润高的公司提供的商业信用较多。在美国,小公司比大公司较少使用商业信用。

Biais 和 Gollier(1997)发现,跟银行没有关系的公司更多地接受商业信用,产生现金流能力强的公司更多地提供商业信用,小公司通过接受商业信用来对货币政策紧缩作出反应。

McMillan 和 Woodruff(1999)发现,建立在持续业务往来基础上的相互信任促进了商业信用。有银行贷款的公司接受的商业信用也比较多,大公司提供的商业信用和接受的商业信用都比小公司少。

Ono(2001)对日本制造业商业信用的决定因素进行了实证研究。结果发现,商业信用规模不仅受交易性因素影响,而且受财务状况的影响;公司未来的经营前景会影响商业信用规模,现金流增加等非交易性因素会减少受到流动性约束的小公司对商业信用的需求。

Fisman(2001)利用5个非洲国家的数据,研究了发展中国家商业信用与生产效率之间的关系。结果发现,公司获得的供货商信用与其生产能力利用率显著正相关。获得供应商信用的公司不容易出现原材料短缺和生产中断,能够更有效地管理存货,较少出现生产停顿和延期交货,因而有较高的生产效率。

Huyghebaert(2006)以比利时328家新设立的公司为样本,分析了这些公司生命周期的前10年商业信用的使用情况,以及商业信用的影响因素。结果发现,融资约束大的公司使用商业信用多,风险大的公司使用商业信用多,所有权高度集中在创业者手里的公司使用商业信用多。此外,交易成本也是影响商业信用使用的重要因素。

Huyghebaert, Gucht 和 Hulle(2007)认为,在企业创立时,创业者选择融资方式不仅会考虑各种融资方式的成本,而且会考虑银行和供应商在清算政策方面的差异。当企业陷入财务困境时,银行偏好进行清算,而供应商偏好对没有偿付的债务进行重新谈判。Huyghebaert, Gucht 和 Hulle 利用325家新设立公司的数据进行实证研究后发现,处于创业失败率高的行业的公司,以及追求较高私有控制权收益的创业者使用的银行贷款较少,使用商业信用较多。

Bastos 和 Pindado(2007)利用英国336家制造业公司的数据进行实证研究后发现,小规模公司、固定资产比例小的公司,以及盈利能力不强的公司使用商业信用多,变动成本比例高的公司、呆账比例大的公司使用商业信用少。

Giannetti, Burkart 和 Ellingsen (2011)研究了产品特征和市场结构对商业信用的影响。发现服务业和生产差异化产品的厂商提供的商业信用显著多于生产标准化产品的厂商;服务业比其他公司提供更长、更便宜的商业信用;有市场影响力的买方以更好的条件得到更多的商业信用。

Shi 和 Zhang(2014)利用739家大型制造业公司1998—2007年的数据进行实证研究后发现,融资能力强的公司会提供较多的商业信用;持有成本高的零售商接受的商业信用期限较短;风险回避的供应商倾向于提供短期信用。

12.2.1.3 关于商业信用与银行信用的关系

对于商业信用与银行信用的关系,国外学者的研究结论有三种:一是替代关系;二是互补关系;三是既可能是互补关系,也可能是替代关系。

(1) 替代关系。Meltzer(1960)率先提出,商业信用是银行信用的一种替代。当银根紧缩时,在货币政策宽松时期积累了流动性的公司会给那些流动性差的公司提供商业信用,从而使银根紧缩的作用部分地被抵销。Delannay 和 Weill(2004)以 9 个中欧和东欧国家的 9 300 家公司为样本,研究发现,为受制于银行贷款的企业提供商业信用的公司扮演了一个金融中介的角色,商业信用和银行贷款之间是一种替代关系。Guariglia 和 Mateut(2006)使用 609 家英国公司 1980—2000 年的面板数据,研究发现,受到融资约束较多的公司,会接受较多的商业信用。商业信用弱化了银行信贷,对紧缩性货币政策的实施效果具有一定的抵销作用。Mateut,Bougheas 和 Mizen(2006)也发现,货币政策紧缩引起银行贷款减少,商业信用增加。在银根紧缩时期,规模小、财务实力弱的公司难以获得银行贷款,只能接受商业信用,商业信用的存在在一定程度上弱化了银行信贷。

(2) 互补关系。Elliehausen 和 Wolken(1993)对美国小企业使用商业信用情况进行调查研究后发现,使用短期借款较多的公司,接受商业信用也较多,两者是一种互补关系。McMillan 和 Woodruff(1999)发现,有银行贷款的公司接受的商业信用也比较多。Ono(2001)对日本制造业商业信用进行实证研究后发现,应付账款与银行贷款之间存在一种互补关系,在金融市场上发挥作用的货币政策,也会对商业信用市场产生影响。

(3) 既可能是互补关系,也可能是替代关系。Burkart 和 Ellingsen(2004)构建了一个有关商业信用的理论模型。根据该模型,商业信用与银行信用的关系既可能是互补的,也可能是替代的。Paul 和 Wilson(2007)把商业信用作为融资能力、交易成本、信息不对称、经营环境、专用性投资的函数。研究发现,商业信用与其他资金来源既可能是互补关系,也可能是替代关系。

12.2.1.4 关于经济周期对信用行为的影响

Kashyap,Stein 和 Wilcox(1993)研究发现,紧缩的货币政策会改变公司的外部融资组合,会使银行贷款下降,商业信用增加。

Nilsen(2002)研究发现,在银根紧缩时期,不仅小规模公司会增加商业信用需求,作为银行贷款的一种替代;而且拥有各种融资渠道的大公司也增加了商业信用需求。那些没有信用评级、现金流不稳定、缺少担保资产的大公司,在使用商业信用方面与小公司相似。

Blasio(2005)利用意大利制造业公司 1982—1999 年数据研究发现,在货币政策紧缩时期,企业会用商业信用替代银行信用;但商业信用主要是有关产品质量和企业信誉的信息不对称,以及最小化交易成本的结果。

Love,Preve 和 Sarria-Allende(2007)以 6 个新兴经济体的 890 家公司为样本,研究了金融危机对商业信用的影响。结果发现,财务脆弱的公司对客户提供的商业信用较少,银行信贷紧缩使商业信用的供给和商业信用的需求同时下降。金融危机之前,短期负债比例高的公司提供较多的商业信用。但金融危机之后,这些公司大幅度地削减了提供给客户的商业信用,同时增加了对供应商商业信用的依赖。金融危机引起的财务状况的变化与商业信用政策的变化是联系在一起的。公司的现金储备越多,创造现金的能力越强,提供的商业信用越多,接受的商业信用越少。

12.2.1.5 关于所有制性质对信用行为的影响

Ge 和 Qiu(2007)对中国国有企业和非国有企业商业信用需求进行了比较研究,结果发现,非国有企业接受的商业信用比国有企业多,主要是融资原因而不是交易原因。

Cull,Xu 和 Zhu(2009)利用中国大中型工业企业的年度数据进行实证研究发现,业绩差的国有企业更多地给那些较少享受融资特权的企业提供商业信用;盈利的私有企业比不盈利的私有企业提供更多的商业信用;随着信贷歧视的减少,以及信贷资源分配效率的提高,私有企业提供的商业信用会减少。

12.2.2 国内文献综述

国内对企业信用行为的实证研究,开始于 20 世纪末 21 世纪初,比国外晚了将近半个世纪。对商业信用动因的解释,大多借鉴国外学者提出的经营性动机理论和融资性动机理论。同时,借鉴国外学者的实证研究方法,利用中国企业的数据,对商业信用的影响因素、商业信用与银行信用的关系,以及经济周期、所有制性质对信用行为的影响等问题,提供了一些经验证据。

12.2.2.1 关于商业信用的动因

陆正飞和杨德明(2011)研究发现,货币政策对商业信用具有直接影响。在货币政策宽松时期,商业信用的大量存在符合买方市场理论。商业信用主要与买方势力强和信用好有关,为了促进销售,供应商愿意给势力强、信用好的客户提供商业信用。在货币政策紧缩时期,替代性融资理论可以解释商业信用的大量存在。那些被信贷配给或信贷歧视排除在信贷市场之外的企业,把商业信用作为银行信贷的一种替代性融资方式。

12.2.2.2 关于商业信用的影响因素

龚柳元和毛道维(2007)研究发现,商业信用是企业获取竞争优势的一种手段,能够体现企业在产业价值链上的竞争地位。那些拥有关键资源和强势地位的企业,获得的商业信用较多,提供的商业信用较少,成为商业信用的净获得者。

应千伟和蒋天骄(2012)利用1998—2009年中国上市公司的数据研究发现,国有股权比例高、市场竞争力强的企业容易获得商业信用,而且这两种影响力量之间存在替代关系。金融市场化程度较低,国有股权对获取商业信用的作用越大,市场竞争力对获取商业信用的作用越小。

郑军、林钟高和彭琳(2013)研究发现,供应商和客户的集中度越高,企业相对谈判能力越低,提供的商业信用越多。

12.2.2.3 关于商业信用与银行信用的关系

石晓军、张顺明和李杰(2009)研究发现,商业信用与银行借款之间存在着显著的替代关系。石晓军和张顺明(2010)还发现,在经济紧缩时期,商业信用与银行借款之间的替代程度会变大;而在经济扩张时期,商业信用与银行借款之间的替代程度会变小。

12.2.2.4 关于经济周期对信用行为的影响

石晓军、张顺明和李杰(2009)研究发现,使用商业信用是应对宏观经济周期变化的一种措施,以便减少融资约束。商业信用的使用对信贷政策的实施效果具有一定的抵销作用,而且这种抵销作用具有相对于同步宏观经济指标(GDP)的反周期性特征。

屈耀辉(2011)的研究证实,赊销是公司平滑产出的一种战略反应机制。在淡季时,通过扩张信用刺激需求;在旺季时,通过信用紧缩抑制需求,从而达到平滑需求、均衡生产、减少生产波动、降低生产成本的目的。在经济景气时期,为了均衡生产,那些存货多的企业会增加赊销战略的使用;反之,则会减少赊销战略的使用。

12.2.2.5 关于所有制性质对信用行为的影响

谭伟强(2006)研究发现,商业信用与国有股比例显著正相关。由于有国家信用作为担保,国有股比例高的企业通过银行等融资渠道进行外部融资比较容易;国有股比例高,也表明客户具有更好的持续经营和偿债能力,有利于降低商业信用的风险。

应千伟和蒋天骄(2012)的研究也发现,国有股权比例越高的企业越容易获得商业信用。

12.2.3 对国内外研究的评论

国内外学者对企业信用行为持续半个多世纪的实证研究,从不同角度对企业信用行为提出很多理论解释和经验证据,开阔了我们的研究视野,拓展了我们的知识结构,加深了我们对信用行为的理解,提高了我们对信用行为的认识。国内外学者的持续关注也说明了企业信用行为研究的意义和价值。

但国内外学者对企业信用行为所作的理论解释不够统一,得出的研究结论不够一致,有些经验证据甚至是对立的。比如,根据融资性动机理论,遭受信贷歧视的小企业应使用较多的商业信用。但 Petersen 和 Rajan(1997)发现,在美国,受信贷约束小的大企业使用的商业信用比小企业多,大企业应付账款占总资产的比例分别为 11.6%,而小企业为 4.4%。Meltzer(1960)、Delannay 和 Weill(2004)、Guariglia 和 Mateut(2006)等都认为商业信用需求与银行信用需求之间的关系是一种替代关系,但 Elliehausen 和 Wolken(1993)、Ono(2001)等则发现商业信用需求与银行信用需求之间的关系是一种互补关系。McMillan 和 Woodruff(1999)也发现,有银行贷款的公司接受的商业信用比较多。

究其原因,一是企业信用行为的复杂性。既有经营动机,又有融资动机和投资动机,受企业自身、供应商和客户,以及宏观经济政策、市场竞争等各方面因素的影响。二是不同企业信用行为的差异性。不同企业,在企业发展的不同阶段,信用行为不一样;不同国家企业的信用行为的差异更大。因此,不同学者基于不同国家的样本得出的研究结论或经验证据也会有差异。三是研究的视角和方法不同。"横看成岭侧成峰,远近高低各不同"。

与国外研究成果比较,国内的研究无论在广度还是深度上都存在较大差距。如何将国外学者提出的理论应用于解释中国企业的信用行为?在这些理论中,哪些更适用于中国的社会经济环境?中国企业的信用行为具有哪些特征?值得深入探讨。

12.3 中国上市公司信用行为的基本特征

12.3.1 上市公司信用行为的计量

商业信用的供给用"(应收账款+应收票据+预付账款)/资产总额"计

量,商业信用的需求分别用"(应付账款+应付票据+预收账款)/资产总额"和"(应付账款+应付票据+预收账款)/负债总额"计量。把银行信用需求分为短期银行信用需求和长期银行信用需求,分别用"短期借款/负债总额"和"长期借款/负债总额"计量。见表12-1。

表 12-1 信用行为及其计量方法

信用行为	计量方法	表示方法
商业信用供给	(应收账款+应收票据+预付账款)/资产总额	ARA
商业信用需求	(应付账款+应付票据+预收账款)/资产总额	PAA
	(应付账款+应付票据+预收账款)/负债总额	PAL
银行信用需求	短期借款/负债总额	SBL
	长期借款/负债总额	LBL

12.3.2 样本选择和数据来源

利用锐思(RESSET)数据库,进行样本公司的筛选和原始数据搜集。初选样本公司同时满足以下条件:①"所属地区"选择"全部",即包括大陆所有上市公司;②"交易所标识"选择"全部",即包括在上海证券交易所和深圳证券交易所上市的公司;③"股票类型"选择"A 股",即不包括 B 股;④"当前状态"选择"正常上市",即不包括"ST、*ST、暂停上市、退市、三板市场";⑤"上市标识"选择"A",即不包括"AB、ABH、AH、AHN、AN、B";⑥"主板三板标识"选择"主板",即不包括"创业板、三板";⑦"金融行业标识"选择"非金融行业",即不包括"金融行业";⑧"所属行业"选择"证监会行业分类 2012 年版"中除金融业之外的其他所有行业;⑨样本时限:从 1993 年到 2012 年。

先从锐思(RESSET)数据库中导出"应收账款""应收票据""预付账款""资产总额""应付账款""应付票据""预收账款""负债总额""短期借款""长期借款"等数据,然后用 EXCEL 计算得到"(应收账款+应收票据+预付账款)/资产总额""(应付账款+应付票据+预收账款)/资产总额""(应付账款+应付票据+预收账款)/负债总额""短期借款/负债总额""长期借款/负债总额"等变量。最终得到 16 525 个有效样本观测值。

12.3.3 全部样本公司信用行为的基本特征

1993—2012 年每年全部样本公司的商业信用供给(ARA)、商业信用需求(PAA 和 PAL),以及银行信用需求(SBL 和 LBL),见表 12-2。

表 12-2　　全部样本公司商业信用供求和银行信用需求

年份	ARA	PAA	PAL	SBL	LBL
1993	0.244 2	0.104 2	0.281 5	0.352 0	0.098 9
1994	0.127 9	0.082 7	0.228 5	0.361 5	0.129 3
1995	0.139 2	0.095 2	0.211 4	0.343 4	0.105 1
1996	0.144 4	0.095 5	0.211 7	0.387 4	0.099 2
1997	0.198 0	0.128 9	0.267 2	0.407 6	0.044 4
1998	0.168 2	0.095 7	0.231 3	0.357 8	0.104 2
1999	0.167 4	0.095 8	0.235 7	0.361 9	0.103 5
2000	0.152 6	0.101 2	0.233 8	0.354 7	0.116 2
2001	0.143 6	0.105 3	0.246 7	0.371 3	0.111 4
2002	0.142 4	0.120 4	0.281 5	0.378 2	0.109 6
2003	0.149 0	0.140 6	0.304 4	0.371 1	0.111 3
2004	0.147 9	0.151 8	0.312 5	0.357 8	0.110 1
2005	0.149 5	0.163 6	0.331 5	0.333 3	0.105 4
2006	0.151 5	0.172 2	0.339 1	0.307 8	0.105 8
2007	0.150 4	0.171 3	0.340 6	0.292 8	0.107 5
2008	0.144 8	0.169 7	0.352 2	0.295 4	0.107 3
2009	0.145 9	0.177 7	0.371 4	0.255 0	0.127 6
2010	0.158 5	0.180 6	0.388 1	0.235 8	0.119 0
2011	0.166 7	0.170 2	0.402 1	0.234 3	0.099 8
2012	0.165 9	0.171 4	0.400 5	0.228 8	0.090 7

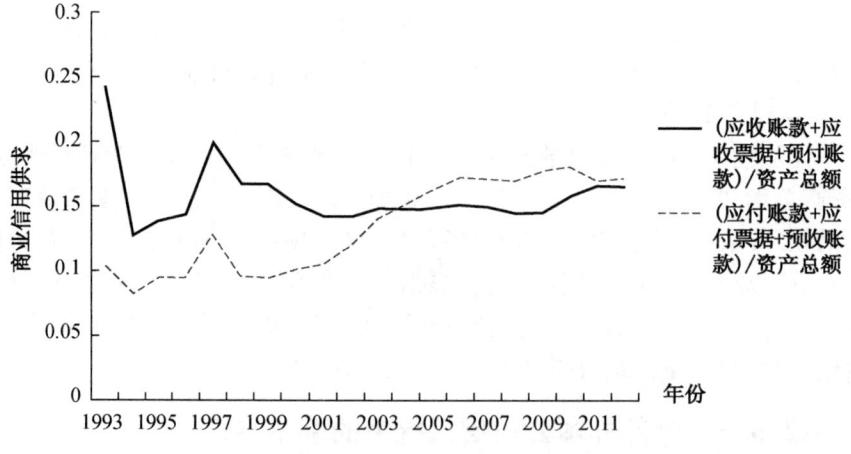

图 12-1　1993—2012 年商业信用的供给和需求

根据表 12-2 中商业信用供给(ARA)和商业信用需求(PAA)数据,绘制图 12-1 之后不难发现:①1993—2003 年,每年商业信用供给(ARA)都大于商业信用需求(PAA);2004—2012 年,每年商业信用供给(ARA)都小于商业信用需求(PAA)。②1993—1998 年,商业信用供给(ARA)和商业信用需求(PAA)同增同减。其中,1994 年商业信用供给(ARA)和商业信用需求(PAA)都明显下降,1997 年商业信用供给(ARA)和商业信用需求(PAA)都明显上升,1998 年商业信用供给(ARA)和商业信用需求(PAA)都明显下降。③1999—2012 年,商业信用供给(ARA)趋于稳定,而商业信用需求(PAA)呈逐步上升趋势。

根据表 12-2 中商业信用需求(PAL)和银行信用需求(SBL 和 LBL)数据,绘制图 12-2 之后不难发现:①1993—2004 年,每年商业信用需求(PAL)都小于短期银行信用需求(SBL);2005—2012 年,每年商业信用需求(PAL)都大于短期银行信用需求(SBL)。②1993—1998 年,商业信用需求(PAL)和短期银行信用需求(SBL)同增同减。其中,1993—1996 年商业信用需求(PAL)逐年下降,1997 年商业信用需求(PAL)和短期银行信用需求(SBL)都显著增加。③1999—2012 年,商业信用需求(PAL)开始逐步上涨,而短期银行信用需求(SBL)开始逐步下降。④长期银行信用需求(LBL)比较稳定,除了 1994 年的 12.93%、1997 年的 4.44% 和 2009 年的 12.76% 之外,其他年份都保持在 10% 左右。

将上述从数据分析和曲线走势中获得的发现与宏观经济周期联系起来,可以加深对公司信用行为的认识。①1993—1996 年,高增长与高通胀并存,宏观调控的重点是反通货膨胀。所以,商业信用供求和银行信用需求都受到了抑制,都表现为下降或趋稳。②1997 年,亚洲金融危机导致通货紧缩,银行惜贷,长期银行信用急剧减少。同时,短期银行信用、商业信用供给和需求都急剧增加。1998 年以后,长期银行信用趋于正常,但短期银行信用逐年下降,商业信用需求逐年增加,商业信用供给逐年下降。这一趋势一直持续到了 2003 年。③2003 年下半年开始经济扩张,但由于长期银行信用保持稳定,短期银行信用呈下降趋势,所以,商业信用需求逐年增加,并在 2004 年超过了商业信用供给,在 2005 年超过了短期银行信用。商业信用需求是推动 2003 年以后经济扩张的重要力量。

可见,长期银行信用、短期银行信用、商业信用都是企业可以选择的融资渠道。如果长期银行信用受到抑制,企业可以选择短期银行信用;如果长期银行信用和短期银行信用都受到抑制，企业可以选择商业信用。因此，有必要对商业信用供给、商业信用需求，以及银行信用需求之间的关系展开进一步研究。

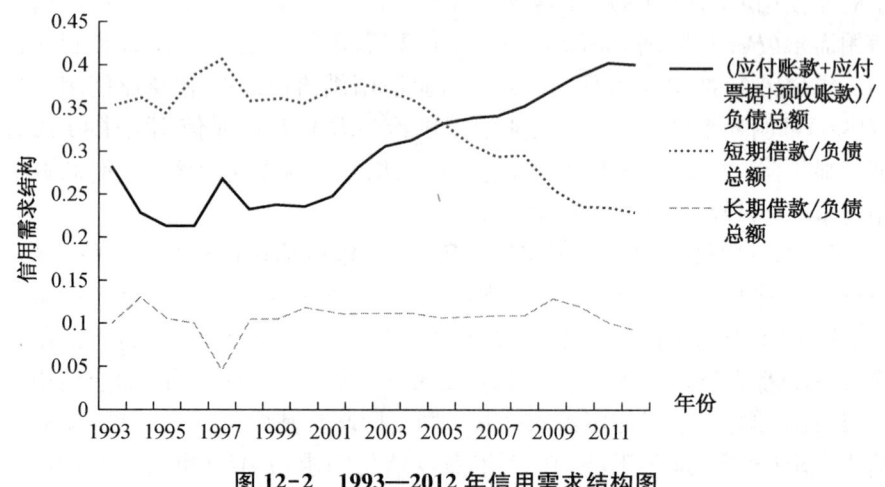

图 12-2　1993—2012 年信用需求结构图

12.4　信用供求的相互关系及其市场反应

12.4.1　理论假说

12.4.1.1　商业信用供给与银行信用需求之间的关系

银行信用需求反映了企业的融资能力。获得的银行信用多，意味着公司能够提供较多的担保，具有较强的偿债能力，财务风险小，或者与银行保持密切的联系。根据 Schwartz(1974)提出的融资性动机理论，获得银行信用多的公司，愿意给那些融资困难、资金短缺的企业提供商业信用。而且，经营性动机理论认为，提供商业信用具有很多积极作用。比如，促进商品交易、节省交易费用、获取客户的信息、应对市场需求波动、降低税负、节约修理费用、为买方提供了一种产品质量信号等。(Ferris, 1981；Emery, 1984；Long, Malitz 和 Ravid, 1993)。Petersen 和 Rajan(1997)、Shi 和 Zhang(2014)等实证研究也表明，融资能力强的公司会提供较多的商业信用。Love, Preve 和 Sarria-Allende(2007)发现，短期负债比例高的公司提供的商业信用较多。因此，提出理论假说 1。

假说 1（H_1）：商业信用供给与银行信用需求显著正相关。获得的银行信用越多，提供的商业信用也越多。

12.4.1.2　商业信用需求与银行信用需求之间的关系

根据融资性动机理论，因受到信贷歧视或配给限制而难以获得银行贷款的企业，会把商业信用作为一种替代性融资方式。这意味着，接受商业信用比较多的企业，从银行获得的贷款较少，商业信用需求与银行信用需求之间的关系是一种替代关系。而且，从国内外实证研究文献来看，认为商业信用需求与银行信用需求之间的关系是一种替代关系的占多数（Meltzer，1960；Delannay 和 Weill，2004；Guariglia 和 Mateut，2006；Mateut、Bougheas 和 Mizen，2006；石晓军、张顺明和李杰，2009）。因此，提出理论假说 2。

假说 2（H_2）：商业信用需求与银行信用需求显著负相关。获得的银行信用越少，接受的商业信用越多。

12.4.1.3　商业信用需求与商业信用供给之间的关系

商业信用需求和商业信用供给体现了企业的不同特征。根据 Petersen 和 Rajan（1997）的研究，容易获得贷款、销售能力强、边际利润高的企业，提供的商业信用较多；难以获得贷款、销售能力弱、边际利润低的企业，对商业信用的需求较大。这意味着，对于同一家公司，要么提供的商业信用较多，要么对商业信用的需求较大。Love，Preve 和 Sarria-Allende（2007）也发现，提供的商业信用越多，接受的商业信用越少。因此，提出理论假说 3。

假说 3（H_3）：商业信用需求与商业信用供给显著负相关。接受的商业信用越多，提供的商业信用越少。

12.4.1.4　信用供求的市场反应

公司的信用行为，既是经营政策的体现，又是融资政策和投资政策的体现，必然会影响公司的财务状况和经营成果，进而影响公司的股票价格或公司价值。

如上所述，提供商业信用多通常与融资能力强、销售能力强、边际利润高等联系在一起，而接受商业信用多通常与融资能力弱、销售能力弱、边际利润低等联系在一起。尽管少数在供应链中处于强势地位的企业可能迫使供应商提供较多的商业信用，而不愿向客户提供信用，但总体上看，提供商业信用多是一种积极的表现，接受商业信用多是一种消极的表现。因此，提出理论假说 4。

假说 4（H_4）：公司价值或股票价格与商业信用供给显著正相关，与商业信用需求显著负相关。商业信用供给越多,商业信用需求越少,公司价值或股票价格越高。

使用银行信用通常与偿债能力强、财务风险小联系在一起。而且,使用银行信用还可以在以下方面对股票价格或公司价值产生正面影响:①银行借款的利息在税前支付,具有抵税作用。在投资收益率大于借款利率的情况下,使用银行借款可以增加收益总额,提高每股收益和股票价格。②偿还银行借款本金和利息的压力对经营者自由支配现金具有一定的抑制作用,可以限制经营者选择不能给股东增加价值的投资机会。③使用的银行信用越多,企业破产的可能性越大。在企业面临破产的情况下,银行倾向于进行清算。如果企业被迫清算,经营者就会失去经营管理企业带来的各种好处,包括货币收益、控制权收益等。所以,在信息不对称的情况下,经营者可以通过使用银行信用向资本市场传递出企业有价值的信息。为此,提出理论假说 5。

假说 5(H_5):公司价值或股票价格与短期银行信用、长期银行信用显著正相关。短期银行信用和长期银行信用越多,公司价值或股票价格越高。

12.4.2　回归模型

为了检验上述 5 个理论假设,建立如下 4 个线性回归模型。其中,模型(12-1)检验 H_1,模型(12-2)检验 H_2,模型(12-3)检验 H_3,模型(12-4)检验 H_4 和 H_5。

$$ARA_{i,t} = \alpha_0 + \alpha_1 SBL_{i,t} + \alpha_2 LBL_{i,t} + \alpha_3 CYC_{i,t} + \alpha_4 NAT_{i,t} \\ + \alpha_5 \ln NA_{i,t} + \alpha_6 DR_{i,t} + \alpha_7 GRS_{i,t} + \varepsilon_{i,t} \tag{12-1}$$

$$PAL_{i,t} = \beta_0 + \beta_1 SBL_{i,t} + \beta_2 LBL_{i,t} + \beta_3 CYC_{i,t} + \beta_4 NAT_{i,t} \\ + \beta_5 \ln NA_{i,t} + \beta_6 DR_{i,t} + \beta_7 GRS_{i,t} + \eta_{i,t} \tag{12-2}$$

$$PAA_{i,t} = \chi_0 + \chi_1 ARA_{i,t} + \chi_2 CYC_{i,t} + \chi_3 NAT_{i,t} + \chi_4 \ln NA_{i,t} \\ + \chi_5 DR_{i,t} + \chi_6 GRS_{i,t} + \mu_{i,t} \tag{12-3}$$

$$TBQ_{i,t} = \omega_0 + \omega_1 ARA_{i,t} + \omega_2 PAA_{i,t} + \omega_3 SBL_{i,t} + \omega_4 LBL_{i,t} \\ + \omega_5 \ln NA_{i,t} + \omega_6 DR_{i,t} + \omega_7 DRS_{i,t} + \nu_{i,t} \tag{12-4}$$

上述模型中变量的含义和取值方法,见表 12-3。

表 12-3　　　　　　　　变量的名称、代码与定义

变量类型和名称		变量代码	变量的定义或取值方法
市场反应变量	股票价格	SPR	年末收盘价
	托宾 Q 值	TBQ	市场价值/重置价值
商业信用供求变量	应收款项占资产总额的比例	ARA	(应收账款＋应收票据＋预付账款)/资产总额
	应付款项占资产总额的比例	PAA	(应付账款＋应付票据＋预收账款)/资产总额
	应付款项占负债总额的比例	PAL	(应付账款＋应付票据＋预收账款)/负债总额
银行信用需求变量	短期借款占负债总额的比例	SBL	短期借款/负债总额
	长期借款占负债总额的比例	LBL	长期借款/负债总额
虚拟变量	宏观经济周期	CYC	"繁荣"取 1，"衰退"取 0。
	企业的经济性质	NAT	"国有"取 1，"非国有"取 0。
控制变量	公司规模	ln NA	净资产的自然对数
	资本结构	DR	负债总额/资产总额
	成长性	GRS	(本期主营业务收入－上期主营业务收入)/上期主营业务收入

12.4.3　数据的来源与处理

与前文的做法一样，利用锐思(RESSET)数据库选择 1993—2012 年在上海证券交易所和深圳证券交易所主板市场交易的所有非金融企业作为初选样本。先导出原始数据，然后利用 EXCEL 计算变量值，再利用 SPSS11.5 对数据进行以下处理：①异常值的处理。通过"Statistics"中的"Outliers"发现极端值，逐一检验是否为异常值。把含有异常值的样本，从初选样本中删除。②缺失值的处理。把含有缺失值的样本，从初选样本中删除。经过上述处理之后，有效观测值为 16 506 个。

虚拟变量"宏观经济周期(CYC)"的确定方法如下：根据实际增长率和潜在增长率的差取值。差为正数，说明繁荣，取 1；差为负数，说明衰退，取 0，见表 12-4。在表 12-4 中，1993—2012 年的"实际增长率"数据来源于国家统计局网站(www.stats.gov.cn)，1993—2011 年的"潜在增长率"数据来源于陈乐一(2007)，以及陈乐一、粟壬波(2013)的测算，2012 年的"潜在增长率"数据是估算的。

虚拟变量"企业的经济性质(NAT)"根据实际控制人的经济性质确定。

在锐思(RESSET)数据库中,"实际控制人的经济性质"分为"1—中央企业、2—地方国有企业、3—民营企业、4—集体企业、5—大学、6—外资"。在本文中,把"1—中央企业、2—地方国有企业、5—大学"都称为"国有企业",取1;把"3—民营企业、4—集体企业、6—外资"都称为"非国有企业",取0。

表12-4　虚拟变量"宏观经济周期(CYC)"的取值方法

年份	潜在增长率(%)(1)	实际增长率(%)(2)	负向产出缺口(%)(2)—(1)	虚拟变量取值
1993	10.03	13.5	3.47	1
1994	9.96	12.6	2.64	1
1995	9.80	10.5	0.7	1
1996	9.58	9.6	0.02	1
1997	9.33	8.8	−0.53	0
1998	9.09	7.8	−1.29	0
1999	8.89	7.1	−1.79	0
2000	8.75	8.0	−0.75	0
2001	8.66	7.5	−1.16	0
2002	8.63	8.3	−0.33	0
2003	8.63	9.5	0.87	1
2004	8.64	9.5	0.86	1
2005	8.65	9.9	1.25	1
2006	11.80	12.7	0.9	1
2007	11.60	14.2	2.6	1
2008	10.90	9.6	−1.3	0
2009	10.20	9.2	−1.0	0
2010	9.50	10.4	0.9	1
2011	8.80	9.2	0.4	1
2012	7.30	7.70	0.4	1

12.4.4　描述性统计分析

所有变量的描述性统计分析,见表12-5。表12-5显示:应收款项占资产总额的比例(ARA)、应付款项占资产总额的比例(PAA)、应付款项占负债总额的比例(PAL)、短期借款占负债总额的比例(SBL)和长期借款占负债总额的比例（LBL）等 5 个变量的均值分别为 0.154 0，0.151 7，0.331 0，0.304 1 和 0.107 6。

表 12-5　　　　　　　　变量的描述性统计分析表

变量	有效观测值	最小值	最大值	平均值	标准误
SPR	16 506	1.21	249.74	10.891 8	9.674 57
TBQ	16 506	0.65	89.09	2.570 7	2.321 63
ARA	16 506	0.00	0.87	0.154 0	0.108 63
PAA	16 506	0.00	0.86	0.151 7	0.120 02
PAL	16 506	0.00	16.43	0.331 0	0.256 44
SBL	16 506	0.00	1.58	0.304 1	0.219 14
LBL	16 506	0.00	0.90	0.107 6	0.155 19
CYC	16 506	0.00	1.00	0.621 7	0.484 99
NAT	16 506	0.00	1.00	0.595 5	0.490 81
$\ln NA$	16 506	13.41	26.08	20.587 9	1.128 92
DR	16 506	0.00	12.24	0.476 3	0.220 04
GRS	16 506	−1.33	76.45	0.264 2	1.556 95

12.4.5　相关分析

所有变量的 Pearson 相关系数及其显著性，见表 12-6。从表 12-6 中可以发现：①股票价格（SPR）与托宾 Q 值（TBQ）、应收款项占资产总额的比例（ARA）、应付款项占资产总额的比例（PAA）、应付款项占负债总额的比例（PAL）、公司规模（$\ln NA$）、成长性（GRS）等显著正相关；与短期借款占负债总额的比例（SBL）、长期借款占负债总额的比例（LBL）、宏观经济周期（CYC）、企业的经济性质（NAT）、资本结构（DR）等显著负相关。②托宾 Q 值（TBQ）与应付款项占资产总额的比例（PAA）、应付款项占负债总额的比例（PAL）、短期借款占负债总额的比例（SBL）、长期借款占负债总额的比例（LBL）、宏观经济周期（CYC）、企业的经济性质（NAT）、公司规模（$\ln NA$）、资本结构（DR）等都显著负相关；与应收款项占资产总额的比例（ARA）负相关，但不显著；与成长性（GRS）显著正相关。③应收款项占资产总额的比例（ARA）与应付款项占资产总额的比例（PAA）、应付款项占负债总额的比例（PAL）、短期借款占负债总额的比例（SBL）、宏观经济周期（CYC）、资本结构（DR）、成长性（GRS）等显著正相关；与长期借款占负债总

表 12-6　变量的 Pearson 相关系数及其显著性

变量	SPR	TBQ	ARA	PAA	PAL	SBL	LBL	CYC	NAT	ln NA	DR	GRS
SPR	1											
TBQ	0.376**	1										
	0.000											
ARA	0.059**	−0.011	1									
	0.000	0.149										
PAA	0.047**	−0.118**	0.333**	1								
	0.000	0.000	0.000									
PAL	0.116**	−0.019*	0.271**	0.635**	1							
	0.000	0.013	0.000	0.000								
SBL	−0.129**	−0.079**	0.056**	−0.265**	−0.407**	1						
	0.000	0.000	0.000	0.000	0.000							
LBL	−0.066**	−0.103**	−0.234**	−0.221**	−0.324**	−0.200**	1					
	0.000	0.000	0.000	0.000	0.000	0.000						

（续表）

变量		SPR	TBQ	ARA	PAA	PAL	SBL	LBL	CYC	NAT	ln NA	DR	GRS
CYC		−0.044**	−0.116**	0.024**	0.118**	0.108**	−0.089**	−0.022**	1				
		0.000	0.000	0.002	0.000	0.000	0.000	0.005					
NAT		−0.031**	−0.094**	−0.082**	0.030**	−0.043**	−0.064**	0.126**	−0.048**	1			
		0.000	0.000	0.000	0.000	0.000	0.000	0.000	0.000				
ln NA		0.127**	−0.250**	−0.082**	0.089**	0.108**	−0.223**	0.191**	0.153**	0.192**	1		
		0.000	0.000	0.000	0.000	0.000	0.000	0.000	0.000	0.000			
DR		−0.118**	−0.022**	0.058**	0.401**	−0.102**	0.153**	0.179**	0.059**	0.060**	−0.077**	1	
		0.000	0.006	0.000	0.000	0.000	0.000	0.000	0.000	0.000	0.000		
GRS		0.032**	0.039**	0.017*	0.046**	0.014	−0.035**	0.001	0.007	−0.018*	−0.043**	0.038**	1
		0.000	0.000	0.025	0.000	0.080	0.000	0.854	0.372	0.020	0.000	0.000	

** 表示相关系数在 0.01 水平上是显著的（双尾检验）。
* 表示相关系数在 0.05 水平上是显著的（双尾检验）。

额的比例(LBL)、企业的经济性质(NAT)、公司规模($\ln NA$)等显著负相关。④应付款项占资产总额的比例(PAA)与应付款项占负债总额的比例(PAL)、宏观经济周期(CYC)、企业的经济性质(NAT)、公司规模($\ln NA$)、资本结构(DR)、成长性(GRS)等显著正相关;与短期借款占负债总额的比例(SBL)、长期借款占负债总额的比例(LBL)等显著负相关。⑤应付款项占负债总额的比例(PAL)与宏观经济周期(CYC)、公司规模($\ln NA$)等显著正相关;与短期借款占负债总额的比例(SBL)、长期借款占负债总额的比例(LBL)、企业的经济性质(NAT)、资本结构(DR)等显著负相关。⑥短期借款占负债总额的比例(SBL)与资本结构(DR)显著正相关;与长期借款占负债总额的比例(LBL)、宏观经济周期(CYC)、企业的经济性质(NAT)、公司规模($\ln NA$)、成长性(GRS)等显著负相关。⑦长期借款占负债总额的比例(LBL)与企业的经济性质(NAT)、公司规模($\ln NA$)、资本结构(DR)等显著正相关;与宏观经济周期(CYC)显著负相关。

12.4.6 回归分析

12.4.6.1 模型 12-1、模型 12-2 和模型 12-3 的回归分析

模型 12-1、模型 12-2 和模型 12-3 的回归分析结果,见表 12-7。

表 12-7 模型 12-1、模型 12-2 和模型 12-3 的回归分析结果

项目	模型 12-1		模型 12-2		模型 12-3	
	系数	显著性	系数	显著性	系数	显著性
常数项	0.198	0.000	0.124	0.000	−0.309	0.000
ARA					0.354	0.000
SBL	−0.008	0.042	−0.566	0.000		
LBL	−0.171	0.000	−0.731	0.000		
CYC	0.003	0.117	0.019	0.000	0.017	0.000
NAT	−0.012	0.000	−0.020	0.000	0.003	0.091
$\ln NA$	−0.002	0.008	0.021	0.000	0.014	0.000
DR	0.052	0.000	0.068	0.000	0.211	0.000
GRS	0.001	0.134	0.000	0.726	0.002	0.000
R^2	0.069		0.349		0.284	
调整的 R^2	0.069		0.349		0.283	
Durbin-Watson	1.915		1.955		1.875	
F 值	174.621		1 265.688		1 089.195	
F 的显著性	0.000		0.000		0.000	

模型(12-1)、模型(12-2)和模型(12-3)的 R^2 分别为 0.069，0.349 和 0.284，都具有较强的解释能力；Durbin-Watson 统计量分别为 1.915，1.955 和 1.875，都比较接近于 2，说明模型没有序列相关；F 值都在 0.01 水平上显著，都通过了 F 检验。

在模型(12-1)中，变量 SBL，LBL，NAT，ln NA 等的系数都为负，且都在 0.01 水平上显著；变量 CYC 和 DR 的系数都为正，且都在 0.01 水平上显著。这表明：①商业信用供给与短期银行信用、长期银行信用显著负相关，H_1 不成立。②国有企业提供的商业信用较少，规模大的企业提供的商业信用较少。③在经济繁荣时期，提供的商业信用较多；资产负债率高的公司，提供的商业信用较多。

在模型(12-2)中，变量 SBL，LBL，NAT 等的系数都为负，且都在 0.01 水平上显著；变量 CYC，ln NA，DR 等的系数都为正，且都在 0.01 水平上显著。这表明：①商业信用需求与短期银行信用、长期银行信用显著负相关，H_2 成立。商业信用需求与银行信用的关系是一种替代关系。②国有企业接受的商业信用较少。③在经济繁荣时期，接受的商业信用较多；规模大、资产负债率高的公司，接受的商业信用较多。

在模型(12-3)中，变量 ARA，CYC，ln NA，DR，GRS 等的系数都为正，且都在 0.01 水平上显著。这表明：①商业信用需求与商业信用供给显著正相关，H_3 不成立。②在经济繁荣时期，接受的商业信用较多；规模大、资产负债率高、成长性好的公司，接受的商业信用较多。

12.4.6.2 模型(12-4)的回归分析与稳健性检验

1) 模型(12-4)的回归分析

模型(12-4)的回归分析结果，见表 12-8。

模型(12-4)的 R^2 为 0.669，具有较强的解释能力；Durbin-Watson 统计量为 1.912，接近于 2，说明模型没有序列相关；F 值在 0.01 水平上显著，通过了 F 检验；变量的 VIF 都较小，接近于 1，说明变量之间没有多重共线性。

在模型(12-4)中，ARA 的系数为正，且在 0.05 水平上显著；PAA，SBL，LBL，ln NA 等的系数都为负，且都在 0.01 水平上显著；DR 的系数为正，且在 0.01 水平上显著。这表明：①公司价值与商业信用供给显著正相关，与商业信用需求显著负相关，H_4 成立。②公司价值与短期银行信用需求、长期银行信用需求显著负相关，H_5 不成立。③规模对公司价值具有负面影响，资产负债率对公司价值具有正面影响。

表 12-8　　模型 12-4 的回归分析结果

项目	系数值	标准误	T	T 的显著性	VIF
ω_0	13.092	0.545	24.009	0.000	
ω_1	0.606	0.283	2.142	0.032	1.196
ω_2	−14.928	0.319	−46.727	0.000	1.864
ω_4	−4.642	0.155	−29.985	0.000	1.459
ω_4	−5.456	0.212	−25.707	0.000	1.374
ω_5	−0.522	0.026	−20.002	0.000	1.098
ω_6	7.666	0.043	179.845	0.000	1.063
ω_7	0.000	0.001	0.154	0.877	1.001
R^2	0.669				
调整的 R^2	0.669				
Durbin-Watson	1.912				
F 值	4 198.444				
F 的显著性	0.000				

2) 模型(12-4)的稳健性检验

用股票价格(SPR)替换托宾 Q 值(TBQ)进行稳健性检验。结果发现，应收款项占资产总额的比例(ARA)、应付款项占负债总额的比例(PAL)、短期借款占负债总额的比例(SBL)和长期借款占负债总额的比例(LBL)等的系数分别为 5.621，−5.227，−5.420 和 −6.114，系数的符号都没有变化，而且都在 0.01 水平上显著。所以，模型 12-4 的回归分析结果是稳健的。

12.5　研究结论及其局限性

以 1993—2012 年在上海证券交易所和深圳证券交易所主板市场交易的所有非金融企业为样本，对公司的信用行为及其市场反应进行了实证研究。结果发现：①1993—1996 年，商业信用供求和银行信用需求都受到了抑制；1997 年，长期银行信用急剧减少，短期银行信用、商业信用供给和需求都急剧增加；1998—2003 年，长期银行信用趋于正常，但短期银行信用逐年下降，商业信用需求逐年增加，商业信用供给逐年下降；2003—2012 年，长期银行信用保持稳定，短期银行信用呈下降趋势，商业信用供给趋于稳定,商业信用需求逐年增加。②与假说 1 相反,商业信用供给与短期银行信用、长期银行信用显著负相关。使用的银行信用越多,提供的商业信用越少。③与假说 2 一致,商业信用需求与短期银行信用、长期银行信用显著负相关,商业信用需求与银行信用的关系是一种替代关系。④与假说 3 相反,商业信用需求与商业信用供给显著正相关。提供的商业信用越多,接受的商业信用也越多。⑤与假说 4 一致,公司价值与商业信用供给显著正相关,与商业信用需求显著负相关。⑥与假说 5 相反,公司价值与短期银行信用需求、长期银行信用需求显著负相关。

同时,也发现宏观经济周期、企业的经济性质、公司规模、资本结构、成长性等因素对公司的信用行为和公司价值具有显著影响。①在经济繁荣时期,提供的商业信用较多,接受的商业信用也较多。②国有企业不仅提供的商业信用较少,而且接受的商业信用也较少。③规模大的企业提供的商业信用较少,但接受的商业信用较多;规模对公司价值具有负面影响。④资产负债率高的公司提供的商业信用较多,接受的商业信用也较多;资产负债率对公司价值具有正面影响。⑤成长性好的公司,接受的商业信用较多。

选择样本的时间跨度长达 20 年,初选样本的有效观测值达到 16 525 个。这种大样本研究的优点是有助于消除偶然因素的影响,得出具有必然性的结论,但也存在一些局限性:①公司的信用行为与社会经济环境息息相关。在不同的历史时期,在不同的环境条件下,公司的信用行为存在一些的差异。特别是对于处在改革开放时代的中国企业,这种差异更加显著。所以,如图 12-1 和图 12-2 所示,把 1993—2012 年划分成 1993—1996 年、1997—2003 年、2004—2012 年等三个时间段,分段展开研究,很有必要。②与人的行为一样,公司的信用行为既有共性,又有个性,不同企业、不同行业的信用行为存在一些差异。所以,分行业进行研究,选择典型企业进行案例研究,很有必要。

第 13 章
客户集中度的财务效应专题研究

13.1 引　　言

　　企业与市场,以及企业的研发、生产、销售等业务活动和筹资、投资、收益分配等财务活动是紧密相关、浑然一体、不可分割的。然而,在专业化的教育体制和专业分工的管理体制下,企业与市场、业务与财务之间的联系却被人为地割裂开来,这在学术研究中表现得特别明显。为此,本文试图将业务、财务与市场联系起来进行动态的研究,为"业务—财务—市场"之间的关系提供新的经验证据。

　　客户集中度是公司销售政策的体现,同时也反映客户的议价能力。客户集中度越高,客户的议价能力越强,客户对公司经营活动的影响力越大,这就像股权集中度越高,股东对公司决策的影响力越大一样。客户集中度不仅会影响公司的经营决策,而且会影响公司的财务决策;不仅会影响公司的经营业绩,而且会影响公司的经营风险和市场表现。但国内外学者偏重于研究客户集中度对公司经营业绩的影响,而不注重研究客户集中度对经营风险的影响,也不注重研究资本市场对客户集中度的反应。与以往的研究不同,同时研究客户集中度对公司经营业绩和经营风险的影响,以及资本市场对此作出的反应。这种研究不仅可以丰富有关客户集中度的研究文献,而且可以为企业的经营决策和财务决策提供更适用的理论依据,为投资者进行投资决策提供一种信号。

　　以 2007—2012 年上海证券交易所和深圳证券交易所制造业上市公司为研究对象。把为制造业上市公司提供原材料的企业称为"卖方"或"供应商",把购买制造业上市公司产品的企业称为"买方""零售商""经销商"或"客户"。

13.2 文献述评

20世纪60年代,国外学者对客户集中度的研究就已经开始了。21世纪初,国内学者开始关注由供应商、制造商、经销商组成的供应链系统的利益协调问题,以及买方(零售商、经销商或客户)议价能力和卖方(供应商)议价能力对制造商经营业绩的影响。但客户集中度如何影响公司的经营决策和财务决策,进而影响公司的经营业绩、经营风险和市场表现呢?国内外研究得出的结论不尽相同。

13.2.1 国外研究动态

国外学者的研究主要从产业和企业两个层面展开,聚焦于客户集中度效应的研究,即客户集中度与利润率之间关系的研究。

Stigler(1964)提出了两个假说,即客户集中度与产业利润率显著负相关,客户集中度效应在那些供应商集中度高的产业特别显著。Lustgarten(1975)、LaFrance(1979)、Cowley(1986)等实证研究都证实了这两个假说。但是,Newmark(1989)认为,在上述实证研究中,由于一些产业利润率计量错误,客户集中度效应被夸大了。Newmark在Lustgarten的基本模型中加入管理控制代理变量(A Proxy for Administrative Control)之后,客户集中度效应变得不够显著。

Porter(1979)对客户集中度效应进行了定性分析。Porter指出,企业所在行业的竞争力取决于新的竞争对手入侵、替代品的威胁、买方议价能力、卖方议价能力、现存竞争者之间的竞争等五大因素。其中,"买方议价能力"是指购买者通过压低价格、要求提供质量较高的产品或服务等手段,影响企业的盈利能力。如果购买者的总数较少,每个购买者的购买量占卖方销售量的比例较大(即客户集中度较高),买方(客户)就具有较强的议价能力。

Patatoukas(2012)对客户集中度(Customer-base Concentration—CC)是否影响公司业绩和股票估价,以及如何影响公司业绩和股票估价进行了实证研究。结果发现,客户集中度与资产净利率(ROA)和净资产收益率(ROE)显著正相关,客户集中度的年度变化与当年和下一年度的股票投资回报显著正相关。与上述研究只关注客户集中度对公司业绩的影响不同,Patatoukas不仅研究了客户集中度对公司业绩的影响,还研究了客户集中度对股票估价的影响;而且,Patatoukas 得出的结论与上述研究相反。

13.2.2　国内研究动态

徐淳厚、闫伟东和温丹(2006)指出,20 世纪末,我国的市场供求关系发生了根本性转变,从卖方市场进入了买方市场。买方市场的形成,使制造商和经销商之间的关系发生了质的变化,经销商成为制造商的"上帝",制造商变成了大型经销商的"仆人"。制造商不仅要向经销商提供优质的产品,还要提供细致周到的服务。随着经销商议价能力的提高,出现制造商销量增加,但单位成本和费用上升、利润减少的局面。

韩敬稳、赵道致和秦娟娟(2009)也认为,靠近市场或消费者的经销商在供应链中占据主导地位,特别是大型经销商具有很强的议价能力。凭借主导地位和议价能力,大型经销商会强迫制造商降低产品价格,长期拖欠和占用制造商的货款,向制造商收取进场费、上架费等各种费用,把成本费用转嫁给制造商,使制造商成本费用增加,收益下降。

唐跃军(2009)对供应商和经销商的议价能力与公司业绩的关系进行了实证研究。研究发现,供应商、经销商(客户)的集中度和议价能力越低,公司业绩越好。张胜(2013)对企业供应商和客户集中度与资产结构的关系进行了实证研究。结果发现,供应商或客户集中度越高,企业的现金持有量越少,流动资产也越少,企业的业绩越差。唐跃军(2009)和张胜(2013)的研究为徐淳厚、闫伟东和温丹(2006)与韩敬稳、赵道致和秦娟娟(2009)的理论分析提供了一定的经验支持。

13.2.3　对国内外研究现状的评论

从上述国内外研究动态可以看出,在对客户集中度的财务效应与市场反应研究方面,存在以下问题,有待进一步探讨。

第一,与国外研究比较,国内研究不仅起步晚,而且文献不够丰富,特别是有关实证研究的文献很少。在两篇实证研究文献中,唐跃军(2009)采用的是 2005—2007 年上市公司的数据,张胜(2013)采用的是 2001—2009 年上市公司的数据。由于 2007 年 1 月 1 日开始施行新企业会计准则,所以,其研究结论可能受到财务数据结构性变化的影响。

第二,除了 Patatoukas(2012)的研究之外,其他研究关注的仅仅是客户集中度对公司业绩的影响,没有进一步研究客户集中度对经营风险的影响,以及资本市场的反应,没有把业务、财务和市场结合起来。这也是很多实证研究存在的一个普遍性问题。事实上,企业的经营决策和财务决策既要考虑业绩,又要考虑风险,总是报酬与风险权衡的结果。资本市场的反应,也是建立在对企业风险和报酬权衡的基础之上。所以,只研究对经营业绩的影响,而不研究对经营风险的影响,难免流于片面。

第三,研究结论不尽相同。Patatoukas(2012)的研究发现与 Porter(1979)的理论分析不一致,唐跃军(2009)、张胜(2013)等的研究结论与 Patatoukas(2012)的研究结论不一致。

针对上述问题,本文从以下三个方面展开研究:①客户集中度与经营业绩之间的关系,包括客户集中度对本期经营业绩和下期经营业绩的影响;②客户集中度与经营风险之间的关系,包括客户集中度对本期经营风险和下期经营风险的影响;③客户集中度的市场反应,包括客户集中度与本期市销率和下期市销率之间的关系。

本研究创新点主要表现在:在研究方法上,把业务、财务与市场联系起来进行动态的研究;在研究内容上,不仅研究客户集中度对经营业绩的影响,而且研究客户集中度对经营风险的影响,以及资本市场对客户集中度的反应。

12.3 理 论 假 说

12.3.1 客户集中度与经营业绩假说

在 20 世纪 70 年代产生的市场导向经营理念,以及 20 世纪 80 年代兴起的顾客满意(Customer Satisfaction—CS)、顾客忠诚(Customer Loyal—CL)、关系营销等理念中,都把客户视同企业的一项重要资产,一种重要的关系性资源。"顾客就是上帝"。但对于客户集中是好是坏,客户集中对经营业绩有什么影响,理论界缺乏统一认识。

客户集中度提高,意味着客户对于企业重要性的提高,意味着客户议价能力的提高,意味着买方势力的增强。一般认为,客户集中度提高或买方势力的增强会产生两种相反的经济效应,即买方垄断势力效应和买方抗衡势力效应。买方垄断势力效应是指客户利用自己的强势地位和企业对自己的依赖,迫使企业降低产品价格,提高产品和服务质量,分担各种费用,给予各种优惠条件,从而减少企业的利润。买方抗衡势力效应包括:①客户的强势地位可以迫使企业进行技术创新和管理创新,降低产品的边际生产成本;②由于大客户依靠买方势力获取了较低价格或大量的折扣优惠,为了实现销售利润目标,企业会提高对中小客户的销售价格。买方垄断势力效应会使企业的业绩恶化,买方抗衡势力效应则有助于企业业绩的改善。

基于徐淳厚、闫伟东和温丹(2006),以及韩敬稳、赵道致和秦娟娟(2009)的理论分析,借鉴唐跃军(2009)、张胜(2013)的实证研究,同时考虑企业的技术创新和管理创新是一个长期的过程,提高中小客户销售价格对企业业绩改善的作用有限,本文提出第一类理论假说1(H_1)。

假说1(H_1):客户集中度与经营业绩显著负相关。客户集中度越高,经营业绩越差。

第一类理论假说(H_1)包括两个具体假说:①本期客户集中度与本期经营业绩显著负相关(H_{11});②本期客户集中度与下期经营业绩显著负相关(H_{12})。

12.3.2　客户集中度与经营风险假设

客户既是企业产品的购买者和使用者,也是企业的合作生产者。正是客户的购买和重复购买,才使企业的产品实现了马克思所说的"惊险的跳跃",才使企业产品的价值得以实现,才使企业的品牌具有了市场价值。大客户对企业的信任和与企业的合作,可以加快现金流转,降低现金流量的不确定性,从而降低经营风险。

企业的经营风险可以用经营杠杆系数来衡量,经营杠杆系数(DOL)的计算公式如下:

$$DOL = \frac{Q(P-V)}{Q(P-V)-F} \tag{13-1}$$

在式(13-1)中,Q表示销售量,P表示销售单价,V表示单位产品变动成本,F表示固定成本。显然,如果F不变,$Q(P-V)$越大,DOL越小,即经营风险越小。从短期来看,假定F不变具有一定的合理性;而且,尽管大客户凭借议价能力压低了销售价格(即P变小了),但一般来讲,销售价格总是会大于单位产品变动成本(即$P>V$),即使是对大客户的销售,也是有利可图的,即$Q(P-V)$大于F。所以,随着销售量的增加,经营杠杆系数

（DOL）会下降，经营风险会变小。

基于以上分析，提出第二类理论假说2（H_2）。

假说2（H_2）：客户集中度与经营风险显著负相关。客户集中度越高，经营风险越小。

第二类理论假说（H_2）包括两个具体假说：①本期客户集中度与本期经营风险显著负相关（H_{21}）；②本期客户集中度与下期经营风险显著负相关（H_{22}）。

12.3.3 客户集中度的市场反应假说

在上述第一类和第二类理论假说下（即经营业绩变差和经营风险下降的情况下），客户集中度如何影响资本市场对企业的估价呢？资本市场会对客户集中度作出何种反应呢？

根据企业价值评估原理，企业的价值是企业未来现金流量的现值。假定每年的自由现金流为A，贴现率为I，那么，企业的价值为：$V = A/I$。其中，A与企业的财务业绩密切相关，I与企业的经营风险密切相关。显然，A越大，I越小，企业的价值V越大。但如果A和I都变小，V是会变大还是会变小呢？不好确定。

一般认为，大客户为企业提供了稳定的销售渠道，能为企业价值创造作出贡献。为此，本文假定，随着客户集中度的提高，经营风险比财务业绩下降得更快，并借鉴 Patatoukas（2012）的研究发现，提出第三类假说（H_3）。

假说3（H_3）：客户集中度与企业估价显著正相关。客户集中度越高，企业估价越大。

第三类假说3（H_3）包括两个具体假说：①本期客户集中度与本期企业估价显著正相关（H_{31}）；②本期客户集中度与下期企业估价显著正相关（H_{32}）。

13.4 实证研究设计

13.4.1 回归模型

为了检验上述六个具体假说，本文建立如下六个线性回归模型。其中，模型1检验H_{11}，模型2检验H_{12}，模型3检验H_{21}，模型4检验H_{22}，模型 5 检验 H_{31}，模型 6 检验 H_{32}。

$$GPM_{i,t} = \alpha_0 + \alpha_1 DCC_{i,t} + \alpha_2 \ln AGE_{i,t} + \alpha_3 \ln NA_{i,t} \\ + \alpha_4 DR_{i,t} + \alpha_5 GRS_{i,t} + \varepsilon_{i,t} \quad \text{(模型 1)}$$

$$GPM_{i,t+1} = \beta_0 + \beta_1 DCC_{i,t} + \beta_2 \ln AGE_{i,t} + \beta_3 \ln NA_{i,t} \\ + \beta_4 DR_{i,t} + \beta_5 GRS_{i,t} + \varepsilon_{i,t+1} \quad \text{(模型 2)}$$

$$DOL_{i,t} = \chi_0 + \chi_1 DCC_{i,t} + \chi_2 \ln AGE_{i,t} + \chi_3 \ln NA_{i,t} \\ + \chi_4 DR_{i,t} + \chi_5 GRS_{i,t} + \nu_{i,t} \quad \text{(模型 3)}$$

$$DOL_{i,t+1} = \delta_0 + \delta_1 DCC_{i,t} + \delta_2 \ln AGE_{i,t} + \delta_3 \ln NA_{i,t} \\ + \delta_4 DR_{i,t} + \delta_5 GRS_{i,t} + \nu_{i,t+1} \quad \text{(模型 4)}$$

$$PS_{i,t} = \phi_0 + \phi_1 DCC_{i,t} + \phi_2 \ln AGE_{i,t} + \phi_3 \ln NA_{i,t} \\ + \phi_4 DR_{i,t} + \phi_5 GRS_{i,t} + \mu_{i,t} \quad \text{(模型 5)}$$

$$PS_{i,t+1} = \theta_0 + \theta_1 DCC_{i,t} + \theta_2 \ln AGE_{i,t} + \theta_3 \ln NA_{i,t} \\ + \theta_4 DR_{i,t} + \theta_5 GRS_{i,t} + \mu_{i,t+1} \quad \text{(模型 6)}$$

在上述回归模型中，GPM、DOL 和 PS 是因变量，分别表示销售毛利率、经营杠杆系数和市销率，分别用来衡量经营业绩、经营风险和市场反应。DCC 是自变量，表示客户集中度，即公司对前五名客户的营业收入占公司全部营业收入的比例。$\ln AGE$、$\ln NA$、DR 和 GRS 是控制变量。$\ln AGE$ 是公司上市年数的自然对数，用来控制公司的上市时间；$\ln NA$ 是公司净资产的自然对数，用来控制公司的规模；DR 是资产负债率，用来控制公司的资本结构；GRS 是主营业务收入增长率，用来控制公司的成长性。下标 i 表示第 i 家公司，下标 t 表示第 t 年。ξ、ν、μ 表示随机误差项。详见表 13-1。

表 13-1　　被解释变量、解释变量与控制变量表

变量类型	变量名称	变量代码	变量的计算方法	备注
被解释变量	销售毛利率	GPM	（销售收入－销售成本）/销售收入	计算结果用小数表示
	经营杠杆系数	DOL	（息税前收益＋固定成本）/息税前收益	计算结果用倍数表示
	市销率（收入乘数）	PS	每股市价/每股销售收入	计算结果用倍数表示
解释变量	客户集中度	DCC	对前五大客户销售收入/销售收入总额	计算结果用小数表示

(续表)

变量类型	变量名称	变量代码	变量的计算方法	备注
控制变量	上市时间	ln AGE	上市年数的自然对数	
	公司规模	ln NA	净资产的自然对数	
	资产负债率	DR	负债总额/资产总额	计算结果用小数表示
	主营业务收入增长率	GRS	(本期主营业务收入－上期主营业务收入)/上期主营业务收入	计算结果用小数表示

13.4.2 研究样本和数据筛选

本文以 2007 年以前在上海证券交易所和深圳证券交易所上市的制造业公司为研究样本,样本时限为 2007—2012 年。之所以以 2007 年为起点,主要是因为 2007 年开始实施新企业会计准则,为了避免会计准则的变化对样本数据的可比性可能产生的影响。之所以选择制造业上市公司,主要是因为制造业处于由供应商、制造商、经销商组成的供应链系统的中间环节,同时也有与唐跃军(2009)、张胜(2013)的研究进行比较的考虑。

利用锐思(RESSET)数据库,进行样本公司的筛选和原始数据搜集。初选样本公司同时满足以下条件:①"所属地区"选择"全部",即包括大陆所有上市公司;②"交易所标识"选择"全部",即包括在上海证券交易所和深圳证券交易所上市的公司;③"股票类型"选择"A 股",即不包括 B 股;④"当前状态"选择"正常上市",即不包括"ST、*ST、暂停上市、退市、三板市场";⑤"上市标识"选择"A",即不包括"AB、ABH、AH、AHN、AN、B";⑥"主板三板标识"选择"主板",即不包括"创业板、三板";⑦"金融行业标识"选择"非金融行业",即不包括"金融行业";⑧"所属行业"选择"证监会行业分类 2012 年版"中的"制造业"。客户集中度数据从上市公司年报中手工搜集,其他数据直接从锐思(RESSET)数据库中导出。

最终得到 475 家公司连续 6 年的数据,共 2 850 个有效样本观测值。上述六个模型中使用的数据,都是在此基础之上进行处理得到的。

13.4.3 数据处理

利用 SPSS11.5 对初选样本数据进行以下处理:①异常值的处理。通过"Statistics"中的"Outliers"发现极端值,逐一检验是否为异常值。把含有异常值的样本,从初选样本中删除。②缺失值的处理。把含有缺失值的样本,从初选样本中删除。

由于模型中的变量所包含的异常值和缺失值不一样,在删除异常值和缺失值之后,6个模型的有效样本观测值个数也不一样。

13.5 实证研究结果

13.5.1 描述性统计分析

由于删除异常值和缺失值之后模型的有效样本观测值个数不一样,所以,分别列示6个模型的描述性统计分析结果,见表13-2。①在模型1中,有效观测值为2 843个,销售毛利率(GPM)的平均值约为22.69%,客户集中度(DCC)的平均值约为25.27%。在模型2中,有效观测值为2 368个,销售毛利率(GPM)的平均值约为22.55%,比模型1的销售毛利率低0.14个百分点;客户集中度(DCC)的平均值约为25.24%,比模型1的客户集中度低0.03个百分点。②在模型3中,有效观测值为2 461个,经营杠杆系数(DOL)的平均值约为2.62倍,客户集中度(DCC)的平均值约为24.80%。在模型4中,有效观测值为2 026个,经营杠杆系数(DOL)的平均值约为2.64倍,比模型3的经营杠杆系数高出0.02;客户集中度(DCC)的平均值约为24.81%,比模型3的客户集中度高出0.01个百分点。③在模型5中,有效观测值为2 456个,市销率(PS)的平均值约为3.14倍,客户集中度(DCC)的平均值约为25.00%。在模型6中,有效观测值为2 159个,市销率(PS)的平均值约为2.83倍,比模型5的市销率低0.31;客户集中度(DCC)的平均值约为25.09%,比模型5的客户集中度高出0.09个百分点。

表13-2 描述性统计分析表

模型	变量	有效观测值	最小值	最大值	平均值	标准误
1	GPM	2 843	−0.515 0	0.922 8	0.226 922	0.154 716 7
	DCC	2 843	0.017 2	0.992 8	0.252 658	0.171 667 6
	$\ln AGE$	2 843	0.000 0	3.091 0	2.205 347	0.521 902 1
	$\ln NA$	2 843	18.248 3	25.700 0	21.129 684	1.012 107 2
	DR	2 843	0.007 0	0.901 1	0.490 526	0.175 373 6
	GRS	2 843	−0.697 7	23.239 6	0.206 319	0.684 348 7

(续表)

模型	变量	有效观测值	最小值	最大值	平均值	标准误
2	GPM	2 368	−0.515 0	0.922 8	0.225 495	0.157 770 4
	DCC	2 368	0.018 6	0.992 8	0.252 385	0.171 316 2
	ln AGE	2 368	0.000 0	3.044 5	2.148 817	0.535 947 0
	ln NA	2 368	18.248 3	25.614 5	21.072 820	0.995 222 8
	DR	2 368	0.007 0	0.895 3	0.487 900	0.173 469 2
	GRS	2 368	−0.697 7	23.239 6	0.231 143	0.691 401 4
3	DOL	2 461	−95.368 7	234.788 1	2.623 198	6.935 180 8
	DCC	2 461	0.017 2	0.992 8	0.247 981	0.162 709 5
	ln AGE	2 461	0.000 0	3.091 0	2.195 061	0.524 107 9
	ln NA	2 461	18.248 3	25.614 5	21.097 773	0.997 772 5
	DR	2 461	0.035 1	0.901 1	0.516 734	0.156 976 6
	GRS	2 461	−0.697 7	23.239 6	0.205 966	0.702 643 1
4	DOL	2 026	−95.368 7	234.788 1	2.643 866	7.556 683 8
	DCC	2 026	0.018 6	0.988 1	0.248 054	0.162 665 7
	ln AGE	2 026	0.000 0	3.044 5	2.140 326	0.535 687 8
	ln NA	2 026	18.364 2	25.454 8	21.044 678	0.982 338 6
	DR	2 026	0.007 0	0.895 3	0.516 417	0.152 821 0
	GRS	2 026	−0.650 5	23.239 6	0.229 895	0.696 253 6
5	PS	2 456	0.125 1	65.390 2	3.140 375	4.001 208 4
	DCC	2 456	0.017 2	0.988 1	0.249 999	0.170 501 5
	ln AGE	2 456	0.000 0	3.091 0	2.189 817	0.531 087 4
	ln NA	2 456	18.248 3	25.700 0	21.196 981	0.985 837 2
	DR	2 456	0.007 0	0.901 1	0.481 261	0.172 599 8
	GRS	2 456	−0.650 5	10.053 9	0.217 116	0.549 595 5
6	PS	2 159	0.112 8	65.390 2	2.829 879	3.611 344 8
	DCC	2 159	0.018 6	0.992 8	0.250 868	0.170 975 8
	ln AGE	2 159	0.000 0	3.044 5	2.143 202	0.536 547 2
	ln NA	2 159	18.248 3	25.614 5	21.089 110	0.989 460 9
	DR	2 159	0.007 0	0.895 3	0.484 474	0.173 677 7
	GRS	2 159	−0.650 5	23.239 6	0.241 352	0.717 884 7

13.5.2 相关分析

由于模型的自变量和因变量不尽相同，有效样本观测值个数也不相同，所以，分别列示 6 个模型的相关分析结果，见表 13-3。

从表 13-3 的模型 1 中，可以发现：①销售毛利率(GPM)与客户集中度

(DCC)的相关系数为-0.085,而且在 0.01 水平上显著。这意味着随着客户集中度的提高,本期销售毛利率会下降。②销售毛利率(GPM)与上市年数的自然对数($\ln AGE$)、资产负债率(DR)的相关系数分别为-0.087 和-0.341,而且都在 0.01 水平上显著。这意味着随着上市时间的增加和负债的提高,本期销售毛利率会下降。

从表 13-3 的模型 2 中,可以发现:①销售毛利率(GPM)与客户集中度(DCC)的相关系数为-0.078,而且在 0.01 水平上显著。这意味着随着客户集中度的提高,下期销售毛利率会下降。②销售毛利率(GPM)与上市年数的自然对数($\ln AGE$)、净资产的自然对数($\ln NA$)、资产负债率(DR)的相关系数分别为-0.080、-0.043 和-0.322,而且都在 0.05 水平上显著。这意味着随着上市时间的增加、企业规模的扩大和负债的提高,下期销售毛利率会下降。

从表 13-3 的模型 3 中,可以发现:①经营杠杆系数(DOL)与客户集中度(DCC)的相关系数为-0.043,显著性水平为 0.035,小于 5%。这意味着随着客户集中度的提高,本期经营杠杆系数会下降。②经营杠杆系数(DOL)与资产负债率(DR)的相关系数为-0.046,显著性水平为 0.024,小于 5%。这意味着随着负债的增加,本期经营杠杆系数会下降。

从表 13-3 的模型 4 中,可以发现:①经营杠杆系数(DOL)与客户集中度(DCC)的相关系数为-0.032,但显著性水平超过 15%,不够显著。②经营杠杆系数(DOL)与上市年数的自然对数($\ln AGE$)的相关系数为 0.043,显著性水平超过 5%;与资产负债率(DR)的相关系数为-0.033,显著性水平超过 10%,都不够显著。

从表 13-3 的模型 5 中,可以发现:①市销率(PS)与客户集中度(DCC)的相关系数为 0.124,而且在 0.01 水平上显著。这意味着客户集中度的提高,本期市销率会上升。②市销率(PS)与上市年数的自然对数($\ln AGE$)、净资产的自然对数($\ln NA$)、资产负债率(DR)的相关系数分别为-0.089、-0.182 和-0.385,而且都在 0.01 水平上显著。这意味着随着上市时间的增加、企业规模的扩大和负债的提高,本期市销率会下降。

从表 13-3 的模型 6 中,可以发现:①市销率(PS)与客户集中度(DCC)的相关系数为 0.134,而且在 0.01 水平上显著。这意味着客户集中度的提高,下期市销率会上升。②市销率(PS)与净资产的自然对数($\ln NA$)、资产负债率(DR)的相关系数分别为-0.188 和-0.404,而且都在 0.01 水平上显著。这意味着企业规模的扩大和负债的提高,下期市销率会下降。

表 13-3　相关分析表

	变量	相关系数及显著性	GPM	DCC	ln AGE	ln NA	DR	GRS
模型1	GPM	相关系数	1					
		显著性						
	DCC	相关系数	−0.085**	1				
		显著性	0.000					
	ln AGE	相关系数	−0.087**	−0.036	1			
		显著性	0.000	0.053				
	ln NA	相关系数	−0.008	−0.219**	0.232**	1		
		显著性	0.674	0.000	0.000			
	DR	相关系数	−0.341**	−0.116**	0.130**	0.076**	1	
		显著性	0.000	0.000	0.000	0.000		
	GRS	相关系数	0.035	0.029	−0.047*	0.016	0.082**	1
		显著性	0.063	0.127	0.012	0.381	0.000	
模型2	GPM	相关系数	1					
		显著性						
	DCC	相关系数	−0.078**	1				
		显著性	0.000					
	ln AGE	相关系数	−0.080**	−0.046*	1			
		显著性	0.000	0.025				
	ln NA	相关系数	−0.043*	−0.211**	0.225**	1		
		显著性	0.036	0.000	0.000			

(续表)

	变量	相关系数及显著性	GPM	DCC	ln AGE	ln NA	DR	GRS
模型2	DR	相关系数	−0.322**	−0.119**	0.134**	0.076**	1	
		显著性	0.000	0.000	0.000	0.000		
	GRS	相关系数	−0.006	0.016	−0.024	0.023	0.094**	1
		显著性	0.762	0.429	0.249	0.253	0.000	
	变量	相关系数及其显著性	DOL	DCC	ln AGE	ln NA	DR	GRS
模型3	DOL	相关系数	1					
		显著性						
	DCC	相关系数	−0.043*	1				
		显著性	0.035					
	ln AGE	相关系数	0.034	−0.041*	1			
		显著性	0.094	0.043				
	ln NA	相关系数	−0.002	−0.226**	0.212**	1		
		显著性	0.936	0.000	0.000			
	DR	相关系数	−0.046*	−0.115**	0.140**	0.070**	1	
		显著性	0.024	0.000	0.000	0.001		
	GRS	相关系数	−0.018	0.019	−0.052**	0.015	0.073**	1
		显著性	0.364	0.351	0.009	0.472	0.000	
模型4	DOL	相关系数	1					
		显著性						

（续表）

变量		相关系数及其显著性	DOL	DCC	ln AGE	ln NA	DR	GRS
模型4	DCC	相关系数	−0.032	1				
		显著性	0.155					
	ln AGE	相关系数	0.043	−0.055*	1			
		显著性	0.054	0.013				
	ln NA	相关系数	0.000	−0.220**	0.210**	1		
		显著性	0.988	0.000	0.000			
	DR	相关系数	−0.033	−0.125**	0.144**	0.070**	1	
		显著性	0.142	0.000	0.000	0.002		
	GRS	相关系数	0.010	0.018	−0.025	0.035	0.096**	1
		显著性	0.654	0.414	0.270	0.119	0.000	

变量		相关系数及其显著性	PS	DCC	ln AGE	ln NA	DR	GRS
模型5	PS	相关系数	1					
	DCC	相关系数	0.124**	1				
		显著性	0.000					
	ln AGE	相关系数	−0.089**	−0.047*	1			
		显著性	0.000	0.019				

(续表)

	变量	相关系数及显著性	PS	DCC	ln AGE	ln NA	DR	GRS
模型5	ln NA	相关系数	−0.182**	−0.213**	0.266**	1		
		显著性	0.000	0.000	0.000			
	DR	相关系数	−0.385**	−0.113**	0.140**	0.116**	1	
		显著性	0.000	0.000	0.000	0.000		
	GRS	相关系数	0.024	0.013	−0.056**	0.039	0.095**	1
		显著性	0.235	0.516	0.005	0.053	0.000	
模型6	PS	相关系数	1					
		显著性						
	DCC	相关系数	0.134**	1				
		显著性	0.000					
	ln AGE	相关系数	−0.021	−0.052*	1			
		显著性	0.339	0.016				
	ln NA	相关系数	−0.188**	−0.203**	0.232**	1		
		显著性	0.000	0.000	0.000			
	DR	相关系数	−0.404**	−0.113**	0.143**	0.075**	1	
		显著性	0.000	0.000	0.000	0.001		
	GRS	相关系数	−0.066**	0.025	−0.021	0.021	0.096**	1
		显著性	0.002	0.252	0.341	0.340	0.000	

** 表示相关系数在0.01水平上是显著的(双尾检验)。
* 表示相关系数在0.05水平上是显著的(双尾检验)。

表 13-4　回归分析表

项目	模型 1 系数值	模型 1 显著性	模型 2 系数值	模型 2 显著性	模型 3 系数值	模型 3 显著性	模型 4 系数值	模型 4 显著性	模型 5 系数值	模型 5 显著性	模型 6 系数值	模型 6 显著性
常数项	0.437	0.000	0.549	0.000	5.880	0.059	5.284	0.163	18.075	0.000	17.946	0.000
DCC	−0.117	0.000	−0.118	0.000	−2.179	0.014	−1.779	0.095	1.248	0.005	1.295	0.002
ln AGE	−0.012	0.020	−0.009	0.110	0.566	0.040	0.719	0.026	0.026	0.860	0.512	0.000
ln NA	0.000	0.969	−0.006	0.059	−0.127	0.388	−0.125	0.486	−0.532	0.000	−0.595	0.000
DR	−0.314	0.000	−0.303	0.000	−2.445	0.007	−2.240	0.046	−8.579	0.000	−8.172	0.000
GRS	0.015	0.000	0.006	0.158	−0.106	0.594	0.183	0.452	0.464	0.001	−0.128	0.192
R^2	0.138		0.121		0.006		0.005		0.174		0.198	
调整的 R^2	0.137		0.119		0.004		0.003		0.172		0.196	
Durbin-Watson	0.476		0.570		1.944		1.938		1.216		0.877	
F 值	90.882		65.138		3.148		2.042		103.255		106.010	
F 的显著性	0.000		0.000		0.008		0.070		0.000		0.000	

在 6 个模型中,客户集中度(DCC)与上市年数的自然对数(ln AGE)、净资产的自然对数(ln NA)和资产负债率(DR)都负相关,而且除了模型 1 中的上市年数的自然对数(ln AGE)之外,相关系数都在 0.05 水平上显著。这意味着随着上市时间的增加、企业规模的扩大和负债的提高,客户集中度会下降。

13.5.3 回归分析

6 个模型的回归分析结果,见表 13-4。

从表 13-4 中可以发现:①除了模型 4 之外,其他模型 F 的显著性都小于 0.01,说明这些模型都在 0.01 水平上通过了 F 检验。模型 4 的 F 的显著性为 7%,在 0.1 水平上通过了 F 检验(2)模型 1 的 R^2 为 13.8%,模型 2 的 R^2 为 12.1%,模型 5 的 R^2 为 17.4%,模型 6 的 R^2 为 19.8%,都具有较强的解释能力。但模型 3 的 R^2 为 0.6%,模型 4 的 R^2 为 0.5%,解释能力不够强。

从表 13-4 中还可以发现:①在模型 1 中,客户集中度(DCC)的回归系数 α_1 为 -0.117,且在 0.01 水平上显著。所以,假说 H_{11}"本期客户集中度与本期经营业绩显著负相关"成立。②在模型 2 中,客户集中度(DCC)的回归系数 β_1 为 -0.118,且在 0.01 水平上显著。所以,假说 H_{12}"本期客户集中度与下期经营业绩显著负相关"成立。③在模型 3 中,客户集中度(DCC)的回归系数 χ_1 为 -2.179,显著性水平为 0.014,即在 0.05 的显著性水平下通过了 T 检验。所以,假说 H_{21}"本期客户集中度与本期经营风险显著负相关"成立。④在模型 4 中,客户集中度(DCC)的回归系数 δ_1 为 -1.779,显著性水平为 0.095,即在 10% 的显著性水平下可以通过 T 检验。所以,在 10% 的显著性水平下,假说 H_{22}"本期客户集中度与下期经营风险显著负相关"成立。⑤在模型 5 中,客户集中度(DCC)的回归系数 ϕ_1 为 1.248,且在 0.01 水平上显著。所以,假说 H_{31}"本期客户集中度与本期企业估价显著正相关"成立。⑥在模型 6 中,客户集中度(DCC)的回归系数 θ_1 为 1.295,且在 0.01 水平上显著。所以,假说 H_{32}"本期客户集中度与下期企业估价显著正相关"成立。

13.5.4 稳健性检验

对于模型 1 和模型 2,用资产净利率(ROA)替换销售毛利率(GPM)

进行稳健性检验;对于模型 5 和模型 6,用市盈率(PE)替换市销率(PS)进行稳健性检验;对于模型 3 和模型 4,由于因变量经营杠杆系数(DOL)没有合适的替代变量,而且原始数据中经营杠杆系数(DOL)的缺失值较多,所以,采用通过用变量所有值的均值代替缺失值("Series Mean")增加有效样本观测值的方法进行稳健性检验。六个模型的稳健性检验结果见表 13-5。

表 13-5　　　　　　　　　　稳健性检验结果

模型	检验方法	客户集中度(DCC)的回归系数	T 值	显著性	结论
1	用资产净利率(ROA)替换销售毛利率(GPM)	−0.014	−1.900	0.058	稳健
2		−0.011	−1.528	0.127	比较稳健
3	用变量所有值的均值代替缺失值("Series Mean")	−1.674	−2.303	0.021	稳健
4		−1.364	−1.584	0.113	比较稳健
5	用市盈率(PE)替换市销率(PS)	59.668	2.143	0.032	稳健
6		80.937	2.569	0.010	稳健

通过把表 13-5 中的回归系数、T 值及其显著性与表 13-4 中的原回归分析结果进行比较,可以发现:①回归系数的符号都没有变化,原来是正的现在仍是正,原来是负的现在仍是负。②T 值的显著性水平都变大了,特别是模型 2 和模型 4 的 T 值显著性水平都超过了 10%,模型 1 的 T 值显著性水平超过了 5%。但从总体上看,上述回归模型还是比较稳健的。

13.6　进一步的讨论

13.6.1　关于解释变量和被解释变量之间的因果关系问题

如果回归模型中解释变量和被解释变量相互作用、相互影响、互为因果,就会产生内生性问题,从而影响普通最小二乘法(OLS)的应用,使 OLS 估计的结果不再是无偏的。

产品销售等业务活动影响经营业绩和经营风险,进而影响企业的市场表现。企业的市场表现是否会反过来影响财务活动和业务活动呢? 业务、财务与市场之间是否存在一种相互影响、相互制约的关系呢? 唐跃军

(2009)发现,经销商(客户)的议价能力与公司业绩表现在一定程度上是互为因果的。因此,本文利用Eviews7.2进行了Granger因果性检验。检验结果见表13-6。

表13-6　　　　　　　　Granger因果性检验结果

变量组	原假说	有效观测值(个)	F统计量	显著性	结论
客户集中度(DCC)与销售毛利率(GPM)	DCC不是GPM变化的原因	2 778	7.434 75	0.006 4	原假说被拒绝
	GPM不是DCC变化的原因		0.083 36	0.772 8	原假说被接受
客户集中度(DCC)与经营杠杆系数(DOL)	DCC不是DOL变化的原因	2 790	2.960 45	0.085 4	原假说被拒绝
	DOL不是DCC变化的原因		0.344 56	0.557 3	原假说被接受
客户集中度(DCC)与市销率(PS)	DCC不是PS变化的原因	2 790	8.385 83	0.003 8	原假说被拒绝
	PS不是DCC变化的原因		3.990 70	0.045 8	原假说被拒绝

Granger因果性检验结果表明,"客户集中度(DCC)不是销售毛利率(GPM)变化的原因"在1%的显著性水平上被拒绝,"客户集中度(DCC)不是经营杠杆系数(DOL)变化的原因"在10%的显著性水平上被拒绝,"客户集中度(DCC)不是市销率(PS)变化的原因"在1%的显著性水平上被拒绝。这说明,产品销售等业务活动是引起经营业绩和经营风险变化的原因,也是引起市场反应变化的原因。从表13-6中也可以发现,"市销率(PS)不是客户集中度(DCC)变化的原因"也在5%的显著性水平上被拒绝,这说明企业的市场表现反过来也会影响企业的产品销售,两者之间确实存在一种互动关系,或互为因果。

13.6.2　关于区间效应问题

一般来讲,变量之间的关系都不是一种简单的线性关系,都不是"越大越好"或者"越小越好"这么简单,而是存在一种区间效应。在一个区间之内正相关或负相关,突破了这个区间范围就会变成负相关或正相关。唐跃军(2009)也发现,经销商(客户)的集中度和议价能力与公司业绩表现为一种左高右低的正"U"形关系。

为了考察经营业绩、经营风险、市场表现与客户集中度之间是否存区间效应,本文把"客户集中度的平方"作为一个自变量加入上述六个模型之中进行回归分析。结果如表13-7所示。

表 13-7　　　　　　　　　区间效应分析表

模型	客户集中度一次项(DCC)的回归系数	客户集中度二次项(DCC^2)的回归系数	客户集中度二次项(DCC^2)的 T 值	显著性
1	−0.150	0.043	0.684	0.494
2	−0.195	0.100	1.418	0.156
3	−2.212	0.044	0.012	0.990
4	−3.586	2.450	0.566	0.571
5	1.105	0.188	0.108	0.914
6	1.627	−0.438	−0.263	0.792

通过观察客户集中度一次项和二次项的回归系数,以及 T 值及其显著性,可以发现:除了模型 5 之外,其他五个模型的回归系数都发生了反向变化,模型 1-4 的回归系数从一次项的负数变成二次项的正数,模型 6 的回归系数从一次项的正数变成二次项的负数。这种反向变化是一种存在区间效应的迹象。但 6 个模型客户集中度二次项的 T 值都很不显著,没有通过 T 检验。

13.6.3　关于客户集中度与经营业绩的影响因素

企业的经营业绩受很多因素的影响,比如资产周转率、权益乘数、存货余额、应收账款余额、应收账款周转率、管理费用、销售费用等。这些因素是否与客户集中度之间存在密切关系?客户集中度的变化是否会引起这些因素的变化,从而引起经营业绩的变化?需要进一步研究。

表 13-8 反映出了客户集中度与经营业绩影响因素之间的相关关系。通过表 13-8 可以发现,客户集中度与总资产周转率、权益乘数、存货余额、应收账款余额等显著负相关,与应收账款周转率显著正相关,与"(管理费用＋销售费用)/销售毛利"正相关但不显著。

通过进一步的回归分析发现,应收账款周转率对客户集中度的回归系数为 23.961,且在 0.01 水平上显著;总资产周转率对客户集中度的回归系数为 −0.229,且在 0.01 水平上显著;权益乘数、存货、应收账款、"(管理费用＋销售费用)/销售毛利"等因素对客户集中度的回归系数都不显著。

表 13-8 客户集中度与经营业绩影响因素之间的相关系数

Pearson 相关系数及其显著性		客户集中度	总资产周转率	权益乘数	存货	应收账款	应收账款周转率	（管理费用+销售费用）/销售毛利
客户集中度	相关系数	1						
	显著性							
总资产周转率	相关系数	−0.079**	1					
	显著性	0.000						
权益乘数	相关系数	−0.077**	0.010	1				
	显著性	0.000	0.588					
存货	相关系数	−0.134**	0.100**	0.166**	1			
	显著性	0.000	0.000	0.000				
应收账款	相关系数	−0.109**	0.074**	0.176**	0.583**	1		
	显著性	0.000	0.000	0.000	0.000			
应收账款周转率	相关系数	0.153**	−0.340**	−0.039*	−0.177**	0.123**	1	
	显著性	0.000	0.000	0.038	0.000	0.000		
（管理费用+销售费用）/销售毛利	相关系数	0.014	−0.065**	0.024	−0.039*	−0.007	0.074**	1
	显著性	0.450	0.001	0.197	0.041	0.701	0.000	

**表示相关系数在 0.01 水平上是显著的（双尾检验）。
*表示相关系数在 0.05 水平上是显著的（双尾检验）。

13.7　研究结论及其应用价值

综上所述,可以得出以下结论:①客户集中度与销售毛利率、资产净利率显著负相关,与应收账款周转率显著正相关,与总资产周转率显著负相关。随着客户集中度的提高,销售毛利率、资产净利率,以及总资产周转率会下降,应收账款周转率会上升。②客户集中度与经营杠杆系数显著负相关。随着客户集中度的提高,经营风险会下降。③客户集中度与市销率、市盈率显著正相关,资本市场对客户集中度的反应是积极的、正面的。

对于上述结论,一般人会产生一些疑惑:客户集中度的提高引起财务业绩下降,但为什么公司市场价值会上升呢?难道投资者看到客户集中度提高了,就会给出一个好的估价吗?对此,一种可能的解释是,公司价值不仅受财务业绩的影响,而且受经营风险的影响。财务业绩的下降会使公司价值下降,经营风险的下降会使公司价值上升。客户集中度的提高同时引起财务业绩和经营风险下降,但经营风险比财务业绩下降得更快,所以,对公司价值的影响是正面的。公司提高客户集中度,主要是为了降低经营风险,但同时也使财务业绩受到了影响。

上述研究发现对于企业经营决策、财务决策,以及投资者进行投资决策都具有参考价值。①由于客户集中度的提高会使经营业绩和经营风险同时下降,所以,企业要在综合权衡期望报酬和可承受风险的基础上,制定经营决策和财务决策。如果企业的经营业绩较好,而风险较大,面临的主要问题是降低风险,就可以采取降低价格、提高服务质量、提供商业折扣和现金折扣等方式,增加向大客户的销售,减少向中小客户的销售,以提高客户集中度;如果企业的经营风险较小,而经营业绩不好,面临的主要问题是提高业绩,就可以取消给与大客户的降价、折扣等优惠条件,增加向中小客户的销售,以降低客户集中度。②如果企业的财务风险较大,需要降低经营风险,以便控制总的风险,那么就可以提高客户集中度;如果企业的财务风险较小,经营风险可以大一些,那么就可以降低客户集中度。③资本市场对客户集中度积极而正面的反应意味着,客户集中度向资本市场传递出了一种信号,投资者可以依据客户集中度及其变化进行投资决策。

第 14 章

债务融资的资产替代效应专题研究

14.1 引　　言

在公司制企业中,代理冲突不仅存在于股东和经营者之间,而且存在于股东和债权人之间。尽管都是出资者,但股东和债权人的目标函数是不一样的。股东是公司的所有者,依法拥有公司的剩余索取权和剩余控制权,因而追求投资回报,注重净利润、净资产收益率和每股收益。债权人不能参与公司的经营管理,其利益目标是还本付息,注重公司的偿债能力。股东与债权人利益目标的差异可能导致代理冲突,主要表现为以下四个方面:①股利支付。企业将筹集到的资金以股利的方式分给股东,股东的短期收益增加,债权人的利益受损。②求偿权稀释。企业通过筹集与现有债权有同等或更高优先权的新债务,从而增大现有债权的求偿风险,使原有债权人的利益受损。③投资不足。如果存在一个收益稳定、但预期收益大都归债权人的投资项目,即使该项目的净现值大于零,股东也不愿意去实施。④资产替代。为了获得高额收益,股东可能用债权人的资金进行高风险投资,从而使高风险资产占资产总额的比例增加,公司的经营风险也随之增加。如果投资成功,股东可以获得高收益;如果投资失败,股东只承担有限责任,其余损失由债权人承担。

"投资不足"和"资产替代"都会造成企业投资行为扭曲,不仅会损害债权人利益,也会损害股东利益,造成企业价值损失,值得深入研究。

14.2　文献述评

14.2.1　国外文献综述

Jensen 和 Meckling(1976)认为,若债务融资比率较大,股东就有很大的愿望去实施虽然成功率小、但成功后回报丰厚的投资项目。若项目成功,股东将获得大部分利益;若项目失败,债权人将承担大部分损失。

Myers(1977)认为,股东只看重自身利益最大化,不会关注公司整体价值的实现以及债权人的利益。由于信息不对称,股东与债权人之间的代理问题难以解决。

Barnea,Haugen 和 Senbet(1980)认为,可以从负债期限结构角度缓解资产替代问题。短期负债可以缓解资产替代问题,出现资产替代的企业可以选择短期负债。

Myers 和 Majluf(1984)指出,对于股东与债权人冲突造成的投资扭曲问题,企业可以降低负债融资比例,或在契约中加入约束条件,还可以缩短债务期限结构。Leland 和 Toft(1996)从代理成本角度研究资产替代问题,得出同样的结论。

Diamond(1991)指出,债权人可以通过提供较低的借贷利率来激励信誉良好的公司投资于 NPV 大于零的项目,并对企业选择高风险的投资项目进行约束,以此来缓解债务融资导致的资产替代问题。

Baqnani 等(1994)发现,资产替代效应在高杠杆企业里的确存在。当管理层持股较少时,其持股比例与资产替代效应正相关;当管理层持股较多时,其持股比例与资产替代效应呈负相关关系。

Parrino 和 Weisbach(1999)运用模拟方法对股东—债权人冲突引起的投资扭曲进行了验证,发现股东—债权人冲突确实存在,而且冲突随企业负债水平的上升而加剧;债务期限结构、项目现金流与企业现金流间的相关程度、所得税、项目规模、行业等因素也是影响股东—债权人冲突的因素。

Brealy 和 Myers(2000)认为,处于财务困境中的企业所面临的代理冲突问题会更加严重。

Aderson,Mansi 和 Reeb(2003)从股权视角对代理冲突进行了探讨。结果发现,相比其他股东,家族股东与债权人的冲突更小。

14.2.2 国内文献综述

李秉祥(2003)研究发现,在我国转型经济的特殊背景下,容易发生股东实施风险较大的项目侵害债权人利益的现象。

陈耿和周军(2004)认为,债权代理成本不仅与债务的多少有关,而且与债务期限结构直接相关。如果流动负债占比较大,可以抑制资产替代动机,降低债权代理成本。

伍利娜和陆正飞(2005)指出,股东与债权人之间因利益不一致而产生的冲突的确存在,公司的投资决策可能受到融资结构的影响。

童盼和陆正飞(2005)指出,若新项目投入后,公司的整体投资风险扩大,则表明股东借助投资高风险项目来转移债权人的财富。在中国上市公司中,负债比率与投资规模显著负相关。

唐国正和刘力(2006)指出,发行债务以后,公司用高风险资产替代低风险资产的行为将损害债权人的利益,导致债权价值向股权转移。发行有抵押的债券可以缓解资产替代问题。

陈赤平(2006)指出,债权融资之后,公司便会拒绝利润较平稳的低风险投资,倾向于实施高风险高收益的项目,继而导致资产替代问题。

张栋、杨淑娥和杨红(2008)发现,第一大股东持股比例与过度投资呈倒"U"型关系;国有控股企业具有明显的过度投资趋向。

童盼和支晓强(2009)发现,股东与债权人的利益冲突会使投资行为发生扭曲,公司会放弃净现值为正的投资项目,以防止股东利益流向债权人;会接受高风险但净现值为负的项目,以侵占债权人利益。

李珣和周颖(2009)通过对1999—2004年制造业实证研究发现,在国有公司中,高负债比例无法约束过度投资行为。

周雪峰(2012)发现,负债融资会导致过度投资。市值/账面价值比率与财务杠杆显著负相关,负债比例的增加会降低企业绩效。

14.2.3 对国内外研究的总结

上述国内外学者的理论分析和实证研究表明,在国内外企业中,资产替代问题普遍存在。资产替代问题根源于股东与债权人的目标函数不一致和信息不对称。资产替代效应的影响因素有债务比例、债务期限结构、管理层持股、第一大股东持股比例、公司性质等。但研究的对象和研究方法不尽相同,得出的结论也各有侧重。为此,本文以中国上市公司为研究对象,对"资产替代"现象及其影响因素进行比较全面的实证检验,为"资产替代"现象的存在性及其主要影响因素提供更多的经验证据。

14.3 资产替代效应的统计分析

根据资产替代效应理论,可以以风险资产为因变量、以债务融资为自变量进行回归分析,如果回归系数显著为正,说明存在资产替代效应;回归系数越大,说明债务融资对风险资产的影响越大。但问题是,"风险资产"应如何计量?"债务融资"是否应该包括全部债务?

14.3.1 "风险资产"的计量

一般认为,资产的流动性越强,风险越小,流动资产的风险小于长期资产。在资产负债表左边,从货币资金到应收账款、长期股权投资、固定资产、无形资产,流动性越来越小,风险越来越大。所以,"风险资产"可以用流动性较小的长期股权投资、固定资产、无形资产等代表。

为了消除企业规模的影响,可以用"长期股权投资/总资产""固定资产/总资产""无形资产/总资产"等相对数来计量"风险资产"。

14.3.2 "债务融资"的确定

不同的债权人在与股东的代理冲突中扮演着不同的角色。在资产负债表右边,"应付账款""应付票据""预收账款"等债务都是在交易中自发形成的,而且期限较短,金额较小,其背后的债权人(供应商)一般不会介入与股东的代理冲突;"短期借款"一般是周转性借款,用于满足临时性资金需要,对长期资产的影响不大;而"长期借款""应付债券"等长期负债,对长期资产的形成具有直接影响。由于"长期借款""应付债券"期限长、金额大,对债权人的利益影响大,所以,银行等债权人在与股东的代理冲突中扮演着重要的角色。因此,"债务融资"主要是指"长期借款""应付债券"等长期负债,而不宜包括"应付账款""应付票据""预收账款""短期借款"等流动负债。

为了消除企业规模的影响,可以用"长期借款/总资产""应付债券/总资产"等相对数来反映"债务融资"。

14.3.3 检验资产替代效应的回归模型

本文用"固定资产/总资产"计量"风险资产",用"长期借款/总资产"计量"债务融资",通过以下回归模型,对债务融资的资产替代效应进行检验。

$$RA_{it} = \alpha_0 + \alpha_1 LB_{it} + \varepsilon_{it} \tag{14-1}$$

在式(14-1)中,RA_{it} 表示第 i 家公司第 t 年的风险资产,即"年末固定资产净值/年末资产总额";LB_{it} 表示第 i 家公司第 t 年的债务融资,即"年末长期借款/年末资产总额";α_0 表示截距项;α_1 表示资产替代效应系数;ε_{it} 表示随机误差项。

根据资产替代效应理论，α_1 应为正数，而且是显著的。

14.3.4　样本选择和数据来源

利用锐思(RESSET)数据库，进行样本公司的筛选和原始数据搜集。初选样本公司同时满足以下条件：①"所属地区"选择"全部"，即包括大陆所有上市公司。②"交易所标识"选择"全部"，即包括在上海证券交易所和深圳证券交易所上市的公司。③"股票类型"选择"A股"，即不包括B股。④"当前状态"选择"正常上市"，即不包括"ST、*ST、暂停上市、退市、三板市场"。⑤"上市标识"选择"A"，即不包括"AB、ABH、AH、AHN、AN、B"。⑥"主板三板标识"选择"主板"，即不包括"创业板、三板"。⑦"金融行业标识"选择"非金融行业"，即不包括"金融行业"。⑧"所属行业"选择"证监会行业分类2012年版"中除金融业之外的其他所有行业。⑨样本时限：从1993年到2013年。

利用 SPSS11.5 对数据进行以下处理：①异常值的处理。通过"Statistics"中的"Outliers"发现极端值，逐一检验是否为异常值。把含有异常值的样本，从初选样本中删除。②缺失值的处理。把含有缺失值的样本，从初选样本中删除。

14.3.5　全部样本的统计分析结果

全部样本的描述性统计分析、相关分析和回归分析结果，见表14-1。

表14-1　　　　　　　　全部样本统计分析表

	描述性统计分析			相关分析		回归分析	
变量	有效观测值	平均值	标准误	LB与RA的相关系数	显著性	LB的回归系数	显著性
RA	13 386	0.290	0.178	0.209	0.000	0.400	0.000
LB	13 386	0.088	0.093				

从表14-1可以看出，固定资产净值占资产总额的比例(RA)平均为29.0%，长期借款占资产总额的比例(LB)平均为8.8%。RA 与 LB 之间的 Pearson 相关系数是0.209，并且在1%的水平上显著。

回归模型的常数项为0.255，并且在1%的水平上显著；LB("年末长期借款/年末资产总额")的回归系数为0.400，并且在1%的水平上显著。即 RA 与 LB 之间的关系可以表示为：

$$RA = 0.255 + 0.4LB \tag{14-2}$$

上述统计分析结果表明,风险资产与长期借款显著正相关。随着长期借款的增加,风险资产也相应地增加,即债务融资的资产替代效应是存在的。

14.3.6 不同行业的资产替代效应系数

1993—2013年分行业的资产替代效应系数及其显著性,见表14-2。

表14-2　　　　分行业的资产替代效应系数及其显著性

行　业	资产替代效应系数	显著性	是否存在资产替代效应
综合	−0.023	0.195	不存在
文化、体育和娱乐业	0.211	0.000	存在
卫生和社会工作	0.224	0.000	存在
居民服务、修理和其他服务业	0.723	0.000	存在
水利、环境和公共设施管理业	0.211	0.000	存在
科学研究和技术服务业	0.299	0.000	存在
租赁和商务服务业	0.014	0.911	不存在
房地产业	−0.355	0.000	存在
信息传输、软件和信息技术服务业	0.932	0.000	存在
交通运输、仓储和邮政业	0.247	0.000	存在
批发和零售业	0.394	0.000	存在
住宿和餐饮业	0.760	0.000	存在
建筑业	0.151	0.000	存在
采矿业	0.445	0.000	存在
制造业	0.725	0.000	存在
电力、热力、燃气及水生产和供应业	0.320	0.033	存在
农、林、牧、渔业	0.148	0.005	存在

从表14-2中可以发现:①除了"综合""租赁和商务服务业""房地产业"等3个行业之外,其他14个行业的资产替代效应系数都是正数,而且在1%或5%水平上显著。这表明,这14个行业都存在资产替代效应。其中,"信息传输、软件和信息技术服务业"资产替代效应系数最大,为0.932;"农、林、牧、渔业"资产替代效应系数最小,为0.148。可见,不同行业的资产替代效应系数存在较大的差异。②"综合"资产替代效应系数为负数,且不显著;"租赁和商务服务业"资产替代效应系数为正数,但不显著;"房地产业"资产替代效应系数为负数,而且在1%水平上显著。

14.3.7 不同年份的资产替代效应系数

1993—2013年分年度的资产替代效应系数及其显著性,见表14-3。

表 14-3　分年度的资产替代效应系数及其显著性

年份	资产替代效应系数	显著性	是否存在资产替代效应
1993	0.201	0.106	不存在
1994	0.625	0.000	存在
1995	0.467	0.000	存在
1996	−0.017	0.823	不存在
1997	−0.097	0.318	不存在
1998	0.520	0.000	存在
1999	0.543	0.000	存在
2000	0.442	0.000	存在
2001	0.585	0.000	存在
2002	0.598	0.000	存在
2003	0.591	0.000	存在
2004	0.436	0.016	存在
2005	0.613	0.000	存在
2006	0.500	0.000	存在
2007	0.419	0.000	存在
2008	0.366	0.000	存在
2009	0.437	0.000	存在
2010	0.400	0.000	存在
2011	0.309	0.000	存在
2012	0.334	0.000	存在
2013	−0.432	0.781	不存在

从表 14-3 中可以发现：①除了 1993 年、1996 年、1997 年、2013 年之外，其余 17 年的资产替代效应系数都是正数，而且都在 1%或 5%水平上显著。这表明，这 17 年都存在资产替代效应。其中，1994 年资产替代效应系数最大，为 0.625；2011 年资产替代效应系数最小，为 0.309；不同年份的资产替代效应系数存在一些差异，但不是很大。②1993 年资产替代效应系数为正数，但不显著；1996 年、1997 年、2013 年的资产替代效应系数都为负数，且不显著。

14.3.8　结论和启示

无论是采用全部样本，还是采用分行业样本或分年度样本进行回归分析的结果都表明，债务融资会产生资产替代问题，这一研究发现为股东和债权人之间的代理冲突提供了新的经验证据。

资产替代效应的存在意味着股东确实会利用债权人的资金进行高风险投资,从而使企业的风险增加。为此,债权人一方面应该在借款合同中对借款企业的投资行为作出限制性的规定,另一方面可以考虑把风险增加的影响附加到贷款利率中去,随着企业风险的增加而提高贷款利率。不同行业、不同年份资产替代效应的差异意味着,债权人对借款企业投资行为的限制性规定,或确定贷款利率时的风险附加应该因行业或年份而有所不同。

14.4 资产替代效应影响因素的实证检验

14.4.1 样本选择和数据来源

以 2007 年至 2014 年我国的沪深上市公司为研究对象,数据取自 CSMAR 数据库,并依如下标准进行筛选。初选样本同时满足以下条件:①"所属地区"选择"全部",即包括大陆所有上市公司。②"交易所标识"选择"全部",即包括在沪深交易所上市的全部公司。③"股票类型"选择"A股",即不包括 B 股。④剔除 ST、*ST 等异常样本公司。因这部分上市公司的经营或财务状况等出现了一些问题,没能较好地反映出一般的上市公司的情形。⑤"主板三板标识"选择"主板",即不包括"创业板、三板",由于该类上市公司相对而言,风险大、上市门槛较低,股票市场还不够完善,数据相对没有代表性。⑥"金融行业标识"选择"非金融行业",即不包括"金融行业"。原因在于该类上市公司的经营或财务状况等与一般上市公司相比具有较大差异和特殊性,如若加入该类数据,就会导致模型中回归分析结果的紊乱。⑦行业选择为"证监会 2012 年版行业分类"并剔除金融类行业。导出原始数据后,利用 STATA13.0 对所有连续变量进行 1% 的 Winsor 处理。

14.4.2 理论假说

企业按经济性质可以划分为国有企业和非国有企业。国有企业的实际控制人为政府或者政府控制的企业集团。与非国有企业比较,国有企业可以依靠政府信用获得更多的债务融资,具有更强的扩大投资规模的动机和能力。而由于融资能力的限制,非国有企业对高风险投资会保持一定的谨慎。张栋、杨淑娥和杨红(2008)发现,国有控股企业具有明显的过度投

资倾向。因此,提出假说 1:

假说 1(H_1):相比非国有企业,国有企业更易发生资产替代行为。

Shleifer 和 Vishny(1997)指出,控股股东既有动机又有能力抑制经营者牺牲股东权益而谋求自身利益的行为,大股东能有效地制约经营者的行为。但是,在中国上市公司,国有股"一股独大",所有者缺失,经营者拥有更大的决策权,国有性质的第一大股东并不能有效地对管理人员进行监督。因此,国有性质大股东控制的公司管理水平更低,代理问题更严重,更易发生资产替代行为。张栋、杨淑娥和杨红(2008)为此提供了经验证据。因此,提出假说 2:

假说 2(H_2):第一大股东为国有性质的公司更易发生资产替代行为。

在对债权人法律保护不完善的情况下,股东更容易通过资产替代侵占债权人的权益。但随着股权集中度的提高,控股股东的利益与公司的整体利益趋于一致。控股股东持股比例的进一步提高会对资产替代行为起到抑制作用,从而减少高风险投资项目。Jensen 和 Meckling(1976)、Shleifer 和 Vishny(1997),以及张栋、杨淑娥和杨红(2008)都为此提供了经验证据。因此,提出假说 3:

假说 3(H_3):股权集中度与资产替代效应呈显著倒"U"形关系。

依据 Jensen 和 Meckling(1976)以及张栋、杨淑娥和杨红(2008)的研究,当其他股东对大股东制衡能力较弱而处于从属地位时,大股东容易通过实施高风险投资项目侵占债权人的权益,从而产生"资产替代"。随着股权制衡度的提高,大股东会积极参与公司治理,防范高风险投资项目,减少资产替代行为。因此,提出假说 4:

假说 4(H_4):股权制衡度与资产替代效应呈显著倒"U"形关系。

给予管理层适当比例的股权可以使管理层的利益与股东利益趋于一致,可以激励管理层为了企业共同的利益而约束无效率投资行为。但若持股比例太低,分享公司剩余收益的诱惑不足以对管理层形成约束。随着持股比例的提高,出于对自身风险防范以及企业控制权的考虑,管理层会放弃高风险的投资项目。从理论上讲,管理层持有的股权应达到这一比例,即因持股而获得的收益不低于通过非效率投资而获取的私利。Bagnani 等(1994)也证实了这一点。因此,提出假说 5:

假说 5(H_5):管理层持股比例与资产替代效应呈显著倒"U"形关系。

财务杠杆反映财务活动的不确定性,以及债务融资比例。负债越多,债务利息越多,财务杠杆越大,财务风险越大。当财务杠杆较低时,股东与债权人之间的代理冲突较小,股东借助债务资金进行高风险投资的动机较弱,所以,不容易发生资产替代行为。随着财务杠杆的提高,股东与债权人之间的代理冲突逐步升级,股东借助债务资金进行高风险投资的动机逐步增强,容易发生资产替代行为。因此,提出假说 6:

假说 6(H_6):财务杠杆与资产替代效应呈显著"U"形关系。

14.4.3 回归模型

为检验上述理论,建立如下回归模型。

$$AS1_{i,t} = \beta_0 + \beta_1 NAT_{i,t} + \beta_2 TOP1_{i,t} + \beta_3 SHARE_{i,t} + \beta_4 SHARE_{i,t}^2 \\ + \beta_5 ERR_{i,t} + \beta_6 ERR_{i,t}^2 + \beta_7 MNG_{i,t} + \beta_8 MNG_{i,t}^2 + \beta_9 DFL_{i,t} \\ + \beta_{10} DFL_{i,t}^2 + \beta_{11} GROWTH_{i,t} + \sum YEAR + \sum INDUSTRY + \varepsilon_{i,t}$$

(14-3)

式(14-3)中变量的含义,见表 14-4。

表 14-4　　　　　　变量的名称、代码与定义

变量类型和名称		变量代码	变量的定义或取值方法
被解释变量	资产替代效应	$AS1_{i,t}$	固定资产净值/长期借款
		$AS2_{i,t}$	(固定资产净值+长期股权投资+无形资产)/长期负债
解释变量	公司性质	$NAT_{i,t}$	"国有"取 1,"非国有"取 0
	第一大股东的性质	$TOP1_{i,t}$	"国有股"取 1,"非国有股"取 0
	股权集中度	$SHARE_{i,t}$	前 10% 股东持股比例
	股权集中度的二次项	$SHARE_{i,t}^2$	前 10% 股东持股比例的平方
	股权制衡度	$ERR_{i,t}$	第二大股东持股比例/第一大股东持股比例
	股权制衡度的二次项	$ERR_{i,t}^2$	"第二大股东持股比例/第一大股东持股比例"的平方
	管理者持股比例	$MNG_{i,t}$	管理者持股比例
	管理者持股比例的二次项	$MNG_{i,t}^2$	管理者持股比例的平方
	财务杠杆	$DFL_{i,t}$	普通股每股收益变动率/息税前利润变动率
	财务杠杆的二次项	$DFL_{i,t}^2$	"普通股每股收益变动率/息税前利润变动率"的平方
控制变量	成长性	$GROWTH_{i,t}$	主营业务收入增长率
	年份	$\sum YEAR$	
	行业	$\sum INDUSTRY$	

虚拟变量"公司性质（NAT）"根据 CSMAR 数据库中实际控制人的性质确定。实际控制人的性质分为"民营企业 1200、国有企业 1100、集体所有制企业 1210、港澳台资企业 1220、企业经营单位 1000、外国企业 1230、国有机构 2100、非企业单位 2000、省、自治组织 2500、地区级政府 2120、中国内陆公民 3110、港澳台公民 3120、自然人 3000、外国公民 3200 以及无法分类 9999"。在本文中，把"国有企业 1100、国有机构 2100 以及省、地区级政府 2120"都称为国有企业，取 1；其余均称为非国有企业，取 0。

第一大股东的性质（TOP1）根据 CSMAR 数据库中第一大股东持股股份性质确定。第一大股东持股股份性质分为国有法人股、境外法人股、国家股、境外自然人股以及境内自然人股。本文把国有法人股、国家股统称为"国有股"，取 1；其余均取 0。

14.4.4 全部样本的统计分析

14.4.4.1 全部样本的描述性统计分析

本文采用 STATA13.0 对各变量进行描述性统计分析。结果见表 14-5。

表 14-5　　　　　　　　描述性统计分析表

变量（单位）	有效观测值（个）	最小值	最大值	平均值	标准差
资产替代效应 $AS1$（%）	7 731	0.041	98.937	13.043 860	24.250 780
资产替代效应 $AS2$（%）	10 021	0.574	376.512	41.660 160	92.042 950
公司性质	16 041	0.000	1.000	0.433 389	0.495 558
第一大股东的性质	16 218	0.000	1.000	0.235 849	0.424 541
股权集中度（%）	16 218	14.120	63.840	36.226 880	14.550 360
股权集中度的二次项（%）	16 218	199.374	4 075.546	1 524.087 000	1 136.109 000
股权制衡度（%）	16 158	19.859	23.959	21.603 260	1.103 970
股权制衡度的二次项（%）	16 158	394.388	574.081	467.919 500	48.285 000
管理者持股	16 218	0.000	0.579	0.101 260	0.186 575
管理者持股的二次项	16 218	0.000	0.335	0.045 062	0.097 480
财务杠杆（倍）	16 218	0.617	3.428	1.320 910	0.665 746
财务杠杆的二次项（倍）	16 218	0.479	13.479	2.353 849	3.098 045
成长性	16 218	−0.372	2.113	0.279 483	0.587 589

从表 14-5 中可以看出：①资产替代效应 AS1 的均值为 13.043 860，标准差为 24.250 780，说明公司间"固定资产净值/长期借款"存在较大差异。②资产替代效应 AS2 的均值为 41.660 160，标准差为 92.042 950，说明公司间"（固定资产净值＋长期股权投资＋无形资产）/长期负债"存在较大差异。③虚拟变量"公司性质"的平均值为 0.433 389，标准差为 0.495 558。④虚拟变量"第一大股东性质"的平均值为 0.235 849，标准差为 0.424 541。⑤股权集中度的平均值为 36.226 880，最小值为 14.120，最大值为 63.840。⑥股权制衡度的平均值为 21.603 260，最小值为 19.859，最大值为 23.959。⑦管理层持股比例均值为 0.101 260，标准差为 0.186 575，最小值和最大值分别为 0 和 0.579。⑧财务杠杆的最小值和最大值分别为 0.617 和 3.428，均值为 1.320 910。⑨企业成长性的最小值和最大值分别为 －0.372 和 2.113，均值为 0.279 483，标准差为 0.587 589。

14.4.4.2 全部样本的相关分析

全部样本的相关分析结果，见表 14-6。

从表 14-6 中可以发现：①资产替代 F 效应（AS1）与公司性质（NAT）的相关系数为 0.000 6，不显著。②资产替代效应（AS1）与第一大股东性质（TOP1）的相关系数为 －0.007 2，不显著。③资产替代效应（AS1）与股权集中度（SHARE）的相关系数为 0.001 3，不显著。④资产替代效应（AS1）与股权集中度平方（$SHARE^2$）的相关系数为 －0.005 1，不显著。⑤资产替代效应（AS1）与股权制衡度（ERR）的相关系数为 －0.073 9，在 1% 水平上显著负相关。⑥资产替代效应（AS1）与股权制衡度平方（ERR^2）的相关系数为 －0.074 7，在 1% 水平上显著负相关。⑦资产替代效应（AS1）与管理层持股比例（MNG）的相关系数为 0.030 6，不显著。⑧资产替代效应（AS1）与管理层持股比例平方（MNG^2）的相关系数为 0.0254，不显著。⑨资产替代效应（AS1）与财务杠杆（DFL）的相关系数为 －0.063 4，在 1% 水平上显著负相关。⑩资产替代效应（AS1）与财务杠杆平方（DFL^2）的相关系数为 －0.0459，在 1% 水平上显著负相关。⑪资产替代效应（AS1）与成长性（GROWTH）的相关系数为 －0.089 2，在 1% 水平上显著负相关。

14.4.4.3 全部样本的回归分析

全部样本的回归分析结果，见表 14-7。

表 14-6 全部样本相关分析表

项目		AS1	AS2	NAT	TOP1	SHARE	$SHARE^2$	ERR	ERR^2	MNG	MNG^2	DFL	DFL^2	GROWTH
AS1	相关系数	1												
	显著性													
AS2	相关系数	0.663 6*	1											
	显著性	0.000												
NAT	相关系数	0.000 6	−0.060 6*	1										
	显著性	1.000 0	0.000 0											
TOP1	相关系数	−0.007 2	−0.063 0*	0.484 7*	1									
	显著性	1.000 0	0.000 0	0.000 0										
SHARE	相关系数	0.001 3	−0.039 4*	0.183 4*	0.153 9*	1								
	显著性	1.000 0	0.006 3	0.000 0	0.000 0									
$SHARE^2$	相关系数	−0.005 1	−0.040 6*	0.182 8*	0.155 3*	0.983 6*	1							
	显著性	1.000 0	0.003 7	0.000 0	0.000 0	0.000 0								
ERR	相关系数	−0.073 9*	−0.163 7*	0.338 9*	0.186 2*	0.228 5*	0.238 9*	1						
	显著性	0.000 0	0.000 0	0.000 0	0.000 0	0.000 0	0.000 0							
ERR^2	相关系数	−0.074 7*	−0.163 5*	0.340 0*	0.186 8*	0.229 9*	0.240 6*	0.999 6*	1					
	显著性	0.000 0	0.000 0	0.000 0	0.000 0	0.000 0	0.000 0	0.000 0						
MNG	相关系数	0.030 6	0.043 7*	−0.454 3*	−0.283 9*	−0.085 9*	−0.099 2*	−0.276 1*	−0.276 3*	1				
	显著性	0.429 9	0.000 9	0.000 0	0.000 0	0.000 0	0.000 0	0.000 0	0.000 0					
MNG^2	相关系数	0.025 4	0.044 9*	−0.398 6*	−0.251 7*	−0.038 2*	−0.052 8*	−0.258 2*	−0.258 0*	0.973 5*	1			
	显著性	0.864 6	0.000 5	0.000 0	0.000 0	0.000 1	0.000 0	0.000 0	0.000 0	0.000 0				
DFL	相关系数	−0.063 4*	−0.088 7*	0.127 9*	0.062 4*	−0.038 2*	−0.040 3*	0.129 7*	0.128 6*	−0.168 8*	−0.156 5*	1		
	显著性	0.000 0	0.000 0	0.000 0	0.000 0	0.000 1	0.000 0	0.000 0	0.000 0	0.000 0	0.000 0			
DFL^2	相关系数	−0.045 9*	−0.071 3*	0.122 3*	0.051 7*	−0.045 4*	−0.046 6*	0.103 5*	0.102 8*	−0.146 6*	−0.134 9*	0.911 9*	1	
	显著性	0.004 1	0.000 0	0.000 0	0.000 0	0.000 0	0.000 0	0.000 0	0.000 0	0.000 0	0.000 0	0.000 0		
GROWTH	相关系数	−0.089 2*	−0.011 8	0.001 0	−0.032 4*	−0.026 7	−0.021 5	−0.019 3	−0.019 1	−0.014 8	−0.015 0	−0.047 3*	−0.042 5*	1
	显著性	0.000 0	0.111 8	1.000 0	0.002 8	0.051 5	0.384 6	0.677 4	0.691 4	0.991 8	0.988 8	0.000 0	0.000 0	

* 表示相关系数在 0.05 水平上是显著的(双尾检验)。

表 14-7　　全部样本的回归分析结果表

项　目		系数值	标准误	T值	显著性
截距项		−251.867 1	104.588 1	−2.410	0.016
NAT		2.767 7	0.690 9	4.010	0.000
TOP1		−1.075 1	0.715 9	−1.500	0.133
SHARE		0.205 6	0.103 2	1.990	0.046
$SHARE^2$		−0.001 9	0.001 3	−1.520	0.129
ERR		26.108 5	9.456 9	2.760	0.006
ERR^2		−0.615 6	0.213 5	−2.880	0.004
MNG		8.677 7	8.179 7	1.060	0.289
MNG^2		−17.726 0	15.912 1	−1.110	0.265
DFL		−4.542 9	0.919 4	−4.940	0.000
DFL^2		0.440 9	0.192 8	2.290	0.022
GROWTH		−1.125 6	0.497 8	−2.260	0.024
YEAR	2008	0.227 4	1.129 4	0.200	0.840
	2009	−1.460 1	1.111 7	−1.310	0.189
	2010	−3.218 9	1.106 3	−2.910	0.004
	2011	−0.836 7	1.112 2	−0.750	0.452
	2012	−2.125 2	1.182 5	−1.800	0.072
	2013	−1.667 6	1.175 7	−1.420	0.156
	2014	−1.467 2	1.179 2	−1.240	0.213
INDUSTRY	2	−11.113 5	2.436 8	−4.560	0.000
	3	−6.163 7	2.039 1	−3.020	0.003
	4	−16.211 0	2.276 8	−7.120	0.000
	5	−15.669 7	2.476 0	−6.330	0.000
	6	−8.042 6	2.290 7	−3.510	0.000
	7	−13.509 5	2.407 9	−5.610	0.000
	8	7.612 5	4.688 8	1.620	0.105
	9	−7.725 0	2.767 0	−2.790	0.005
	10	−20.503 6	2.206 0	−9.290	0.000
	11	−15.264 8	3.488 3	−4.380	0.000
	12	−11.381 0	7.105 9	−1.600	0.109
	13	−11.759 5	3.170 4	−3.710	0.000
	14	−19.248 8	13.772 0	−1.400	0.162
	15	−13.658 2	3.978 5	−3.430	0.001
	16	−12.906 7	2.946 1	−4.380	0.000

（续表）

项　　目	系数值	标准误	T 值	显著性
R^2	0.062 8			
调整的 R^2	0.058 7			
F 值	15.360 0			
F 显著性	0.000 0			

从表 14-7 可以看出，R^2 为 0.062 8，F 值为 15.36，并且在 1% 水平上显著。说明模型具有较强的解释能力，而且通过了 F 检验。

从表 14-7 中可以发现：①公司性质（NAT）的回归系数为 2.767 7，而且在 1% 水平上显著，所以 H_1 成立。②第一大股东性质（TOP1）的回归系数为 −1.075 1，但不显著，H_2 不成立。③股权集中度（SHARE）的回归系数为 0.205 6，且在 5% 水平上显著；股权集中度的二次项（$SHARE^2$）的回归系数为 −0.001 9，但不显著。所以，H_3 不成立。④股权制衡度（ERR）的回归系数为 26.108 5，在 1% 水平上显著；股权制衡度的二次项（ERR^2）的回归系数为 −0.615 6，且在 1% 水平上显著。因此，假设 H_4 成立。⑤管理者持股比例（MNG）的系数为 8.677 7，管理者持股比例的二次项（MNG^2）的系数为 −17.726，但都不显著，H_5 不成立。⑥财务杠杆（DFL）的回归系数为 −4.542 9，在 1% 水平上显著；财务杠杆二次项（DFL^2）的回归系数为 0.440 9，且在 5% 水平上显著。所以，H_6 成立。

14.4.4.4 稳健性检验

用"（固定资产净值＋长期股权投资＋无形资产）/长期负债"（AS2）替换"固定资产净值/长期借款"（AS1）进行稳健性检验，检验结果见表 14-8。

从表 14-8 中可以发现，R^2 为 0.060 3，F 值为 19.09，且在 1% 水平上显著。说明模型具有较强的解释能力，而且通过了 F 检验。

从表 14-8 中还可以发现：①公司性质（NAT）的回归系数为 1.211 2，不显著，H_1 不成立。②第一大股东性质（TOP1）的回归系数为 −6.26，在 1% 水平上显著，H_2 不成立。③股权集中度（SHARE）的回归系数为 −0.048 4，股权集中度的二次项（$SHARE^2$）的回归系数为 0.001 4，都不显著，H_3 不成立。④股权制衡度（ERR）的回归系数为 −51.477 9，股权制衡度二次项（ERR^2）的回归系数为 0.886 5，都不显著。所以，H_4 不成立。⑤管理者持股比例（MNG）的回归系数 −87.301 8，在 1% 水平上显著；管理者持股比例的二次项(MNG^2)的回归系数为142.588 3,在1%水平上显著。这意味着资产替代效应与管理者持股比例存在一种"U"形关系,与H_5的倒"U"形假设不一致。⑥财务杠杆(DFL)的回归系数为-16.460 2,在1%水平上显著;财务杠杆二次项(DFL^2)的回归系数为1.204 5,且在10%水平上显著。所以,H_6成立。

尽管表14-8中有些变量的符号和显著性水平发生了变化,但上述研究发现与表14-7中的研究发现比较一致。所以,回归模型还是比较稳健的。

表14-8　　　　　　　　　模型3的稳健性检验结果

项 目		系数值	标准误	T值	显著性
截距项		755.722 8	331.605 4	2.280	0.023
NAT		1.211 2	2.279 3	0.530	0.595
TOP1		-6.260 0	2.407 6	-2.600	0.009
SHARE		-0.048 4	0.349 6	-0.140	0.890
$SHARE^2$		0.001 4	0.004 4	0.310	0.754
ERR		-51.477 9	30.132 5	-1.710	0.088
ERR^2		0.886 5	0.683 5	1.300	0.195
MNG		-87.301 8	26.559 8	-3.290	0.001
MNG^2		142.588 3	51.009 5	2.800	0.005
DFL		-16.460 2	3.211 5	-5.130	0.000
DFL^2		1.204 5	0.679 2	1.770	0.076
GROWTH		2.129 7	1.678 9	1.270	0.205
YEAR	2008	5.985 0	3.824 0	1.570	0.118
	2009	-0.710 3	3.810 3	-0.190	0.852
	2010	-2.384 6	3.777 5	-0.630	0.528
	2011	6.041 5	3.762 0	1.610	0.108
	2012	12.162 7	3.910 3	3.110	0.002
	2013	11.981 0	3.891 0	3.080	0.002
	2014	13.377 3	3.877 8	3.450	0.001
INDUSTRY	2	-0.532 9	8.287 5	-0.060	0.949
	3	8.297 4	6.923 1	1.200	0.231
	4	-19.017 6	7.812 6	-2.430	0.015
	5	-8.905 6	8.501 9	-1.050	0.295
	6	31.812 8	7.655 1	4.160	0.000
	7	-17.999 7	8.197 6	-2.200	0.028

(续表)

项目		系数值	标准误	T 值	显著性
INDUSTRY	8	25.905 0	16.036 6	1.620	0.106
	9	6.964 9	8.585 8	0.810	0.417
	10	−21.911 2	7.575 0	−2.890	0.004
	11	11.603 0	11.892 3	0.980	0.329
	12	18.384 8	19.830 7	0.930	0.354
	13	−12.882 6	10.634 3	−1.210	0.226
	14	51.800 0	45.252 0	1.140	0.252
	15	32.452 1	11.505 7	2.820	0.005
	16	−12.794 5	10.109 2	−1.270	0.206
R^2		0.060 3			
调整的 R^2		0.057 1			
F 值		19.090 0			
F 显著性		0.000 0			

14.4.5 研究结论

以 2007 年至 2014 年中国沪市和深市非金融上市公司为研究对象,对资产替代效应的影响因素进行实证检验。结果发现:①理论假设"相比非国有企业,国有企业更易发生资产替代行为"成立,但没有通过稳健性检验。②理论假设"第一大股东为国有性质的公司更易发生资产替代行为"不成立。③理论假设"股权集中度与资产替代效应呈显著倒'U'型关系"不成立。④理论假设"股权制衡度与资产替代效应呈显著倒'U'型关系"成立,但没有通过稳健性检验。⑤理论假设"管理层持股比例与资产替代效应呈显著倒'U'型关系"不成立。⑥理论假设"财务杠杆与资产替代效应呈显著'U'型关系"成立,而且通过了稳健性检验。

第 15 章

会计信息质量专题研究

15.1 引　　言

信息不对称问题和代理问题是影响或制约企业投资效率的主要因素。一般认为,高质量的会计信息可以从以下两个方面促进企业投资效率的提高:第一,降低信息不对称程度,引导投资者选择正确的投资项目,确定适当的投资规模;第二,缓解代理问题,为选择和考评经营者,以及改善公司治理结构提供依据(Healy and Palepu,2001;李青原,2009)。

会计信息质量包括会计信息的编制质量和会计信息的披露质量。但国内外学者在有关会计信息质量如何影响投资效率的理论分析和实证研究中,更多地关注的是会计信息的编制质量,而忽略了会计信息的披露质量。事实上,与会计信息的编制质量比较,会计信息的披露质量对投资效率的影响更为直接。

与以往研究不同,本文同时对以下两个问题进行探讨:①会计信息编制质量对投资效率的影响;②会计信息披露质量对投资效率的影响。

15.2　理论分析与研究假说

上市公司不仅要依据财政部制定的《企业会计准则》的规定,编制资产负债表、利润表、现金流量表和所有者权益变动表;还要依据中国证券监督管理委员会发布的《上市公司信息披露管理办法》等法规的有关规定,披露财务报告,包括年度报告、中期报告和季度报告。所以,会计信息质量不仅包括财务报表的编制质量,而且包括财务报告的披露质量。根据 2007 年 1 月 1 日施行的《企业会计准则——基本准则》第二章的规定,编制财务报表要符合可靠性、相关性、可理解性、可比性、实质重于形式、重要性、谨慎性、及时性等质量要求。根据 2013 年 4 月 8 日发布的《深圳证券交易所上市公司信息披露工作考核办法》第三章第六条规定,上市公司信息披露要符合真实性、准确性、完整性、及时性、合法合规性、公平性等质量标准。无论是财政部制定的会计准则,还是证监会或证券交易所发布的有关会计信息披露的规定,都旨在为投资者、债权人等会计信息使用者提供决策有用信息,都是为了维护或保障投资者、债权人等利益相关者的权益。

15.2.1 会计信息编制质量对投资效率的影响

《企业会计准则——基本准则》第二章规定的编制财务报表的质量要求,可以分为两类:一是相关性、可理解性、可比性、及时性等,着重于为投资者提供决策有用信息,解决信息不对称问题,引导投资者作出正确的投资决策;二是可靠性、实质重于形式、重要性、谨慎性等,着重于对经营者(代理人)受托责任履行情况进行考核和评价,有助于经营者的选择,缓解代理问题,降低代理成本。因此,严格按质量要求编制的财务报表既有利于降低信息不对称程度,又有利于缓解代理问题,从而有助于提高投资效率。

Healy 和 Palepu(2001)认为,高质量的会计信息有助于经营者薪酬契约的设计,以及出资者对经营者的监督,可以降低道德风险,减少逆向选择,从而提高投资效率。Bushman 和 Smith(2001)认为,较高的会计信息质量有助于更好地监督管理层的投资行为,减少资本市场上的信息不对称。Bushman, Piotroski 和 Smith(2004)发现,会计信息的及时性对公司治理效率具有显著影响。李青原(2009)发现,会计信息质量与上市公司投资不足和投资过度(非效率投资)显著负相关,即高质量的会计信息可以促进投资效率的提高。

基于以上理论分析和实证研究发现,提出第一个研究假说 1(H_1)。

假说 1(H_1):会计信息编制质量对投资效率具有显著的正面影响。会计信息编制质量越高,投资效率越高。

15.2.2 会计信息披露质量对投资效率的影响

在逐利动机的驱使下,资本会自然地向收益率高的地区、行业或企业流动,从而使资本投资效率相应地提高。但资本的这种自然流动,需要具备一系列前提条件,比如完善的公司治理结构、资本能够在企业之间自由流动、企业拥有与投资决策有关的全部信息等。而会计信息就是一种与投资决策有关的重要信息,会计信息的披露为投资者进行决策提供了重要的依据,会计信息披露的质量直接影响投资决策的质量。高质量的会计信息披露会产生高质量的投资决策;低质量的会计信息披露会产生低质量的投资决策,甚至导致错误的投资决策。

张宗新、杨飞和袁庆海(2007)发现,信息披露质量高的公司,财务绩效和市场表现都较好。因此,要合理的引导会计信息披露行为,多渠道、充分、及时、准确地披露会计信息。闫光荣(2009)发现,会计信息披露质量高的公司,资本成本较低,企业价值较大。杨华(2012)发现,在化工行业,会计信息披露质量与企业业绩呈显著的正相关关系。

基于以上理论分析和实证研究发现,提出第二个研究假说2(H_2)。

假说2(H_2):会计信息披露质量对投资效率具有显著的正面影响。会计信息披露质量越高,投资效率越高。

15.3 模型设定、变量计量与数据来源

15.3.1 模型设定

为了检验上述两个研究假设,建立如下线性回归模型。

$$AE_{it} = \alpha_0 + \alpha_1 PQ_{it} + \alpha_2 DQ_{it} + \alpha_3 NI_{it} + \alpha_4 AC_{it} + \alpha_5 PA_{it} + \mu_{it} \quad (15-1)$$

在式(15-1)中,AE 是因变量,表示投资效率;PQ 和 DQ 是自变量,分别表示会计信息编制质量和会计信息披露质量;NI、AC 和 PA 是控制变量,其中,NI 表示新增投资,AC 表示代理成本,PA 表示盈利能力。式(15-1)中变量的类型和计量方法,见表15-1。

表15-1 变量的类型和计量方法

变量类型和名称		变量代码	变量的计量方法
被解释变量	投资效率	AE	Richardson非效率投资模型残差的绝对值
解释变量	会计信息编制质量	PQ	琼斯模型残差的绝对值,即可操纵性应计利润
	会计信息披露质量	DQ	深交所对上市公司信息披露的评价等级,即优秀、良好、及格和不及格,分别计为1、2、3和4
控制变量	新增投资	NI	固定资产投资/总投资
	代理成本	AC	资产周转率
	盈利能力	PA	权益净利率

15.3.2 变量的计量

15.3.2.1 投资效率的计量

本文借鉴 Richardson(2006)提出的非效率投资模型,以及梅丹和毛淑珍(2009)的研究方法,建立如下模型对投资效率进行计量。

$$NI_{i,t} = \beta_0 + \beta_1 Growth_{i,t-1} + \beta_2 Scale_{i,t-1} + \beta_3 Structure_{i,t-1} + \beta_4 Share_{i,t-1} + \beta_5 PA_{i,t-1} + \beta_6 AC_{i,t-1} + \varepsilon_{it} \tag{15-2}$$

在式(15-2)中,NI_t 表示 i 公司第 t 年的新增投资,用"固定资产/总投资"表示;$Growth_{i,t-1}$ 表示 i 公司第 $t-1$ 年的成长机会,用主营业务收入增长率表示;$Scale_{i,t-1}$ 表示 i 公司第 $t-1$ 年的公司规模,用总资产的自然对数表示;$Structure_{i,t-1}$ 表示 i 公司第 $t-1$ 年的资本结构,用资产负债率表示;$Share_{i,t-1}$ 表示 i 公司第 $t-1$ 年的股权集中度,用前10%股东的持股比例表示;$PA_{i,t-1}$ 表示 i 公司第 $t-1$ 年的盈利能力,用权益净利率表示;$AC_{i,t-1}$ 表示 i 公司第 $t-1$ 年的代理成本,用资产周转率表示;$\xi_{i,t}$ 表示 i 公司第 t 年的非预期投资(没有效率的投资),包括过度投资($\xi_{i,t} > 0$)和投资不足($\xi_{i,t} < 0$)。

本文用 $\xi_{i,t}$ 的绝对值衡量投资效率。$\xi_{i,t}$ 的绝对值越小,投资效率越高。

15.3.2.2 会计信息编制质量的计量

在《企业会计准则》规定的信息质量要求中,谨慎性(稳健性)原则直接影响投资者最关心的利润的计量。为此,琼斯(1991)提出了一种度量会计信息质量的指标——可操纵性应计利润。

琼斯提出的度量会计信息编制质量的模型如下:

$$\frac{T_{i,t}}{A_{i,t-1}} = \alpha_1 \frac{1}{A_{i,t-1}} + \alpha_2 \frac{\Delta R_{i,t}}{A_{i,t-1}} + \alpha_3 \frac{P_{i,t}}{A_{i,t-1}} + \xi_{i,t} \tag{15-3}$$

在式(15-3)中,$T_{i,t}$ 表示 i 公司第 t 年的总应计利润;$A_{i,t-1}$ 表示 i 公司第 $t-1$ 年的总资产;$\Delta R_{i,t}$ 表示 i 公司第 t 年的主营业务收入的增加额;$P_{i,t}$ 表示 i 公司第 t 年的固定资产原值;$\xi_{i,t}$ 的绝对值表示 i 公司第 t 年的可操纵性应计利润。

本文用 $\xi_{i,t}$ 的绝对值衡量会计信息编制质量。$\xi_{i,t}$ 的绝对值越大,可操纵应计利润越大,盈余管理的空间越大,会计信息编制质量越低。

15.3.2.3 会计信息披露质量的计量

深圳证券交易所根据《上市公司信息披露工作考核办法》的规定,对上市公司信息披露的真实性、准确性、完整性、及时性、合法合规性、公平性等进行全面、客观的考核和评价,并确定等级,即"优秀、良好、及格、不及格"(2013年改为A,B,C,D)。本文根据深交所的评价等级对会计信息披露质量进行计量,优秀、良好、及格、不及格分别计为1,2,3,4。

15.3.3 数据来源

由于2007年1月1日开始实施新企业会计准则,为了保持数据的可比性,选择2007年以前在深圳证券交易所上市的非金融类公司作为研究样本,样本数据的时限为2007年到2012年。在初选样本的基础上,剔除数据缺失和数据异常的公司。

所有数据均来自国泰安数据库,采用EXCEL和SPSS11.5进行数据处理。

15.4 统计分析

15.4.1 描述性统计分析

所有变量的描述性统计分析结果,见表15-2。

表15-2　　　　　　　　描述性统计分析表

变量代码	样本个数(个)	最小值	最大值	平均值	标准误	标准差系数
AE	1 911	0.000 0	0.673 5	0.038 0	0.041 9	1.102 6
PQ	1 911	0.000 0	8.454 7	0.091 8	0.288 1	3.138 3
DQ	1 911	1	4	2.110 0	0.618 0	0.292 9
NI	1 911	−0.647 7	0.379 8	0.047 5	0.058 1	1.223 2
AC	1 911	0.000 7	9.072 6	0.757 6	0.700 5	0.924 6
PA	1 911	−176.383 0	0.750 5	−0.108 4	4.199 8	38.743 5

从表15-2中可以发现:①投资效率(AE)、会计信息编制质量(PQ)和会计信息披露质量(DQ)的平均值分别为0.038、0.091 8和2.11。会计信息披露质量介于及格与良好之间。从整体上看,上市公司会计信息披露的质量不高。②会计信息编制质量(PQ)的标准差系数为3.138 3,远大于投资效率(AE)和会计信息披露质量(DQ)的标准差系数,说明上市公司会计信息编制质量较为参差不齐。

15.4.2 相关分析

全部变量之间的相关系数,见表15-3。

表 15-3 相关系数表

项目		AE	PQ	DQ	NI	AC	PA
AE	相关系数	1	0.017	0.007	0.287**	−0.104**	−0.026
	显著性		0.469	0.759	0.000	0.000	0.260
PQ	相关系数		1	−0.004	−0.061**	−0.023	−0.001
	显著性			0.869	0.007	0.320	0.982
DQ	相关系数			1	−0.124**	−0.032	−0.026
	显著性				0.000	0.161	0.255
NI	相关系数				1	0.008	0.049*
	显著性					0.733	0.033
AC	相关系数					1	0.024
	显著性						0.290
PA	相关系数						1
	显著性						

* 表示相关系数在0.05水平上是显著的(双尾检验)。
** 表示相关系数在0.01水平上是显著的(双尾检验)。

从表15-3中可以发现:①投资效率(AE)与会计信息编制质量(PQ)、会计信息披露质量(DQ)的相关系数都是正数,分别为0.017、0.007,但都不显著。②会计信息编制质量(PQ)与会计信息披露质量(DQ)的相关系数为−0.004,而且不显著。这些发现有些出乎预料。

此外,投资效率(AE)与新增投资(NI)正相关,而且在1%水平上显著;投资效率(AE)与代理成本(AC)负相关,而且在1%水平上显著。

15.4.3 回归分析表

从表15-4中可以发现:①会计信息编制质量(PQ)、会计信息披露质量(DQ)的回归系数分别为0.005、0.003,显著性水平分别为0.142、0.075,即都不够显著。②AE对PQ的回归结果与AE对DQ的回归结果有很多相似之处:R^2都为0.096;D-W值分别为2.056和2.049,很接近;F值分别为50.611和50.892,也很接近,而且都在1%水平上显著。

表 15-4　　　　　　　　　　　回归分析表

项目	AE 对 PQ 回归					AE 对 DQ 回归				
	系数值	标准误	T值	显著性	VIF	系数值	标准误	T值	显著性	VIF
截距项	0.032	0.002	20.497	0.000		0.027	0.004	7.493	0.000	
PQ	0.005	0.003	1.470	0.142	1.004					
DQ						0.003	0.001	1.782	0.075	1.017
NI	0.210	0.016	13.344	0.000	1.006	0.212	0.016	13.400	0.000	1.018
AC	−0.006	0.001	−4.804	0.000	1.001	−0.006	0.001	−4.782	0.000	1.002
PA	0.000	0.000	−1.717	0.086	1.003	0.000	0.000	−1.678	0.093	1.003
R^2	0.096					0.096				
调整的 R^2	0.094					0.095				
D-W 值	2.056					2.049				
F 值	50.611					50.892				
F 的显著性	0.000					0.000				

15.5　研究结论与进一步的讨论

15.5.1　研究结论

从前面的统计分析中,可以得出以下结论:①投资效率与会计信息编制质量、会计信息披露质量正相关,但这种相关关系均不显著。也就是说,与第一个研究假设(H_1)和第二个研究假设(H_2)不同,会计信息编制质量和会计信息披露质量并不能显著地促进投资效率的提高。②会计信息编制质量与会计信息披露质量负相关,但不够显著。③上市公司会计信息编制质量参差不齐,会计信息披露质量有待提高。

15.5.2　进一步的讨论

上述统计发现和研究结论,与一般的理论分析和经验感觉都不一致,值得关注和探讨。

第一,会计作为一个经济信息系统,其主要职能是为投资者、债权人等会计信息使用者提供决策有用的信息。如果会计信息编制质量和会计信息披露质量都不能促进投资效率的提高,会计的有用性就会大打折扣。因此，会计理论工作者和实际工作者都需要进行深刻的反思，是会计准则和会计工作本身存在缺陷，还是会计赖以发挥作用的社会经济环境存在问题？如何提高会计信息的决策相关性，更好地为投资者、债权人等利益相关者服务？

第二，会计信息编制质量与会计信息披露质量不相关或负相关，也可能是由于财政部制定的编制会计信息的质量要求与中国证监会或证券交易所制定的披露会计信息的质量标准不协调而造成的结果。因此，建立一个会计信息编制与会计信息披露的协调机构，对于充分发挥会计信息的作用、促进投资效率的提高具有积极作用。

第三，用可操纵性应计利润计量的上市公司会计信息编制质量（PQ）的标准差系数较大意味着，存在比较大的盈余管理空间和比较普遍的盈余管理现象。所以，需要不断完善会计准则，避免或减少利润操纵行为；需要不断完善公司治理结构和激励约束机制，加强配股、退市等制度建设，消除或抑制盈余管理行为。

第四，会计信息披露质量与会计信息编制质量同样重要，会计信息披露对投资决策的影响更为直接。中国证监会或证券交易所首先应把会计信息披露作为对上市公司进行监管的重中之重给予高度重视，正视会计信息披露质量不高的现实，加强对上市公司会计信息披露质量的考核，考核结果向全社会公开，并与奖惩、配股等挂钩。

第 16 章

会计信息利用专题研究

16.1 引　　言

会计系统是会计信息生成系统和会计信息利用系统的有机统一。然而,长期以来,在会计理论研究和实际工作中,注重会计信息的生成,忽视会计信息的利用。会计信息在微观决策上发挥的作用不够充分,在宏观管理上发挥的作用十分有限。如何深度挖掘会计信息的价值,充分利用会计信息服务于社会经济发展,提高会计的社会影响力以及中国会计在国际上的影响力,是会计界面临的一大课题。

企业是国民经济的微观基础,反映企业财务状况、经营成果和现金流量的会计信息,也是一种揭示经济发展和社会进步的基础性信息。会计信息不仅是投资者、债权人、企业经营管理者进行决策的依据,而且具有很大的服务于宏观经济管理的潜力。比如,依据会计信息进行经济监测、经济预警等。

赵德武(2000)率先提出了编制财务指数的设想,以反映国民经济整体和各行业的财务状况,从宏观角度对财务经济运行过程进行监测和景气识别。之后,赵德武及其研究团队对编制财务指数的理论和方法进行了持续的、系统的研究。王军(2010)指出,会计指数可以直观地、生动地揭示经济运行态势,为经济决策提供"风向标""监测仪"和"预警器"。[①] 王化成等(2012)提出了一套基于会计信息的指数体系,包括反映企业经营对宏观经济综合贡献的价值创造会计指数、评价一个行业内企业整体运行情况的行业评价会计指数,以及企业投资价值指数。赵德武、马永强和黎春(2012)对财务指数的性质、意义、构成等进行了系统论述,并提出了一种编制上市

---

① 2010 年 11 月 9 日,时任财政部副部长(现任国家税务总局局长)王军在第十八届世界会计师大会上发表的演讲《助力经济复苏 持续创造价值》中,提出了正在构建的中国会计体系的八大核心"图谱",包括会计准则、审计准则、内部控制、XBRL、会计鉴证、会计人才、会计法制、会计指数。

公司财务指数的思路和方法。

会计指数(财务指数)概念的提出,以及对会计指数(财务指数)编制方法的探讨,是近年来中国会计理论研究的一大成果。本文对基于会计信息的企业景气指数的研究,是一种拓展会计信息用途、提高会计信息利用价值的尝试,建立在会计指数(财务指数)研究成果的基础之上。

16.2 中国经济(企业)景气指数研究与应用述评

16.2.1 经济景气指数理论研究的进展

景气指数法是世界各国常用的一种进行经济监测预警和景气分析识别的方法。中国经济监测预警和景气分析识别的理论研究肇始于20世纪80年代。袁兴林(1988)借鉴国外的景气指标法,对如何确定景气循环、如何选择景气指标、如何编制景气指数等问题进行了探讨。黄运成等(1988)运用扩散指数法(Diffusion Index,DI)对经济波动进行了分析。1989年,中国经济体制改革研究所宏观经济监测与分析研究组在35个月度经济指标中,选出13个先行指标、13个同步指标和9个滞后指标,并运用扩散指数法找出了三组指标各自的基准循环日期;同年,国家统计局统计科学研究所宏观经济监测课题组设计了六组综合监测预警指数,并把指数的运行区间划分为五个灯区,表示经济循环波动过程中的冷热状态。余根钱(2005)提出了中国经济监测预警系统的总体框架,包括反映宏观经济总体运行情况的中国经济运行指数和反映各地区经济运行情况的地区经济运行指数,以及中国经济运行指数和地区经济运行指数的编制方法。石良平(2007)基于21世纪中国经济运行格局的重大变化,提出了对建立于20世纪90年代的中国经济预警体系的结构、指标等进行修正的思路和方案。

16.2.2 经济(企业)景气指数的实际应用

实际应用于中国经济监测预警和景气分析识别的景气指数主要有:以国家统计局中国经济景气监测中心编制的宏观经济景气指数为代表的国民经济景气指数、以经济日报社中经产业景气指数研究中心编制的"中经产业景气指数"为代表的行业景气指数,以及国家统计局企业调查队编制的企业景气指数。①宏观经济景气指数。国家统计局中国经济景气监测中心选择一些有代表性的国民经济统计指标,比如,产品销售率、货币供应量、工业从业人数、固定资产投资、财政收入（支出）、工商业贷款、居民储蓄等,合成宏观经济景气指数,反映宏观经济的运行状况,预测宏观经济的未来走势。②"中经产业景气指数"。经济日报社中经产业景气指数研究中心编制的"中经产业景气指数"是一种行业景气指数,包括钢铁、纺织、装备制造、煤炭、石化、电力等重点行业,通过反映行业景气状况的统计指标,比如,产量、利润、主营业务收入、税金、从业人数、固定资产投资、生产者出厂价格、出口额、产成品占用资金（逆转）、应收账款（逆转）等,按季度合成编制,反映行业的运行状况,预测行业的发展态势。③企业景气指数。由国家统计局企业调查队编制,开始于1998年。采用重点调查与抽样调查相结合的方法,对全部大型企业和部分中小企业进行调查,根据被调查的企业领导对本企业综合生产经营情况的判断和预期编制景气指数,综合反映企业的生产经营状况。

16.2.3 对经济（企业）景气指数研究与应用的评论

从上述经济（企业）景气指数的理论研究和实际应用中可以发现,致力于经济景气理论研究的,主要是统计学者或统计机构,这一研究领域似乎与会计学者没有多大关系;编制经济（行业、企业）景气指数,主要采用统计方法,运用统计指标,似乎会计方法和会计（财务）指标没有用武之地。然而,至少在企业层面,在反映企业财务状况和经营成果方面,会计信息是比统计信息更为基础的信息,许多重要的统计数据来源于会计核算资料。会计（财务）指标应该能够更好地反映企业或行业的景气状况,会计指数（财务指数）应该具有经济监测预警和景气分析识别的潜力。

在中国,国有企业众多,国有企业在国民经济中居于主导地位,企业经济与国民经济的联系更为紧密。郭复初(1988,1991)提出并发展的宏观财务理论（国家财务论）是很有创造性、针对性和建设性的。企业的财务问题,不仅是一个微观问题,也是一个宏观问题;企业财务不仅具有微观属性,而且具有宏观属性。企业的财务状况对国民经济的运行具有指针作用。

为此,本文拟在以下两个方面进行尝试:第一,如何依据会计信息或财务指标编制企业景气指数? 第二,依据会计信息编制的企业景气指数与采用统计方法编制的企业景气指数是否相关? 会计指数（财务指数）是否具有经济监测预警和景气分析识别的能力?

16.3 基于会计信息的企业景气指数及其编制方法

16.3.1 编制企业景气指数所依据的会计信息

编制企业景气指数所依据的会计信息包括：①资产负债表、利润表、现金流量表、财务状况变动表等主要会计报表数据，以及附表数据。②日常会计核算资料中的数据，比如，记录在账簿中，而没有直接反映在主要会计报表和附表中的数据。③根据主要会计报表、附表，以及日常会计核算资料计算的财务比率。

可以从上述会计信息中，选择一些有代表性的指标，采用聚类分析法划分为先行指标、同步指标和滞后指标，分别编制先行指数、同步指数或滞后指数。

可以根据月度、季度或年度会计信息，分别编制月度、季度或年度景气指数。

16.3.2 反映企业景气的财务指标的选择及其权数的确定

"景气"通常指经济的繁荣兴旺。但一家企业的繁荣兴旺如何表现出来呢？如何衡量呢？对此的理解不一样，选择的财务指标就不一样。

企业景气可以理解为企业有财务实力和发展潜力。根据这种理解，可以选择反映企业盈利能力、偿债能力、营运能力、发展能力的财务指标来编制企业景气指数。这种景气指数可以称为"基于财务实力的企业景气指数"。

企业景气可以理解为企业利益相关者收益（收入）的提高。根据这种理解，可以选择反映股东、债权人、管理人员和员工、国家等利益相关者收益（收入）的指标（净利润、利息、工资、税收等）编制企业景气指数。这种景气指数可以称为"基于要素收入的企业景气指数"。

企业景气可以理解为充沛的现金流，表现为投资规模的扩张、应收账款的减少、预收账款的增加、存货的减少等。根据这种理解，可以选择货币资金、固定资产净值、长期股权投资、应收账款（逆转）、预收账款、存货（逆转）等编制企业景气指数。这种景气指数可以称为"基于现金流的企业景气指数"。

本文在参考 1999 年财政部、国家经贸委、人事部和国家计委联合发布的《国有资本金绩效评价规则》中确定的绩效评价基本指标及其权重,以及张友棠和张勇(2006)的论文《企业财务景气监测预警系统初探》和李勇和江可申(2009)的论文《财务景气监测预警指标的分类方法及运用》的基础上,确定反映企业景气的财务指标及其权数。见表 16-1。

表 16-1　　　　　　反映企业景气的财务指标及其权数

指标类别(权数)	基本指标		
	名　称	代码	权数(%)
财务效益(42%)	净资产收益率	ROE	30
	总资产报酬率	ROA	12
资产营运(18%)	总资产周转率	AT	9
	流动资产周转率	CAT	9
偿债能力(22%)	流动比率	CR	12
	所有者权益比率(净资产/总资产)	ER	10
发展能力(18%)	主营业务收入	SR	9
	净资产	NA	9

16.3.3　基于会计信息的企业景气指数的编制方法

首先,根据表 16-1 中的指标及其权数,编制每一家企业的景气指数(EPI,Enterprise Prosperity Index)。其次,编制行业景气指数(IPI,Industry Prosperity Index)。以行业所属的每一家企业的市场价值作为权数,对企业景气指数进行加权平均,得到行业景气指数。最后,根据行业景气指数,编制全部企业景气总指数(WEPI,Whole Enterprise Prosperity Index)。以行业所属企业的市场价值之和作为行业的权数,对行业景气指数进行加权平均,得到全部企业景气指数。

16.3.3.1　每一家企业景气指数(EPI_j)的编制

编制一家企业景气指数(EPI_j)的计算公式如下:

$$EPI_j = \frac{ROE_1}{ROE_0} \times 0.3 + \frac{ROA_1}{ROA_0} \times 0.12 + \frac{AT_1}{AT_2} \times 0.09 + \frac{CAT_1}{CAT_0} \times 0.09 \\ + \frac{CR_1}{CR_0} \times 0.12 + \frac{ER_1}{ER_0} \times 0.1 + \frac{ST_1}{ST_0} \times 009 + \frac{NA_1}{NA_0} \times 0.09 \quad (16-1)$$

在式(16-1)中,下标 j 表示第 j 家公司,下标 1 表示报告期,下标 0 表示基期。

16.3.3.2 行业景气指数(IPI)的编制

根据行业所属的每一家企业的景气指数及其权数进行加权平均,权数(W_j)是企业的市场价值占行业所属企业的市场价值之和的比例。行业景气指数(IPI)的计算公式如下:

$$IPI_k = \frac{\sum_{j=1}^{m} EPi_j \times W_j}{\sum_{j=1}^{m} W_j} \qquad (16\text{-}2)$$

在式(16-2)中,下标 k 表示第 k 个行业,m 表示行业所属的企业共 m 家,下标 j 表示行业所属的第 j 家公司。

16.3.3.3 全部企业景气总指数(WEPI)的编制

以行业所属企业的市场价值之和作为行业的权数(W_k),对行业景气指数进行加权平均。企业景气总指数($WEPI$)的计算公式如下。

$$WEPI = \frac{\sum_{j=1}^{n} IPI_k \times W_k}{\sum_{j=1}^{n} W_k} \qquad (16\text{-}3)$$

在式(16-3)中,n 表示共有 n 个行业,下标 k 表示第 k 个行业。

在本文中,把基于会计信息的企业景气总指数称为 $AEPI$。

16.4 基于会计信息企业景气指数编制方法的应用

16.4.1 研究设计

(1) 时期。从 2007 年第一季度到 2012 年第二季度,共 22 个季度。从 2007 年第一季度开始,主要是为了避免实施新企业会计准则可能造成的影响。在统计表和统计图中,年度、季度的表示方法如下:"0701"表示 2007 年第一季度,"0702"表示 2007 年第二季度……

(2) 行业和公司。根据锐思数据库(RESSET)的分类确定行业及其所属的公司。行业包括采掘业、电力、煤气及水的生产和供应业、房地产业、建筑业、交通运输仓储业、农林牧渔业、批发和零售贸易、社会服务业、信息技术业、制造业、综合类。公司包括除了 ST 公司、PT 公司，以及数据不全的公司以外的其他全部在上海证券交易所和深圳证券交易所上市的公司。

(3) 数据来源。全部原始数据来源于锐思数据库，用 EXCEL 进行数据处理。

(4) 特殊问题的处理。在计算一家企业的景气指数（EPI_i）时，遇到了指标数值为负数、计算结果异常大或者异常小等问题。对于这些问题，本文采用如下方法进行处理：①指标数值为负数的处理。比如，从基期的 3% 变成了报告期的 -2%，那么，指数为：(1-2%)/(1+3%)×100%=95%；从基期的 -3% 变成了报告期的 2%，那么，指数为：(1+2%)/(1-3%)×100%=105%。②异常值的处理。设定异常值的标准为：小于 30%，大于 300%。根据设定的标准，舍弃所有异常值。

16.4.2 计算结果

分行业的景气指数和全部企业景气总指数，见表 16-2。

表 16-2　　　　分行业的景气指数和企业景气总指数

年度、季度	行业景气指数(%)										企业景气总指数($AEPI$)(%)
	采掘业	电力、煤气	房地产业	建筑业	交通运输	农林牧渔业	批发、零售	社会服务业	信息技术业	制造业	综合类	
0701	132	106	115	132	111	105	119	110	117	124	104	121
0702	119	113	106	123	137	114	112	127	106	122	104	120
0703	113	111	110	135	116	105	110	132	114	122	112	117
0704	105	103	123	146	116	109	109	119	131	119	131	111
0801	87	77	124	116	114	106	127	101	96	115	125	105
0802	92	83	132	124	107	124	108	112	113	117	121	102
0803	88	89	125	99	104	115	110	111	89	109	111	101
0804	92	84	106	134	93	104	109	104	115	98	120	96
0901	91	143	102	113	85	90	97	106	115	93	97	96
0902	106	118	103	117	86	97	93	104	111	91	116	101
0903	101	102	111	129	85	107	89	98	117	98	118	101
0904	100	113	112	159	98	100	95	134	103	107	101	106
1001	128	106	127	110	129	131	106	108	98	128	113	125
1002	117	108	123	114	127	123	109	108	108	126	108	120
1003	117	128	110	102	127	113	109	123	106	123	100	118
1004	115	117	108	109	119	126	113	127	116	123	96	119

(续表)

年度、季度	行业景气指数(%)											企业景气总指数(AEPI)(%)
	采掘业	电力、煤气	房地产业	建筑业	交通、运输	农林牧渔业	批发、零售	社会服务业	信息技术业	制造业	综合类	
1101	110	156	87	111	108	132	112	114	101	120	100	115
1102	105	108	102	104	107	127	113	108	113	115	102	110
1103	105	96	95	110	106	127	109	115	106	111	109	108
1104	103	97	102	106	99	116	108	112	106	106	106	105
1201	98	126	94	96	112	106	93	132	103	98	107	101
1202	95	115	105	95	103	97	93	112	103	98	115	99

16.5 基于会计信息的企业景气指数的相关性

为了考察会计信息在经济监测预警和景气分析识别中的作用,本文对基于会计信息的企业景气指数与国家统计局企业调查队编制的企业景气指数的相关性进行分析。为了便于比较分析,把基于会计信息的企业景气指数称为 AEPI,把国家统计局企业调查队编制的企业景气指数称为 SEPI。

国家统计局企业调查队编制的企业景气指数(SEPI),见表 16-3。

表 16-3　　　　国家统计局编制的企业景气指数(SEPI)

年度、季度	SEPI(四舍五入)(%)	年度、季度	SEPI(四舍五入)(%)
2007 年第 1 季度(0701)	140	2009 年第 4 季度(0904)	131
2007 年第 2 季度(0702)	146	2010 年第 1 季度(1001)	133
2007 年第 3 季度(0703)	145	2010 年第 2 季度(1002)	136
2007 年第 4 季度(0704)	144	2010 年第 3 季度(1003)	138
2008 年第 1 季度(0801)	136	2010 年第 4 季度(1004)	138
2008 年第 2 季度(0802)	137	2011 年第 1 季度(1101)	134
2008 年第 3 季度(0803)	129	2011 年第 2 季度(1102)	136
2008 年第 4 季度(0804)	107	2011 年第 3 季度(1103)	133
2009 年第 1 季度(0901)	106	2011 年第 4 季度(1104)	128
2009 年第 2 季度(0902)	116	2012 年第 1 季度(1201)	127
2009 年第 3 季度(0903)	124	2012 年第 2 季度(1202)	127

数据来源:国家统计局网站。

咋看上去,基于会计信息的企业景气指数(AEPI)与国家统计局编制的企业景气指数(SEPI)存在较大的差异。但利用 SPSS11.5 计算,得到两者的相关系数为 0.735,且在 0.01 水平上显著,见表 16-4;从利用 SPSS11.5 绘制出来的曲线可以发现,两者的走势十分相似,见图 16-1。

表 16-4 AEPI 与 SEPI 的相关系数

项 目		AEPI	SEPI
AEPI	皮尔逊相关系数	1	0.735**
	显著性(双尾)		0.000
	N		22

注:**表示相关系数在 0.01 水平上显著(双尾)。

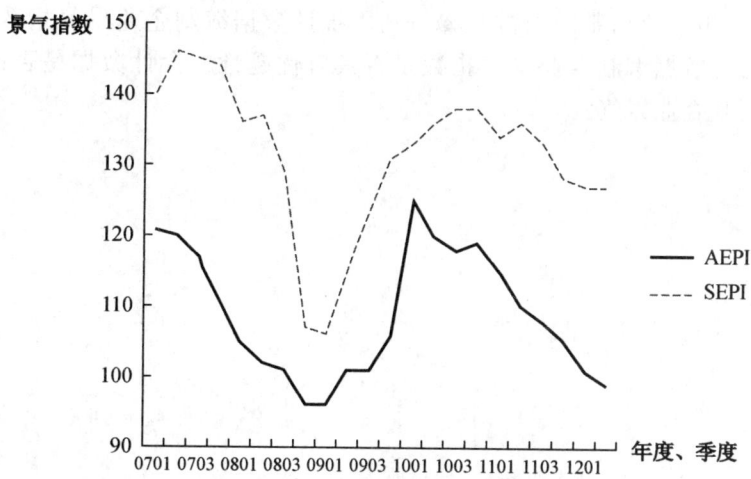

图 16-1 AEPI 与 SEPI 走势图

16.6 结论及进一步的讨论

AEPI 与 SEPI 显著正相关,以及 AEPI 与 SEPI 走势的明显相似表明,利用财务指标编制的企业景气指数,也可以像利用统计数据编制的企业景气指数一样,在经济监测预警和景气分析识别方面发挥积极的作用。

编制经济(行业、企业)景气指数,重要的不是数值本身,而是要反映经济(行业、企业)的运行状态(快或慢,冷或热),预测经济(行业、企业)的发展趋势(上升或下降,增长或衰退)。由于编制方法不一样,AEPI 与 SEPI 的数值不能直接进行比较,就像不能直接比较两个不同机构发布的大学排行榜一样。本文研究的意义在于,提供了一种新的编制企业景气指数的思路和方法。本文的研究表明,会计信息不仅可以服务于微观决策,而且具有服务于宏观经济管理的潜力;会计信息的应用领域可以不断地拓展,会计信息的利用价值可以不断地提高。

限于文献资料和篇幅,本文的研究只是尝试性的。以下问题值得进一步探讨:①如何理解"景气"?景气是如何表现出来的?应该如何衡量?②如何更好地选择反映企业景气的财务数据或财务指标?如何更好地确定财务数据或财务指标的权数?是否可以直接把资产负债表、利润表和现金流量表中的项目,划分为先行指标、同步指标和滞后指标,分别编制先行指数、同步指数和滞后指数?③与利用统计数据编制企业景气指数比较,采用会计数据编制企业景气指数是否具有优越性?会计数据是否可以更好地反映企业景气?

参 考 文 献

一、中文部分

[1] 陈赤平.论债务融资契约中的利益冲突及其治理[J].湘潭大学学报,2006(1):137-143.

[2] 陈耿,周军.企业债务融资结构研究——一个基于代理成本的理论分析[J].财经研究,2004(2):58-65.

[3] 陈汉文,林志毅.规范会计理论与实证会计理论评析及启示[J].会计研究,1997(7):10-11.

[4] 陈乐一.再论中国经济周期的阶段[J].财经问题研究,2007(3):10-17.

[5] 陈乐一,粟壬波.当前中国经济周期阶段研究[J].学习与探索,2013(5):98-103.

[6] 陈小悦,陈晓,顾斌.中国股市弱型效率的实证研究[J].会计研究,1997(9):13-17.

[7] 陈小悦.对会计实证研究方法的认识[J].会计研究,1997(7):8-9.

[8] 陈小悦,李晨.上海股市的收益与资本结构关系实证研究[J].北京大学学报(哲学社会科学版),1995(1):72-79.

[9] 程贵孙.买方势力理论研究评述[J].经济学动态,2010(3):115-119.

[10] 高克智,王辉,刘娜.预防性动机与公司现金持有量的关系:来自中国上市公司的证据[J].华东经济管理,2011(9):134-138.

[11] 葛家澍,陈少华.西方国家的实证理论及其在会计上的应用[J].厦门大学学报(哲社版),1989(1):19-22.

[12] 龚柳元,毛道维.商业信用是否成为企业的产业价值链竞争因素——基于中国上市公司商业信用的实证研究[J].软科学,2007(6):133-137.

[13] 韩敬稳,赵道致,秦娟娟.Bertrand双寡头对上游供应商行为的演化博弈分析[J].管理科学,2009(2):57-63.

[14] 郝振平.会计研究中案例研究法的应用[J].会计研究,1997(7):17-18.

[15] 何诚颖.中国股市"板块现象"分析[J].经济研究,2001(12):82-87.

[16] 胡国柳,刘宝劲,马庆仁.上市公司股权结构与现金持有水平关系的实证分析[J].财经理论与实践,2006,27(142):39-44.

[17] 李秉祥.我国财务危机公司投资行为的财务特征分析[J].中国管理科学.2003,11(2):34-39.

[18] 李连军.实证会计研究的方法与方法论:哲学基础与研究范式[J].会计研究,2006(8):24-28.

[19] 李青原.会计信息质量与公司资本配置效率——来自我国上市公司的经验证据[J].南开管理评论,2009(2):115-124.

[20] 李珣,周颖.债务期限结构对企业投资行为的影响研究[J].财会通讯,2009(8):76-79.

[21] 连玉君,常亮,苏治.供需不确定性、市场竞争与现金持有——来自中国上市公司的经验证据[J].南方经济,2009(1):11-22.

[22] 刘博研,韩立岩.公司治理、不确定性与流动性管理[J].世界经济,2010(2):141-160.

[23] 刘峰.实证会计的方法论基础与批判[J].会计研究,1997(7):2-7.

[24] 刘汝军.实证会计研究评述及其在我国的应用[J].会计研究,1997(7):14-16.

[25] 陆正飞,杨德明.商业信用:替代性融资,还是买方市场?[J].管理世界,2011(4):6-14.

[26] 罗伯特·J·希勒(Robert J. Shiller).非理性繁荣(第二版)[M].李心丹,陈莹,夏乐,译.北京:中国人民大学出版社,2014.

[27] 罗进辉,万迪昉.负债融资对企业现金持有行为的影响研究[J].山西财经大学学报,2008(9):119-124.

[28] 梅丹,毛淑珍.终极控制人属性、私人收益动机与非效率投资——基于我国上市公司2004—2006年的经验数据[J].经济与管理研究,2009(5):41-48.

[29] 秦荣生.谈我国会计实证研究方法的应用[J].会计研究,1997(7):12-13.

[30] 屈耀辉.赊销战略与债权资产结构趋减之谜[J].审计与经济研究,2011(6):64-73.

[31] 沈艺峰,沈洪涛.公司财务理论主流[M].大连:东北财经大学出版社,2004:17.

[32] 沈艺峰.会计信息披露和我国股票市场半强式有效性的实证分析[J].会计研究,1996(1):14-17.

[33] 施东晖.上海股票市场风险性实证研究[J].经济研究,1996(10):44-48.

[34] 石晓军,张顺明,李杰.商业信用对信贷政策的抵消作用是反周期的吗?来自中国的证据[J].经济学(季刊),2009(1):213-236.

[35] 石晓军,张顺明.经济周期中商业信用与银行借款替代行为研究[J].管理科学学报,2010(12):10-22.

[36] 宋军,吴冲锋.基于分散度的金融市场的羊群行为研究[J].经济研究,2001(11):21-27.

[37] 孙杰.宏观经济波动对现金持有量的影响:来自我国上市公司的经验证据[J].投资研究,2013(5):83-91.

[38] 谭伟强.商业信用:基于企业融资动机的实证研究[J].南方经济,2006(12):50-60.

[39] 汤云为,陆建桥.论证券市场中的会计研究:发现与启示[J].经济研究,1998(7):50-59.

[40] 唐东海.建立我国会计理论方法体系的几点看法[J].会计研究,1984(2):6-9.
[41] 唐国正,刘力.公司资本结构理论——回顾与展望[J].管理世界,2006(5):158-169.
[42] 唐跃军.供应商、经销商议价能力与公司业绩——来自2005—2007年中国制造业上市公司的经验证据[J].中国工业经济,2009(10):67-76.
[43] 童盼,陆正飞.负债融资、负债来源与企业投资行为——来自中国上市公司的经验证据[J].经济研究,2005(5):75-84.
[44] 童盼,支晓强.股权流动性与债权人利益保护[J].当代财经,2009(4):113-117.
[45] 瓦茨,齐默尔曼(Ross L. Watts and Jerold L. Zimmerman).实证会计理论(Positive Accounting Theory)[M].黄世忠,陈少华,刘海彬,等,译.北京:中国商业出版社,1990.
[46] 万良勇,饶静.不确定性、金融危机冲击与现金持有价值——基于中国上市公司的实证研究[J].经济与管理研究,2013(5):63-71.
[47] 汪炜,周宇.中国股市的"规模效应"和"时间效应"的实证分析——以上海股票市场为例[J].经济研究,2002(10):16-21.
[48] 郭复初.社会主义财务的三个层次[J].财经科学,1988(3):21-24.
[49] 郭复初.论国家财务[J].财经科学,1991(3):36-39.
[50] 黄继鸿,雷战波,凌超.经济预警方法研究综述[J].系统工程,2003(2):64-70.
[51] 黄运成,宋进攻,程晓农,等.扩散指数及其在经济波动分析中的作用[J].预测,1988(6):16-20.
[52] 李勇,江可申.财务景气监测预警指标的分类方法及运用[J].价值工程,2009(8):108-111.
[53] 石良平.中国宏观经济预警体系的评价与修正[J].统计研究,2007(1):64-69.
[54] 王化成,陆凌,张昕,等.加强会计指数研究,全面提升会计在经济社会发展中的影响力[J].会计研究,2012(11):7-11.
[55] 王永宏,赵学军.中国股市"惯性策略"和"反转策略"的实证分析[J].经济研究,2001(6):56-61.
[56] 吴世农,黄志功.上市公司盈利信息报告、股价变动与股市效率的实证研究[J].会计研究,1997(4):12-17.
[57] 伍利娜,陆正飞.企业投资行为与融资结构的关系——基于一项实验研究的发现[J].管理世界,2005(4):99-105.
[58] 肖源.关于研究会计性质的方法问题——和余光耀同志商榷[J].会计研究,1983(5):43-46.
[59] 辛宇,徐莉萍.上市公司现金持有水平的影响因素:财务特征、股权结构及治理环境[J].中国会计评论,2006(2):307-320.
[60] 徐淳厚,闫伟东,温丹.我国零—供商积怨关系的探讨与解决之道[J].北京工商大

学学报(社会科学版),.2006(5):11-16.
[61] 徐光伟,刘星,谭瑾.上市公司终极控制特征与现金持有及市场价值[J].山西大学学报,2012(2):76-84.
[62] 徐国君.实证会计研究的特征分析[J].会计研究,1991(6):48-50.
[63] 闫光荣.上市公司会计信息披露质量与公司绩效相关性研究[D].广州:广东工业大学,2009.
[64] 阎达五.建立中国式会计理论方法体系之我见[J].会计研究,1984(3):34-35.
[65] 杨华.上市公司会计信息披露质量与经营绩效关系——来自我国深圳 A 股化工行业上市公司的经验数据[J].重庆理工大学学报(社会科学版),2012(6):28-32.
[66] 杨景岩,鲍睿,卢闯.高管权力、现金持有及其价值效应[J].中央财经大学学报,2012(9):90-96.
[67] 杨兴全,孙杰.企业现金持有量影响因素的实证研究——来自我国上市公司的经验证据[J].南开管理评论,2007(6):47-54.
[68] 杨兴全,吴昊旻.行业特征、产品市场竞争与公司现金持有量——来自中国上市公司的经验证据[J].经济评论,2009(1):69-76.
[69] 应千伟,蒋天骄.市场竞争力、国有股权与商业信用融资[J].山西财经大学学报,2012(9):58-64.
[70] 余根钱.中国经济监测预警系统的研制[J].统计研究,2005(6):39-44.
[71] 俞乔.市场有效、周期异常与股价波动——对上海、深圳股票市场的实证分析[J].经济研究,1994(9):43-50.
[72] 袁兴林.经济循环波动的分析与预测[J].统计研究,1988(3):1-7.
[73] 约翰·梅纳德·凯恩斯.就业、利息和货币通论(重译本)[M].高鸿业,译.北京:商务印书馆,2014:202-206.
[74] 张栋,杨淑娥,杨红.第一大股东股权、治理机制与企业过度投资——基于中国上市公司 Panel Data 的研究[J].当代经济科学,2008(4):62-72.
[75] 张国军,陈传明.顾客资产研究的关系视角[J].中国工业经济,2006(7):103-109.
[76] 张人骥,朱平方,王怀芳.上海证券市场过度反应的实证检验[J].经济研究,1998(5):58-64.
[77] 张胜.供应商—客户关系与资产结构——来自我国制造业上市公司的经验证据[J].会计论坛,2013,12(1):89-99.
[78] 张友棠,张勇.企业财务景气监测预警系统初探[J].财会通讯(综合版),2006(8):8-11.
[79] 张宗新,杨飞,袁庆海.上市公司会计信息披露质量提升能否改进公司绩效?——基于 2002—2005 年深市上市公司的经验证据[J].会计研究,2007(10):16-26.
[80] 赵德武,马永强,黎春.中国上市公司财务指数编制:意义、思路与实现路径[J].会计研究,2012(12):3-11.

[81] 赵德武. 我国宏观财务经济监测与预警问题研究[J]. 财务与会计, 2000(3): 16-18.

[82] 郑军, 林钟高, 彭琳. 地区市场化进程、相对谈判能力与商业信用——来自中国制造业上市公司的经验证据[J]. 财经论丛, 2013(5): 81-87.

[83] 周建, 孟圆圆, 刘小元. 公司现金持有与行业差异、股权结构的关系研究——信息技术类与非信息技术类上市公司的比较[J]. 经济与管理研究, 2009(8): 28-36.

[84] 周雪峰. 过度投资、公司业绩与债务融资——基于信息对称视角下的持续时间模型研究[J]. 经济与管理, 2012(10): 44-48.

[85] 黄晓波, 雷蔚. 上市公司信用行为及其市场反应[J]. 经济与管理研究, 2014(12): 46-54.

[86] 黄晓波, 张琪, 郑金玲. 上市公司客户集中度的财务效应与市场反应[J]. 审计与经济研究, 2015, 30(2): 61-71.

[87] 黄晓波, 曹春嫚, 朱鹏. 基于会计信息的企业景气指数研究——以我国上市公司2007—2012年数据为例[J]. 南京审计学院学报, 2013, 10(5): 61-66.

二、英文部分

[1] BARNEA A, HAUGEN R, SENBET L. A Rationale for Debt Maturity Structure and Call Provisions in the Agency Theoretic Framework[J]. Journal of Finance, 1980(35): 1223-1234.

[2] OZKAN A, OZKAN N. Corporate Cash Holdings: An Empirical Investigation of UK Companies[J]. Journal of Banking & Finance, 2004, 28: 2103-2134.

[3] SHLEIFER A, VISHNY R W. A Survey of Corporate Governance[J]. The Journal of Finance, 1997, 35(2): 737-783.

[4] SHLEIFER A, VISHNY R W. Large Shareholders and Corporate Control[J]. Journal of Political Economy, 1986, 95: 461-488.

[5] ALESSANDRA GUARIGLIA, SIMONA MATEUT. Credit Channel, Trade Credit Channel, and Inventory Investment: Evidence from a Panel of UK Firms[J]. Journal of Banking and Finance, 2006, 30(10): 1-32.

[6] ALLAN H MELTZER. Mercantile Credit, Monetary Policy, and Size of Firms[J]. The Review of Economics and Statistics, 1960, 42(4): 429-437.

[7] ANIL K. KASHYAP, JEREMY C. STEIN, DAVID W. WILCOX. Monetary Policy and Credit Conditions: Evidence from the Composition of External Finance: Reply[J]. The American Economic Review, 1993, 83(1): 78-98.

[8] ANNE-FRANCE DELANNAY, LAURENT WEILL. The Determinants of Trade Credit in Transition Countries[J]. Economics of Planning, 2004, 37: 173-193.

[9] BRUNO BIAIS, CHRISTIAN GOLLIER. Trade Credit and Credit Rationing[J].

The Review of Financial Studies, 1997, 10(4):903-937.

[10] BAUM C F, CAGLAYAN M, Ozkan N, Talavera O. The Impact of macroeconomic uncertainty on non-financial firms' demand for liquidity[J]. Review of Financial Economics, 2006,15 (4):289-304.

[11] NEWMARK C M. Administrative Control, Buyer Concentration, and Price-Cost Margins[J]. The Review of Economics and Statistics, 1989, 71(1):74-79.

[12] CHEE K NG, JANET KIHOLM SMITH, RICHARD L SMITH. Evidence on the Determinants of Credit Terms Used in Interfirm Trade[J]. The Journal of Finance, 1999, 54(3):1109-1129.

[13] KIM C-S, MAUER D C, SHERMAN A. E. The Determinants of Corporate Liquidity: Theory and Evidence [J]. Journal of Financial and Quantitative Analysis, 1998, 33:335-359.

[14] HAUSHALTER D, KLASA D, MAXWELL F W. The Influence of Product Market Dynamics on A Firm's Cash Holdings and Hedging Behavior[J]. Journal of Financial Economics, 2007, 84(3):797-825.

[15] BAGNANI E, MILONAS N, SAUNDERS A, TRAWLOS A. Managers, Owners, and the Pricing of Risky Debt: An Empirical Analysis[J]. The Journal of Finance,1994(45):453-477.

[16] EUGENE F FAMA. Efficient Capital Markets: II [J]. The Journal of Finance, 1991, 46(5):1575-1617.

[17] EUGENE F FAMA. Efficient Capital Markets: A Review of Theory and Empirical Work[J]. The Journal of Finance, 1970, 25(2):383-417.

[18] MODIGLIAN F, MILLER M. Corporate Income Taxes and the Cost of Capital: A Correction [J]. The American Economic Review, 1963, 53(3):433-443.

[19] MODIGLIANI F, MILLER M. The Cost of Capital, Corporation Finance and the Theory of Investment [J]. The American Economic Review, 1958, 48(3):261-297.

[20] FISHER BLACK, MYRON SCHOLES. The Pricing of Options and Corporate Liabilities[J]. The Journal of Political Economy, 1973, 81(3):637-654.

[21] STIGLER G J. A Theory of Oligopoly[J]. The Journal of Political Economy, 1964, 72(1):44-61.

[22] GARY W EMERY, NANDKUMAR NAYAR. Product Quality and Payment Policy[J]. Review of Quantitative Finance and Accounting, 1998, 10(3):269-284.

[23] GARY W. EMERY. A Pure Financial Explanation for Trade Credit[J]. Journal of Financial and Quantitative Analysis, 1984, 19(3):271-285.

[24] GIBBONS MICHAEL, PATRICK HESS. Day of the Week Effects and Asset Returns[J]. Journal of Business, 1981, 54(4):579-596.
[25] GREGORY E ELLIEHAUSEN, JOHN D WOLKEN. The Demand for Trade Credit: An Investigation of Motives for Trade Credit Use by Small Business[J]. Federal Reserve Bulletin, 1993, 79(10):929-930.
[26] GUIDO DE BLASIO. Does Trade Credit Substitute Bank Credit? Evidence from Firm-level Data[J]. Economic Notes, 2005, 34(1):85-112.
[27] LELAND H, TOFT K B. Optimal Capital Structure, Endogenous Bankruptcy, and the Term Structure of Credit Spreads[J]. The Journal of Finance, 1996(3):987-1019.
[28] HARRY M MARKOWITZ. Portfolio Selection[J]. The Journal of Finance, 1952, 7(1):77-91.
[29] HAYNE E LELAND, DAVID H. PYLE, Informational Asymmetries Financial Structure, and Financial Intermediation[J]. The Journal of Finance, 1977, 32(2):371-387.
[30] HEITOR ALMEIDAL, MURILLO CAMPELLO, MICHAEL S WEISBACH. The Cash Flow Sensitivity of Cash [J]. The Journal of Finance, 2004, 59(4):1777-1840.
[31] HERSH SHEFRIN, MEIR STATMAN. The Disposition to Sell Winners Too Early and Ride Losers Too Long: Theory and Evidence[J]. The Journal of Finance, 1985, 40(3): 777-790.
[32] KALCHEVA I, LINS K V. International Evidence on Cash Holding and Expected Managerial Agency Problems[J]. Review of Financial Studies, 2007, 20(4):1087-1112.
[33] INESSA LOVE, LORENZO A PREVE, VIRGINIA SARRIA-ALLENDE. Trade Credit and Bank Credit: Evidence from Recent Financial Crises[J]. Journal of Financial Economics, 2007, 83(2):453-469.
[34] IVAN E BRICK, WILLIAM K H FUNG. Taxes and the Theory of Trade Debt [J]. The Journal of Finance, 1984, 39(4):1169-1176.
[35] JARRAD HARFORD, SATTAR A MANSI, WILLIAM F MAXWELL. Corporate Governance and Firm Cash Holdings in the US[J]. Journal of Financial Economics, 2008, 87:535-555.
[36] JONES J J. Earning Management during Import Relief Investigations[J]. Journal of Accounting Research, 1991, 29(2):193-228.
[37] GAN J S, KING S P. Exclusionary Contracts and Competition for Large Buyers [J]. International Journal of Industrial Organization, 2002, 20(9):1363-1381.

[38] JAN MOSSIN. Equilibrium in A Capital Asset Market[J]. Econometrica, 1966, 34(4):768-783.

[39] JANET KIHOLM SMITH. Trade Credit and Information Asymmetry[J]. The Journal of Finance, 1987, 42(4):863-872.

[40] JEFFREY H NILSEN. Trade Credit and the Bank Lending Channel[J]. Journal of Money, Credit and Banking, 2002, 34(1):226-253.

[41] JOHN LINTNER. The Valuation of Risk Assets and the Selection of Risky Investments in Stock Portfolios and Capital Budgets[J]. The Review of Economics and Statistics, 1965, 47(1):13-37.

[42] JOHN MCMILLAN, Christopher Woodruff. Interfirm Relationships and Informal Credit in Vietnam[J]. Quarterly Journal of Economics, 1999, 114:1285-1320.

[43] KENNETH R. FRENCH. Stock Returns and the Weekend Effect[J]. Journal of Financial Economics, 1980, 8(1):55-69.

[44] LISA D COOK. Trade Credit and Bank Finance: Financing Small Firms in Russia [J]. Journal of Business Venturing, 1999, 14:493-518.

[45] FERREIRA M A, VILEAL A. Why Do Firm Hold Cash? Evidence from EMU Countries[J]. European Financial Management, 2004, 10:295-319.

[46] JENSEN M C, MECKLING W H. Theory of the Firm: Managerial Behavior, Agency Costs and Ownership Structure [J]. Journal of Finance Economics, 1976, 3(4):305-360.

[47] JENSEN M C. Agency Costs of Free Cash Flow, Corporate Finance and Takeovers[J]. American Economic Review, 1986, 76(2):323-339.

[48] JENSEN M C. Some Anomalous Evidence Regarding Market Efficiency[J]. Journal of Financial Economic, 1978, 6(2/3):95-101.

[49] PORTER M E. How Competitive Forces Shape Strategy[J]. Harvard Business Review, 1979, 57(2):137-145.

[50] MARC DELOOF, MARC JEGERS. Trade Credit, Product Quality and Intragroup Trade: Some European Evidence[J]. Financial Management, 1996, 25(3):33-43.

[51] MARC R REINGANUM. Misspecication of Capital Asset Pricing: Empirical Anomalies Based on Earnings Yields and Market Values[J]. Journal of Financial Economics, 1981, 9(1):19-46.

[52] MARC R REINGANUM. The Anomalous Stock Market Behavior of Small Firms in January: Empirical Tests for Tax-loss Selling Effect[J]. Journal of Financial Economics, 1983, 12(1): 89-104.

[53] MARIASSUNTA GIANNETTI, MIKE BURKART, TORE ELLINGSEN. What You Sell Is What You Lend? Explaining Trade Credit Contracts[J]. The Review

of Financial Studies, 2011, 24(4):1261-1298.

[54] MASANORI ONO. Determinants of Trade Credit in the Japanese Manufacturing Sector [J]. Journal of the Japanese and International Economies, 2001, 15(2):160-177.

[55] MICHAEL S LONG, ILEEN B MALITZ, Abraham Ravid S. Trade Credit, Quality Guarantees, and Product Marketability[J]. The Journal of the Financial Management Association, 1993, 22(4):117-127.

[56] MIKE BURKART, TORE ELLINGSEN. In-kind Finance: A Theory of Trade Credit[J]. The American Economic Review, 2004, 94(3):569-590.

[57] MILTON HARRIS, ARTUR RAVIV. Corporate Control Contests and Capital Structure [J]. Journal of Financial Economics, 1988, 20(1/2):55-86.

[58] MITCHELL A PETERSEN, RAGHURAM G RAJAN. Trade Credit: Theories and Evidence[J]. The Review of Financial Studies, 1997, 10(3):661-691.

[59] NANCY HUYGHEBAERT, LINDA VAN DE GUCHT, CYNTHIA VAN HULLE. The Choice between Bank Debt and Trade Credit in Business Start-ups [J]. Small Business Economics, 2007, 29(4):435-452.

[60] NANCY HUYGHEBACRT. On the Determinants and Dynamics of Trade Credit Use: Empirical Evidence from Business Start-ups[J]. Journal of Business Finance & Accounting, 2006, 33(1)& (2):305-328.

[61] NICHOLAS BARBERIS, ANDREI SHLEIFER, ROBERT VISHNY. A Model of Investor Sentiment[J]. Journal of Financial Economics, 1998, 49:307-343.

[62] PATATOUKAS P N. Customer -Base Concentration: Implications for Firm Performance and Capital Markets[J]. The Accounting Review, 2012, 87(2):363-392.

[63] HEALY P M, PALEPU K G. Information Asymmetry, Corporate Disclosure, and the Capital Markets: A Review of the Empirical Disclosure Literature[J]. Journal of Accounting and Economics, 2001, 31(1-3):405-440.

[64] COWLEY P R. Business Margins and Buyer/Seller Power[J]. The Review of Economics and Statistics, 1986, 68(2):333-337.

[65] NOLL R G. Buyer Power and Economic Policy[J]. Antitrust Law Journal, 2005, 72(2):588-624.

[66] ADERSON R, MANSI S, Reeb D. Founding Family Ownership and the Agency Cost of Debt[J]. Journal of Financial Economics, 2003(68):263-285.

[67] BREALEY R, MYERS S. Principles of Corporate Finance[M]. McGraw-Hill Higher Education, 2000.

[68] BUSHMAN R, PIOTROSKI J, Smith A. What Determines Corporate Transparency[J]. Journal of Accounting Research, 2004, 42(2): 207-252.

[69] THALER R H, SHEFRIN H M. An Economic Theory of Self-Control[J].

Journal of Political Economy, 1981, 89:392-406.

[70] BUSHMAN R M, SMITH A J. Financial Accounting Information and Corporate Governance[J]. Journal of Accounting and Economics, 2001, 32(1-3):237-333.

[71] PARRINO R, WEISBACH M S. Measuring Investing Distortions Arising From Stockholder-Bondholder Conflicts[J]. Journal of Financial Economics, 1999, 53(11):3-42.

[72] RAFAEL BASTOS, JULIO PINDADO. An Agency Model to Explain Trade Credit Policy and Empirical Evidence[J]. Applied Economics, 2007, 39:2631-2642.

[73] RAJNISH MEHRA, EDWARD C. Prescott, The Equity Premium Puzzle[J]. Journal of Monetary Economics, 1985, 15: 145-162.

[74] RAY BALL, PHILIP BROWN. An Empirical Evaluation of Accounting Income Numbers[J]. Journal of Accounting Research, 1968, 6(2):159-178.

[75] RAYMOND FISMAN. Trade Credit and Productive Efficiency in Developing Countries[J]. World Development, 2001, 29(2):311-321.

[76] RENÉ M STULZ. Managerial Control of Voting Rights: Financing Policies and the Market for Corporate Control [J]. Journal of Financial Economics, 1988, 20(1/2):25-54.

[77] ROBERT A SCHWARTZ. An Economic Model of Trade Credit[J]. Journal of Financial and Quantitative Analysis, 1974, 9(4):643-657.

[78] ROBERT CULL, LIXIN COLIN XU, TIAN ZHU. Formal Finance and Trade Credit during China's Transition[J]. Journal of Financial Intermediation, 2009, 18(2):173-192.

[79] ROBERT J SHILLER. Market Volatility and Investor Behavior[J]. American Economic Review, 1990, 80(2):58-62.

[80] RONEN ISRAEL. Capital Structure and the Market for Corporate Control: The Defensive Role of Debt Financing [J]. The Journal of Finance, 1991, 46(4):1391-1409.

[81] LUSTGARTEN S H. The Impact of Buyer Concentration in Manufacturing Industries[J]. The Review of Economics and Statistics, 1975, 57(2):125-132.

[82] HAN S J, QIU J P. Corporate Precautionary Cash Holdings[J]. Journal of Corporate Finance, 2007, 13(1):43-57.

[83] RICHARDSON S. Over-investment of Free Cash Flow[J]. Review of Accounting Studies, 2006, 11(2/3):159-189.

[84] SALIMA PAUL, NICK WILSON. The Determinants of Trade Credit Demand: Survey Evidence and Empirical Analysis[J]. Journal of Accounting, Business & Management, 2007, 14:96-116.

[85] SHLOMO BENARTZI, RICHARD H THALER. Myopic Loss Aversion and the Equity Premium Puzzle[J]. The Quarterly Journal of Economics, 1995, 110(1): 73-92.

[86] SIMONA MATEUT, SPIROS BOUGHEAS, PAUL MIZEN. Trade Credit, Bank Lending and Monetary Policy Transmission[J]. European Economic Review, 2006, 50(3):603-629.

[87] STEPHEN A ROSS. The Determination of Financial Structure: The Incentive-Signaling Approach[J]. The Bell Journal of Economics, 1977, 8(1):23-40.

[88] STEPHEN FERRIS. A Transactions Theory of Trade Credit Use[J]. Quarterly Journal of Economics, 1981, 96(2):243-270.

[89] STEWART C MYERS, MAJLUF N S. Corporate Financing and Investment Decisions when Firms Have Information that Investors Do Not Have[J]. Journal of Financial Economics, 1984, 13(2):187-221.

[90] STEWART C MYERS. Determinants of Corporate Borrowing[J]. Journal of Financial Economics, 1977(5):147-175.

[91] OPLER T, PINKOWITZ L, STULZ R, WILLIAMSON R. The Determinants and Implications of Cash Holdings[J]. Journal of Financial Economics, 1999, 52(1): 3-46.

[92] LAFRANCE V A. The Impact of Buyer Concentration—An Extension[J]. The Review of Economics and Statistics, 1979, 61(3):475-476.

[93] DIAMOND W. Monitoring and Reputation: The Choice between Bankloan and Directly Placed Debt[J]. Journal of Financial Economics, 1991(4):295-336.

[94] WERNER F M DE BONDT, RICHARD THALER. Does the Stock Market Overreact[J]. The Journal of Finance, 1985, 40(3):793-805.

[95] WILLIAM F. SHARPE, Capital Asset Prices: A Theory of Market Equilibrium Under Conditions of Risk[J]. The Journal of Finance, 1964, 19(3):425-442.

[96] William G Christie, Roger D. Huang. Following the Pied Piper: Do Individual Returns Herd around the Market? [J]. Financial Analysts Journal, 1995, 51(4): 31-37.

[97] XIAOJUN SHI, SHUNMING ZHANG. Trade Credit: the Interaction of Financing, Marketing, Operations, and Risk Behavior[J]. Review of Managerial Science, 2014, 8(2):225-248.

[98] YING GE, JIAPING QIU. Financial Development, Bank Discrimination and Trade Credit[J]. Journal of Banking & Finance, 2007, 31(2):513-530.

[99] YUL W LEE, John D Stowe. Product Risk, Asymmetric Information, and Trade Credit[J]. Journal of Financial and Quantitative Analysis, 1993, 28(2):285-300.

后　记

　　本书的主要内容已经作为湖北大学商学院会计学硕士研究生选修课"实证会计理论与方法"的讲义使用很多年了。2014年获得"湖北大学研究生教材立项建设项目"立项之后，开始把讲义改写成教材。本书的出版，首先应感谢湖北大学研究生院的资助。

　　本书第10章第7节、第11章至第16章都是我指导的会计学硕士研究生尝试性地运用实证研究方法取得的成果。第10章第7节"基于股票内在价值的证券市场效率指数研究"中数据的搜集、处理和计算，是由张丽云完成的；第11章是根据胡施羽的学位论文《上市公司现金持有量的影响因素及其与公司价值的关系》改写而成的；第12章是雷蔚的学位论文《上市公司信用行为及其市场反应实证研究》的主要内容；第13章是郑金玲的学位论文《客户集中度的财务效应与市场反应实证研究》的主要内容；第14章是根据张琪的学位论文《负债融资的资产替代和投资不足效应及其实证检验》改写而成的；第15章是根据朱鹏的学位论文《基于会计信息的先行指数及其相关性研究》改写而成的；第16章是根据文晓娟的学位论文《上市公司会计信息质量、资本配置效率与市场价值实证研究》改写而成的。此外，表6-1"2010—2015年在《经济研究》发表的实证会计研究成果"主要是饶星星完成的。感谢这些同学为初学者学习和质疑提供了很好的素材！

　　在写作过程中，我们还参考了大量文献资料。尽管我们力图在文中注释和在参考文献中列出，但难免会有遗漏。对所有文献资料的作者和出版单位表示衷心的感谢！当然，书中可能存在的错漏，概由著作者负责，敬请读者批评指正！